凤凰师轩
FENGHUANG SHIXUAN

Education 行知工程
教育家核心思想系列

多元智能理论的本土化应用

刘治富 著

江蘇鳳凰教育出版社
Phoenix Education Publishing, Ltd

图书在版编目（CIP）数据

多元智能理论的本土化应用/刘治富等著. —南京：江苏凤凰教育出版社，2014.8

ISBN 978-7-5499-3824-7

Ⅰ.①多… Ⅱ.①刘… Ⅲ.①教学心理学—研究 Ⅳ.①G44

中国版本图书馆 CIP 数据核字（2014）第 032181 号

书　　名	多元智能理论的本土化应用
作　　者	刘治富等
责任编辑	午新生　雷利军　闫丽春
出版发行	凤凰出版传媒股份有限公司 江苏凤凰教育出版社（南京市湖南路 1 号 A 楼　邮编 210009）
苏教网址	http：//www.1088.com.cn
照　　排	润星之源文化有限公司
印　　刷	三河市华润印刷有限公司
厂　　址	河北省三河市杨庄镇杨庄村
开　　本	787 毫米×1092 毫米　1/16
印　　张	17
字　　数	261 千字
版　　次	2014 年 8 月第 1 版　2014 年 8 月第 1 次印刷
书　　号	ISBN 978-7-5499-3824-7
定　　价	30.00 元
网店地址	http：//jsfhjycbs.tmall.com
邮购电话	025-85406265,85400774　短信　02585420909
E - mail	jsep@vip.163.com
盗版举报	025-83658579

自　　序

从来没想过，自己会完成一本著作，并且得以在江苏教育出版社出版。

十年了，一直坚持在同一所农村小学做着课题研究。从市“十五”规划课题的《小学学困生学习方式的调查与优化研究》到市2011年度教师个人课题《五年级研究性学习选题优化的指导研究》，从省“十一五”规划重点资助课题《基于多元智能理论的小学有效课堂教学实践研究》到省“十二五”规划精品课题培育对象《基于多元智能发展的课堂学习活动设计研究》，课题成果均获市级奖项，也常在一些报刊上发表。从关注教学到关注学生，从关注理论到关注课堂，多元智能理论逐渐成为我科研和课堂的基石。对此，从未动摇，也从未有所怀疑。

关于多元智能理论，大家都很熟悉，也多有了解。在其诞生的30余年时间里，世界各地涌现出了林林总总的实验学校。实践的主体不同，角度不同，成果也不尽相同。初识多元智能理论是在2004年主持市“十五”课题期间，随着研究的不断深入，我不由得扪心自问：学困生到底是客观的存在？还是不该有的称谓？如果用多元智能理论来诠释：学生之间只有差异，而没有优差生之分。每个人都与生俱来拥有8至9种智能类型，并且至少拥有一项优势智能。每个学生都可以将智能进行不同程度的组合，从而达到最佳的发展状态。这难道不就是我们矢志追求的，最为本真的学生发展状态吗？学困生的研究又有何意义？课堂是学生的生命场所，课堂的质量决定了学生的成长。而多元智能理论与课堂教学的互相融合，开辟了一个基于学生多元发展的研究视角。

2010年，应邀去北京参加“多元智能国际研讨会”，我撰写的论文《多元智能课堂：有效课堂的理想追求》在国内外数百篇论文中脱颖而出，被选定并参与大会交流。同时，有幸与多元智能理论的创始人霍华德·加德纳教授，以及多元智能理论在中国的主要传播者沈致隆教授相交谈，聆听他们对于多元智能理论的真切诠释。

通过学习与研究，我们提出了关于“多元智能课堂”的构想。在这本书中，我们结合平时所学和所研，立足农村小学，加深对多元智能理论的解读，诠释构建多元智能课堂的可行性和必要性，深度分析多元智能理论对课堂改革的启示；明晰对每个学生优势智能的鉴别方法，了解每个学生，创设适合每个学生学习的方式，寻找可行的依据，鉴别学生的优势智能，论证多元智能课堂的基本理念与操作流程；介绍多元智能课堂评价的方法，探索多元智能课堂评价的指标；通过课堂实践，提炼多元智能课堂的教学方法，整理大量的多元智能课堂教学设计……

本书所呈现的一些成果，还略显单薄，也许思考还有些偏颇，然而，这是我们长期坚持于农村一线的教师，在工作过程中，乃至工作之余，对课堂、对研究满怀虔诚之心，在“苦行僧”般的生活中，所衍生的智慧与分享。虽不权威，但绝对真实。从研究的精神角度讲，这种几年如一日的坚持是难能可贵的。所幸，我们的坚持也得到了一定的回报，有些课题组核心成员后来成为市区级的名优教师，有些走上了领导岗位。课题组先后被评为“铜山区教育科研先进集体”“徐州市优秀读书集体”“浙沪苏长三角地区教育科学研究优秀团队”。

在课题研究的基础上，我们又进行了升华与跟进，研究的脚步并没有停止，我们积极申报了江苏省教育科学“十二五”规划课题《基于多元智能发展的课堂学习活动设计研究》，此项课题已被列为江苏省教育科学“十二五”精品课题培育对象。对于这项课题，我们致力于组织和实施促进多元智能发展的课堂学习活动，并进行相关支持技术的探究，总结出务实、高效、科学、规范的操作体系，剖析基于多元智能发展的课堂学习活动案例，探索基于多元智能发展的课堂学习活动及学生智能表现的评价原则、方式、内容和策略，打造本校的课堂教学特色。

我坚信，有了厚实的研究基础，通过今后的研究，“多元智能课堂”的内涵会更加丰富，效益会更加凸显，更加能够迎合新课程改革的理念，多元智能理论的本土化运用会更具有借鉴和引领的价值。

目　录

第一章 Chapter 1

多元智能理论解读

多元智能理论从提出至今经历了几十年的发展过程，本章从理论角度对其产生和发展的过程进行概述，其中主要涉及多元智能理论的产生、发展及其广泛的应用，让读者初步认识多元智能理论。

1983年，由美国哈佛大学霍华德·加德纳教授提出的多元智能理论，至今历经了三十余年的发展与建设，由最初的心理学领域逐渐向教育学领域延伸，并被世界上许多国家和地区的教育部门或个人学习与实践，产生了深远而广阔的影响。多元智能理论不但横跨了自然科学、社会科学、人文科学等领域的发展心理学、神经心理学、脑科学、数学、物理学、化学、生物学、遗传学、政治学、经济学、法学、哲学、社会学、历史学、人类学、小说、诗歌、戏剧、音乐、美术、舞蹈、电影、竞技等多门类学科，而且资料和例证空前丰富，概括了霍华德·加德纳近三十年来反复思考、多方交流和精心研究的成果。同时，多元智能理论也成为我国第八次基础教育课程改革的重要支撑理论之一，被广泛应用于各级各类学校，促进了学校素质教育的有效推进。

第一节　多元智能理论概述

首先，让我们先来认识一下多元智能理论的创始人——霍华德·加德纳。加德纳现任哈佛大学教育研究生院认知和教育学教授，兼职心理学教授，波士顿大学医学院兼职精神病学教授，哈佛大学“零点项目”学术委员会主任。他的关于多元智能理论的开山之作《智能的结构》已被翻译成27种文字，其本人获得世界各国20多所名牌大学多个学科授予的24个荣誉博士学位，曾5次访问中国，并于2004年被聘为华东师范大学的名誉教授。《纽约时报》称他为当今美国最有影响力的发展心理学家和教育学家。

历史上每一种理论的提出都不是一蹴而就的，同样，多元智能理论提出的背景和过程也经历了时间的洗礼。

加德纳在年轻时酷爱钢琴等艺术活动。1961年，加德纳成为哈佛大学的一名本科新生。当时，正值哈佛大学倡导“通识教育”如火如荼的时候。当他开始学习发展心理学和认知心理学的时候，发现它们基本上不涉及艺术，这使他感到非常困惑。因此他早期的学术目标，就是想在心理学的研究领域为艺术寻找一席之地。1967年，加德纳凭着对艺术持久的热爱，有幸成为哈佛大学教育研究生院的一个有关教育机构“零点项目”的负责人之一。可以说，“零点项目”是多元智能理论产生的环境和土壤。

在博士阶段的学习即将结束的时候，加德纳接触到诺曼·格斯彻温德，开始了大脑神经学的研究工作，这为他创建多元智能提供了理论和实践的依据。加德纳发现那些正常的或者具有天赋的个体，一旦遭受不幸的撞击或脑损伤后，其造成的后果往往出乎人们的意料。例如失去阅读能力之后的个体虽然不能读单词，却仍然能数数，能说出物体的名字，并能正常地写作。于是，他改变了原定的计划，开始了长达二十年的神经心理学领域的工作，试图理解人类能力反映在大脑中是如何组合的。“如果没有对艺术长期的兴趣和研究工作，我是绝对不可能提出多元智能理论的。我曾经注意到，在美国心理学的学术界，特别是在大学范围内，受到重视的思维种类，就仅仅是逻辑分析的思维，但是当我开始研究正常和天资优异的儿童，研究大脑受到损伤的成年人时，我发现了人类拥有一定数量完全不同的能力，我决定将它们命名为‘人类智能’。这些智能是音乐、绘画、舞蹈、雕塑、诗歌以及其他艺术形式的思维基础。”① 加德纳一直很喜欢写作，在他开始跟诺曼·格斯彻温德读博士后的时候，就已经出版了3本书。他的第四本书是《发散的心智》，出版于1975年，记述了脑损伤后在个体身上发生的变化，记录了大脑的不同部位是怎样承担不同的认知功能的。当他写完《发散的心智》后，打算写另一本书，描述人类不同能力的心理学，也就是颅相学的现代版本。1976年，他列出了书的提纲，暂定名为《心智的种类》，这本书的草稿也可以说是《智能的结构》的雏形。以上是促进多元智能理论产生的最原始的因素。1979年，哈佛大学教育研究生院所属的一个研究小组从荷兰伯纳德·凡·李尔基金会获得一笔相当可观的

---

① ［美］霍华德·加德纳．智能的结构［M］．沈致隆译．北京：中国人民大学出版社，2008.

资金，用来进行一项宏伟的研究。这个研究课题要求人类潜能计划小组的成员，研究人类潜能的本质以及这些潜能如何才能得到最大限度的开发。当这个项目计划小组内部开始分工的时候，他接到了一个有趣的任务：写一本书，运用生物学和行为科学的新发现，建立人类认知本质的理论。这样一来，促使多元智能理论诞生的研究课题从此开始。加德纳把自己过去和其他人对于不同群体认知能力的观察发现和研究成果加以总结和归纳，其中包括对正常的和天资聪颖的儿童认知能力发展的研究，以及对脑损伤病人认知能力受损情况的调查。他每天上午研究脑伤病人，下午研究认知发展。按照当时的日记，他试图将这两种研究的结果综合起来。他和同事们搜集了大脑研究、基因学、人类学、心理学的文献资料，努力寻求最理想的对人类能力的分类法。

1983 年，加德纳在其所著的《智能的结构》一书中首次提出了多元智能理论，具体阐述了七种智能，即语言智能、逻辑—数学智能、音乐智能、空间智能、身体—动觉智能、自我认知智能和人际智能。1993 年，加德纳对在多元智能理论应用方面所做的工作加以总结，并出版了《多元智能》一书，进一步丰富和发展了多元智能理论。

1999 年，经过十几年的研究，加德纳又出版了《重构多元智能》一书，并在原有的七种智能的基础上，通过充分的研究，又新增了一种智能，即博物学家智能。同时部分证据表明，加德纳认为可能还有存在智能，但存在智能的有无还不能确定，所以他将多元智能最终列分为八又二分之一种智能，至今，其本人与研究团队对多元智能的研究仍在发现与完善中，他断言有那么一天，智能的数目将会增加，或者智能之间的界限将被重新确定。加德纳说："我没有举行正式的典礼，只是通过一个简单的表述性的演讲行动，承认了存在第八种智能。如果合适，我的评论过程以后也可以继续用来考虑和吸收人类智力家族中的其他智力。"[①] 由此可见，人类的智能还远不止这些，可能还存在其他智能，这有待于我们今后继续去研究和发现。

---

① 霍华德·加德纳．智力的重构——21 世纪的多元智力［M］．霍力岩，房阳洋等译．北京：中国轻工业出版社，2004.

加德纳把人类的这些能力命名为“智能”而不是“能力”或者“天赋”，表面上看起来只是一个较小的词汇的区别，实际上这非常重要。“智能”在字典中的解释为“智力、智慧或理解力”。加德纳则把“智能”定义为“个体处理信息的生理和心理潜能，这种潜能可以在某种文化背景中被激活以解决问题和创造该文化所珍视的产品”。“我们至少可以从加德纳广域智力的新定义中体会到原来智力定义不曾涉及的两方面内涵：第一，智力并不是可以用肉眼看到或可以用某种特定标准计量的东西，而是潜能，是中枢神经系统的潜在发展能力；第二，智力这种中枢神经系统的潜能可能会被激活，也可能不会被激活——而这种潜能能否被激活有赖于特定文化的环境和教育。”①

虽然加德纳不是提出智力多元化的第一人，但可能是第一个违背英语语法，把“Intelligence”表达为“Intelligences”复数形式的人。加德纳主张，人的智力不是单一的，而且智力也不是一种核心能力，而是一组同样重要的能力。这组同样重要的能力既相对独立又互相依存，每个人都具有这样的一组能力，即每个人都至少拥有八种智能，每种智能优势的人会表现出相应的特征。我们认为，加德纳关于智能本质和智能结构的新理论对传统的智能理论至少有四个方面的突破：第一，智能不再是传统意义上的以语言智能或逻辑—数学智能为核心的智能，而是素质教育所强调的创新精神和实践能力；第二，智能不再是传统意义上可以跨时空用同一个标准来衡量的某种特质，而是随着社会文化背景的不同而有所不同的为特定文化所珍视的能力；第三，智能不是一种能力或以某一种能力为中心的能力，而是“独立自主，和平共处”的多种智能；第四，每一个个体的智能都是八种相对独立的智能错综复杂地、有机地按不同程度、以不同方式形成的组合，而每一个个体的智能所具有的独特组合形式和表现方式使得不同个体的智能各具特点。

下面我们分别来认识多元智能理论所包括的八种智能。

一是语言智能。指的是掌握并运用语言、文字的能力。作家、诗人、

---

① 霍华德·加德纳．智力的重构——21世纪的多元智力［M］．霍力岩，房阳洋等译．北京：中国轻工业出版社，2004.

记者、演讲家、新闻播音员都具有高水平的语言智能。语言智能占优势的人会表现出以下特征：

（1）善于倾听口头语言的声音、节奏、色彩以及变化，并能对此作出反应。

（2）能够模仿他人的声音、语言、阅读和写作。

（3）能够通过听、读、写和讨论来学习。

（4）能够有效倾听、理解、解释、说明、记忆及分析他人讲话的内容。

（5）能够有效阅读、理解、总结、解释、说明及记忆所阅读过的内容；能够欣赏一种或更多不同文学流派的作品。

（6）能够根据不同的目的、针对不同的听众有效地讲话，并且知道如何在适当的时候简洁、生动、充满热情而又具有说服力地讲话。

（7）能够进行有效的写作，能够理解和运用语法及拼写规则，会使用标点符号及运用大量词汇。

（8）表现出学习其他语言的能力。

（9）能够运用听、说、读、写来记忆、交流、讨论、解释、说服、创造知识，建构意义及反思语言本身。

（10）能够努力提高自己运用语言的能力。

（11）显示出在新闻、文章、诗歌，讲故事、辩论、演讲、写作或编辑方面的兴趣。

（12）能够创造出新的语言形式，或者创作出具有原创性的用于书面或口头交流的作品。

二是逻辑—数学智能。指的是逻辑推理、数学运算以及科学分析方面的能力。科学家、会计师、工程师、计算机程序设计员都显示出较强的逻辑—数学智能。逻辑—数学智能占优势的人会表现出以下特征：

（1）能察觉环境中的物体及其功能。

（2）熟悉数量、时间和因果等概念。

（3）能够运用抽象符号来表征具体事物和概念。

（4）展示出解决逻辑问题的技能。

（5）能察觉模式和关系。

（6）能够提出假设并加以检验。

（7）能够运用各种数学技能，如评估、运算规则、解析统计，并能用图表形式来视觉化地呈现信息。

（8）喜欢复杂的运算处理，如计算、物理、计算机程序或研究方法。

（9）能够通过搜集证据、形成假设、设计模型、提出反例、建立有效论点来进行数学思维。

（10）能够利用技术解决数学问题。

（11）对会计、计算机技术、法律、工程和化学等职业表现出兴趣。

（12）在科学或数学领域，能创造新的模型或洞悉新的见解。

三是音乐智能。指感觉、欣赏、演奏、歌唱、创作音乐的能力。能够表现出较高音乐智能的人包括作曲家、指挥家、音乐家、音乐评论家、乐器制造者以及对音乐敏感的听众。他们往往会表现出以下特征：

（1）有兴趣倾听包括人的嗓音、环境里的声音和音乐在内的不同声音，并能作出反应，将这些声音组织为有意义的模式。

（2）喜爱并寻找机会倾听、学习环境中的音乐或该环境中的其他声音。渴望被音乐和音乐家包围并能从音乐中获益。

（3）通过指挥、演奏、创作或舞蹈能对音乐作出肢体动觉反应；通过回应音乐气氛和节拍作出情绪反应；通过讨论和分析音乐作出智力反应；并/或通过评价和探索音乐的内容和意义作出审美反应。

（4）辨认并讨论不同音乐风格、不同音乐类型和不同文化下音乐的差异。对音乐在人类生活中曾经扮演以及仍将继续扮演的角色表现出兴趣。

（5）搜集不同形式的音乐作品和音乐信息，既有录音制品又有印刷品，并能收集和演奏包括合成器在内的乐器。

（6）发展单独或合作演唱和/或演奏乐器的能力。

（7）会使用音乐词汇和音符。

（8）提出欣赏音乐的个人参考标准。

（9）喜爱即兴音乐表演以及用声音表演，当听到一个音乐片段时，能够以有意义的方式表述音乐。

（10）能够解释某一作曲家通过音乐想传达的内容，也能够分析并评论音乐选段。

（11）表现出对歌手、乐器演奏家、音响工程师、主持人（广播等节目）、音乐评论家、乐器制造人、教师或指挥等与音乐相关的职业的兴趣。

（12）可以创作原创的乐曲和/或制造乐器。

四是身体—动觉智能。指运用全身或身体的某一部分，包括嘴和手，解决问题或创造产品的能力。这种智能在运动员、舞蹈家、外科医生和手工艺者身上表现明显。身体—动觉智能占优势的人会表现出以下特征：

（1）通过触觉和运动来探索环境和物体。喜欢接触、处理或操作要学的东西。

（2）发展出协调性和时间感。

（3）在直接的参与和操作中学习效果最好。人们对他印象最深的方面是他做了什么，而不是说了什么或看了什么。

（4）喜欢具体的学习经验，如实地旅行、建构模型，参与角色扮演、游戏活动，组装物体或锻炼身体。

（5）在通过局部的或整体的身体运动而进行的工作中表现出灵活性。

（6）对身体状况和身体系统感觉敏锐、反应迅速。

（7）在动作、运动、舞蹈、缝纫、雕刻或键盘输入方面表现出相当高的技能。

（8）在身体动作中表现出平衡性、灵活性、精确性和优雅的气质。

（9）有通过心智和身体的结合达到和谐、完美的身体表演的能力。

（10）理解和享有健康的身体状况。

（11）可能对诸如运动员、舞蹈家、外科医生或建筑师等职业表现出兴趣。

（12）发明运用身体技能的新方法或创造出舞蹈、运动等其他身体动作的新形式。

五是空间智能。指针对所观察的事物，在脑海中形成一个模型或图像，从而加以运用的能力。航海家、飞行员、雕刻家、画家和建筑师都具有较强的空间智能。空间智能占优势的人会表现出以下特征：

（1）喜欢通过观看和观察进行学习。善于区分人的外貌、物体、形状、颜色、细节和场景。

（2）在空间中能够高效地移动自己的身体和物体。包括移动身体钻过洞眼，穿越没有小路的森林找到出路，在拥挤的交通中驾车穿行，或驾驶独木舟穿越河流。

（3）能够感知和创作心智图像，用图画思考，把细节视觉化。把使用视觉形象作为回忆信息的辅助工具。

（4）善于解释图像、图表、地图和图解，并用图画形象或通过视觉媒体进行学习。

（5）喜欢涂鸦、画画、上色、雕塑或用其他的视觉形式表现物体。

（6）喜欢制作立体产品，如折叠物体，模拟桥梁、房屋或容器。能在头脑中改变一个物体的形式——诸如把一张纸折成一个复杂的形状并可以看到它的新形式，或者在头脑中移动物体来决定它们如何与其他部件互动，如拆装一件器械的各部分。

（7）能够以不同的方式或者从“新的视角”看待事物，如除了事物本身的形态，还可以看到该形态周围的背景，或发现“隐藏”在一个形状中的另一个形状。

（8）能够感知既明显又巧妙的形态。

（9）善于创作出具体的、视觉化的信息表征。

（10）精通形象设计或抽象设计。

（11）表现出对艺术家、摄影师、工程师、摄像师、建筑师、设计师、艺术评论家、飞行员或其他以视觉定位的职业的兴趣与技能。

（12）善于创作出空间传媒或艺术原著的新形式。

六是人际智能。指了解他人、与他人合作的能力。人际智能在成功的教师、社会工作者、演员或政治家身上表现明显。人际智能占优势的人会表现出以下特征：

（1）与父母关系密切并能与他人积极互动。

（2）能够形成并维系一定的社会关系。

（3）能确认识并运用不同方式与他人取得联系。

（4）能认同他人的情感、思想、动机、行为和生活方式。

（5）能参与合作，并在团队活动中适当承担从追随者到领导者的各种不同角色。

（6）能影响他人的观点或行为。

（7）能以言语和非言语方式来有效地理解和交流。

（8）能根据不同的环境或群体以及根据他人的反馈来调节自己的行为。

（9）能在任何社会或政治话题中考虑各种不同的观点。

（10）发展调解技能，能以一般的理由组织他人，或与不同年龄或背景的人一起工作。

（11）对诸如教学、社会工作、咨询、组织或政治等具有人际倾向的职业感兴趣。

（12）能发展新的社会技巧或模式。

七是自我认知智能。指深入理解自己内心世界并用以指导自己行为的能力。神学家、心理学家和哲学家是具有较强的自我认知智能的典范。自我认知智能占优势的人会表现出以下特征：

（1）能意识到自己的情感范围。

（2）能找到表达和排遣自己情绪与思想的方法。

（3）能形成准确的自我感知。

（4）具有设定并追求目标的动机。

（5）能建立一套道德价值体系并以此来指导生活。

（6）能独立地工作。

（7）对生命中的“大问题”，如生命的意义、生命的价值和生命的目的等感兴趣。

（8）能促使自己持续不断地学习与成长。

（9）试图挖掘和理解内心的体验。

（10）能察觉自我与人类环境的复杂性。

（11）能努力实现自我。

（12）能激发他人的力量。

八是博物学家智能。指对动植物的研究和分类的能力。博物学家智能在人类的进化过程中很有价值，如狩猎、采集和种植等，同时这种智力在植物学家和厨师身上有重要的体现。博物学家智能占优势的人会表现出以下特征：

（1）充满兴趣、满怀热情地探索人类与自然环境。

（2）寻找机会观察、辨别、接触或关注物体、植物或动物。

（3）能根据物体特征进行分类或归类。

（4）能辨认物种成员间或物体等级间的模式。

（5）热衷于了解动植物群的生命周期或人造物的生产。

（6）愿意了解“事物的工作原理”。

（7）对系统如何变化发展感兴趣。

（8）对物种之间的相互关系以及自然系统与人工系统之间的依赖关系感兴趣。

（9）能使用显微镜、双目镜、望远镜、观察笔记、计算机等工具去研究生物体或生物系统。

（10）学习动植物的分类系统或其他语言结构或数学模型分类系统。

（11）对生物学、生态学、化学、动物学、森林学或植物学等职业具有兴趣。

（12）探索出新的分类系统或生命循环理论，或者揭示出物体间或系统间新的模式和相互关系。

前面谈到，加德纳还设想了几种潜在的新智能，分别是存在智能、道德智能和精神智能。存在智能是指思考生死之意义的能力；道德智能涉及价值判断；精神智能使我们有能力把握宇宙和超自然的信念，但它最终依赖一定的感受能力。在这里，我们重点探讨大家一致认可的前八种智能，了解其相关概念及其特征有助于我们在教学实践中科学地对学生的智能特征加以鉴别，并有利于我们对多元智能理论进行合理有效的运用。

综上所述，加德纳提出的多元智能理论具有以下特点：

第一，智能具有情景性和社会文化性。加德纳认为智能的讨论与考察是和一定的文化和环境背景下人们的价值观念相关的。在他看来，智能永远代表着一种生物先天倾向性与特定文化背景的可塑性和整合性。智能不仅仅存在于一个人的大脑之中，智力活动的实现还有赖于个体学习、工作、生活于其中的人和物。文化的差异和环境的不同决定了人们对智能的看法不同，这种不同既包括对智能含义的理解差异，也表现在对智能表现形式的不同要求上。例如在过去的几十年里，语言的使用、良好的记忆力、数学运算等被人们普遍认为是最重要的智能，但随着信息社会和知识经济时代的到来，人们更倾向于培养解决实际问题的能力，良好的人际交往能力或是其他能力。

第二，智能具有多样性。多元智能理论承认学生兴趣和强项的多样性，这不仅仅表现为以语言和逻辑—数学智能为中心的所谓“学术性理论”，还包括音乐智能、空间智能、身体—动觉智能、人际智能、自我认知智能、博物学家智能。智能从本质上来说是人的生命心理活动的潜能，所以智能的表现也是多样化的，每个人都有自己的优势智能和弱势智能，个体能够运用自己的优势智能和独特的智能组合达到应有的成功。

第三，智能的相对独立性。传统观念认为，智力是以整合的方式存在的。而加德纳的研究表明，智能可以相对独立地存在。这是因为大脑皮层掌管着某一领域的智能的发展，相对应的皮层区的受损会影响相关智能的发挥，但对其他智能没有实质性的影响。在日常生活中，我们经常可以看到有些人身体残疾或是语言能力发展不好，但是他们却在其他领域具有明显优势，甚至超出常人许多。当然，智能的这种特性与我们在现实生活中需要多种智能的有机组合来解决问题的要求并不矛盾。

第四，评判智能的标准是解决问题的实际能力。传统智力测验总是以在非情景化的环境中运用语言和逻辑—数学智能的情况为准。而多元智能理论则看重智能在现实生活中解决问题和创造产品的能力。比如，从构思一部小说的结尾到下棋时将对方将死，甚至修补一床棉被，都是生活中需要解决的问题。这个特征告诉我们，智能不仅表现在做考卷、测验等过程中，更重要的是表现在我们解决日常生活的具体问题中。

第二节　多元智能理论对课堂教学改革的启示

20 世纪 80 年代，加德纳的多元智能理论一经提出，就引起了各国教育界的积极反响和热烈欢迎。多元智能理论突破了原有的智能理论的局限，是一次对传统智能理论的“哥白尼式的革命”，给各国教育改革带来新的思路和启示，产生了重要的影响。

多元智能理论首先在美国的教育改革理论和实践中产生了广泛而积极的影响，并且成为当前美国教育改革的重要理论基础之一。位于密苏里州圣路易斯市的新城学校是多元智能理论实施的成功个例，它在实践多元智能理论方面取得了成功的经验。“新城学校的教职工是从 1988 年开始实施多元智能理论的，相信我们是继印第安纳波利斯市的凯一学校之后，美国第二所如此做的学校。”① 作为校长的托马斯·R. 霍尔以他锐利的眼光，发现了这本令他着迷的书——《智能的结构》。之后，托马斯·R. 霍尔就带领全体教职工进行学习、讨论，最终决定在新城学校运用、实践多元智能理论。他说：“追随多元智能理论似乎使我们的工作更有意义了，因为这一理论支持我们的信仰和我们强调学生个别差异的深切承诺。多元智能理论似乎为我们提供了发现每一个学生独特性的另一条途径。”2005 年 12 月，世界上第一座多元智能图书馆（MI library）在这里诞生。学生们可以在其中展示和发展他们的不同智能——绘画和三维建筑的区域；电影和数字媒体的创作区域；戏剧表演的区域；音乐创作的探索区域；孩子们的集体活动以及供家长和成年人休闲、喝咖啡，自己阅读或者和孩子们一起阅读的区域。美国亚利桑那大学的琼·梅克教授等人基于对多元智能的研究，创建了“问题连续体理论”。印度阿默达巴德（Ahmedabad）河畔学校（Riverside School）为孩子提供的教育项目以“多元智能理论”作为规划、教学和评估的基础，还为教师和学校领导提供认证项目，吸引了世界各地教育工作者的参与。澳大利亚卧龙岗大学（University of Wollongong）的 Wilma violle 博士的研究兴趣倾向于“最大限度地发挥智力潜能”，倡导寻求课程与课堂的结合点，制订适合学生的目标，让他们选择适合自己的方式。法国 Malgorzata pamela 博士研究阅读技巧和第二语言学习中的多元智能开发。意大利马切拉塔大学哲学系的 Paula Nicolini 教授在学生多元智能行为观察方面做了大量的工作。菲律宾的 Joy Abaquin 认为，学生的道德是多元智能发展的基础，智能的发展应该以方方面面的学生活动为平台。

---

① [美] 托马斯·R. 霍尔．成为一所多元智能学校 [M]．郅庭瑾译．北京：教育科学出版社，2006.

美国华盛顿州的布鲁斯·坎贝尔为每一种智能都设立了学习站，并以该智能领域的伟人的名字命名学习站，如威廉·莎士比亚学习中心（语言智能）、阿尔伯特·爱因斯坦学习中心（逻辑—数学智能），等等。美国哈佛大学和马萨诸塞州马德福德的塔夫茨大学附属埃立特儿童学校发起了光谱课程项目，戴维·拉齐尔将多元智能理论与课程进行有机整合，把学年课程计划、单元活动延伸、多元智能学习站、全校聚焦等模式运用于教学，SUMIT（学校运用多元智能理论）研究组研究了美国41所应用多元智能理论至少3年以上的学校，其中78%的学校宣称他们在标准化测验分数上有明显的进步，其中63%的学校把他们的进步归因于使用多元智能理论中所建议的教学方式，78%的学校也提出有困难学生的学习成绩进步了，80%的学校提出学生家长对学校活动有了更多的参与，81%的学校认为，学生的纪律有明显的改善。美国明尼苏达州圣保罗市的卓越示范小学创立之初就将多元智能理论应用于教学实践，相信“每一个学生都是天才”，在班级、教学、课程方面形成了特色。教育者们相信，所有的学生都有自己的智能强项，光谱方案的研究者和美国泰勒斯高中、林肯高中、斯凯威尔初中、凯一学校、罗素小学、卓越示范小学等六所以多元智能为指导思想的学校的教师们声称，几乎所有的学生都确实表现出智能强项。这六所学校从学校管理到教师专业发展，从课程设置到教学方法的改变，从班级编制到活动设计，从家长评价到学生成就……角度多元、令人信服地展现了多元智能理论指导下的“学校改革全景图”。特别是六所多元智能学校的学生们在地区性和全国性基础技能领域以及标准化测验方面的成绩均超过了同龄人，而教师一直只是强调他们开发的课程，却没有教授学生们与这些测验相关的内容。

在国内，多元智能理论的广泛传播和应用已成燎原之势，它为我国的教育改革提供了新鲜血液，从某种意义上甚至可以说，多元智能理论为我国的基础教育改革提供了有力的理论支撑。“中国教育改革的目标，是彻底变应试教育为素质教育。这一点，与多元智能理论的教育学导向不谋而合。”[①] 陶西平与美国亚利桑那大学Discover项目负责人琼·梅克尔教授签

---

① 沈致隆．星星之火终成燎原之势［J］．江苏教育研究（专题版），2009，(3)．

订了Dic国际合作研究框架协议书，在借鉴多元智能理论、开发学生潜能方面做了大量的实践研究。他倡导“正视差异、善待差异”的学生观，主张“机会就是教育”和“教育面前无差生”等教育理念，以引导学生潜能的开发，他认为多元智能理论就是使学生拥有“最好的未来”，课题组著有《多元与成才》《多元与和谐》等著作。

北京建华实验学校基于多元智能理论从学生的发展和学校实际出发，增设了拓展性课程，如发展身体运动能力，开设了形体课、球类、游泳、趣味体能训练课程等；北京三里屯一中用多元智能理论指导学校教育教学，开展校本课程的实验及研究性学习课题的探索；北师大第二附属中学把多元智能理论引入语文教学的各个环节，特别是独特多元的教学设计，包括导语设计、板书设计、情景设计、活动设计都突出多元化；上海交大子弟小学借鉴多元智能理论的人才观，建立了合格教师—骨干教师—个性化教师的三级台阶教师管理模式；上海青浦区实验中学通过四十多门校本课程的开发与实施，开发学生潜能，培养学生的多元智能；上海静安区市西小学从学校特色“纸艺”入手，在促进学生多元智能发展方面做了有益尝试；上海市虹口区教育学院实验中学开展了“初中学生多元智能综合开发的教育策略”的课题研究，认真分析了学生的学习风格、类型和学生智能发展的不均衡性，构建了课堂、学校、社会相关，开放、多元、立体的德育课程体系；徐州市教科所引进多元智能理论，在幼儿教育阶段做了尝试，主要是进行幼儿课程的开发，除注重课内的多元评价外，还注重家庭评价的多元化，在真实的游戏情景中使幼儿运用多种智能尝试机智地解决问题，进行创作活动，开发脑功能。内蒙古自治区呼和浩特市新城区运用多元智能理论开发了幼儿活动教育课程，推广“问题连续体”实验。北京市和平里四小在营造多元化的学习环境、建构多元化的教学模式、实施多元化的评价方式方面做了积极的探索与实践。浙江省东阳市实验小学借鉴多元智能理论，针对学生个性发展的特点，在进行教学改革的同时，进行以质性评定统整、取代单一量化评定的新型评估方法的尝试。江苏省沙溪实验中学在多元智能理论指导下，开展分层次教学和任务型教学，提倡多媒体网络教学……

作为一所农村小学，我们从学校实际出发，致力于课堂教学的改革，以多元智能理论为支点，以有效课堂为追求，鲜明地提出了“多元智能课堂”的口号，并做了一些必要的实践与探索。多元智能理论为我校的课堂教学改革带来以下几个方面的启示：

1. 更新教学观念

多元智能理论对于课堂教学改革的影响是多方面的，而且是非常深刻的，它批判了传统的智力观、学生观、教学观、人才观、成才观等。加德纳的多元智能理论在重视先天因素的同时，更重视后天的培养。他始终相信，每个孩子的智能都能得到发展，关键在于我们的教育方法是否得当。据此，那些原来被我们的学校和社会“判了死刑”的“笨蛋”或“差生”将获得解放，一大批被淘汰出局的学生将重新获得学习的机会，享受接受教育的权利，寻求或选择符合自己智能特点的发展方式和机会。“每个学生都能学好”应该成为每个教师的信条。

所以，我们要相信，每个孩子都是天才。学生之间只有差异，没有差生。八种智能在每个人身上都以不同的方式不同程度地组合着，只要为他们创造可发展的条件，每个孩子均可将某一项优势智能发展到令人满意的水平。同时，多元智能理论也对沿用了一个世纪的比奈、西蒙等的传统智力测试标准作出了颠覆，以全新的智能观和评价观，引领教师反思陈旧的教学思维和教学策略，为教师提供了促进学生发展的多元选择。众所周知，杭州市天长小学教师周武通过长期研究发现，小学期间位于前几名的“尖子生”，在升入初中、高中、大学（乃至参加工作）后，有相当一部分学生会“淡出”优秀行列，而许多名列第十名左右的学生在未来的学习和工作中，却表现非常出色。周武老师称之为“第十名现象”。英国也曾对20世纪为世界作出杰出贡献的400人的调查中发现，其中有60%在中小学是学习平平的学生或学困生。再如，耶鲁大学心理学教授R. J. 斯腾伯格上小学时，在必须参加的智商测试中考得相当糟糕，而他对心理学产生了浓厚的兴趣，从小就决定将来要从事智力方面的研究，以发现为什么自己会如此之笨，他最终提出了“成功智力”，成功跻身美国前100位科学家之列。1976年，诺贝尔物理学奖得主丁肇中说：“我所认识的拿诺贝尔奖的科学家，几乎没有在学校考第一的，考倒数第一的倒有几位。”林林总总，无不令人质疑：什么样的教学才是有效的？什么样的孩子是聪明的？社会未来的栋梁之才是不是大多数应该出现在今天经标准化测试而评定的“精英”群体里？我们的教学一定要把培养学生的实践能力和创新精神放在首位，我们的学校再也不能仅凭某种标准测试的分数或几门书面考试的成绩衡量学生，而应该重点培养学生运用所学知识解决实际问题和进行初步创造的能力。

教师应该怎么做呢？下面我们来听听一位普通老师的心声：

做学生眼中的名师

做一位名师，可以说，是所有为师者的梦想。

名师，没有一蹴而就，也没有机缘巧合。名师成“名”的背后是百倍的艰辛，是十余年或数十年如一日“不能像一般人那样地生活”（李希贵语）。有人说：行动着的人最接近名师。也有人说：教师需要贵人的引领方能成为名师。是的，每位名师的成长都有不一样的故事，但对教育事业热爱，对教学工作执着，坚守课堂，勤于科研，对教育持有宗教般的情怀，应是名师们共同的操守。名师大都喜欢读书，善于笔耕，成名于八小时之外，真正地把职业当作事业，在一次次成功的激励下，又在一个个新的起点上行走、奔跑，或心静身动，或以文载道。如果没有成长的理想、内心的责任、踏实的作风和开放的情怀，名师就离我们太远太远。

有时想想，我也可以做名师，做学生眼中的名师。我认为，学生眼中的名师应该是——

让学生喜欢的老师。学生往往会因为喜欢老师而喜欢上他（她）所教的课程。当学生在你的课堂上神情专注，小脸通红，举手如林，当学生每天都想念期盼你的课堂时，当学生把上你的课当作一种幸福的享受时，你就是学生眼中的名师。

让学生永远铭记的老师。如果学生升入高一级学校时会美滋滋地向别人炫耀你就是他们的老师，如果学生成家立业后或成为国家栋梁时仍然没有忘记你，你的形象在他们的头脑中永远定格，成了永恒的记忆时，你就是学生眼中的名师。

让学生真正得到发展的老师。如果你总是善于把握学生的“最近发展区”，善于发现学生的智能优势，不是让他们死揪分数，而是让他们的个性得以张扬、差异得到尊重，如果因为你的开明，让他们在某一领域的发展受益终身，你就是学生眼中的名师。

原来名师是基于学生的，名师首先应是学生眼中的名师。名师脱离了课堂，脱离了学生，就不是真正的名师。（此文发表于《教师博览》文摘版 2009 年第 4 期卷首）

2. 强调因“智”施教

虽然早在两千多年前，我国的大教育家孔子就已经提出了“因材施教”的观点，但由于种种原因，真正能做到因材施教的教师少之又少。“因材施教”成了一个美好的口号，有名无实。

加德纳认为，每个人都拥有一项或几项比较突出的智能，教师可以根据学生各自的智力倾向去发展学生的智能。学生天生就各有差异，他们没有相同的心理倾向，也没有完全相同的智力，但都具有自己的智力强项，有自己的学习风格。加德纳一直相信，多元智能观的核心是正确对待个别差异，开发学生的多元智力潜能。我们的教育必须根据学生的智能特点展开，特别是占据学生学校教育生活中最大部分的课堂教学，再也不能停留在模式单调、统一、无趣的课堂生活状态。这恰恰与“因材施教”殊途同归。在我们的课堂中，如果考虑学生的个别差异，思考是给学生“狼性”还是“羊性”的教育，最大程度地进行因材施教，那么，我们的教学会取得最大的功效。比如，连生活都不能自理的指挥家舟舟，正是凭借超常的天生的音乐智能指挥了美国辛辛那提交响乐团、华盛顿爱乐乐团、瑞士国家交响音乐团等著名乐团，并在社会上引起了强烈反响。试问，这是不是对因“智”施教的最好诠释呢？我们的课堂应该保证学生真正意义上的全面发展，规避课程“主副科”的思想倾向，保证学生的多元智能都得到有效发展。与此同时，关注和培养学生的优势智能领域，努力使我们的教育成为优化差异、因“智”施教、培养特长、树立自信的教育。

下面是一位教师基于“狼的哲学”对育人的思考：

因为狼在优胜劣汰法则下的生活极富哲学味道，所以被人称为“狼的哲学”。“狼的哲学”有许多可圈可点之处：狼不会为了所谓的尊严在自己还弱小的时候攻击比自己强大的对象；狼知道如何用最小的代价换取最大的回报；狼是最团结的动物，你不会发现有哪只狼在同伴受伤时独自逃走；狼尊重每个对手，狼在每次攻击前都会去了解对手，而不会轻视它，所以狼一生很少攻击失误；母狼会在小狼有独立能力时坚决离开它，因为狼知道如果当不成狼，就只能当羊……

相对于羊，我更欣赏狼的品性。因为狼性是能够直面困难，勇敢顽强，善于竞争，团队意识强，并善于交际的，而羊性则是安于现状，逆来顺受，听天由命，贪图安逸的。

现代社会物竞天择，优胜劣汰，适者生存，人与人之间的竞争日益激烈。人在社会上不是孤立的存在，每个人都必然要与周围的人发生各种各样的关系，离不开与别人的团结和协作；现代社会的公民要善于表现自己，充满自信，有种舍我其谁的霸气和傲视一切的勇气；现代社会的公民要遵守社会规则，拥有较强的自理自立能力，提高人生成功的软实力和概率。

学校教育中需要狼性的教育，我们都不希望看到学生成为沉默的羔羊。我们可以试想一下，假如每个学生都坐拥一个团队，在竞争中合作，在合作中竞争，扬长而又能“补”短；他们懂得必要的谦让，而不是非理性的一贯的谦虚；虽是独生子女，却有着坚韧不拔、不屈不挠的毅力，能够坐看风云起，笑对人生难，乐观地面对生活，面对人生的挫折；他们在成长的历程中，充满睿智的思考，拥有自己的人生信仰……那么，我们的学校该是如何的开明，如何的高尚？置身其中，学生又该是多么的幸福。

由于狼的存在，自然界其他野生动物才得以淘汰老、弱、病、残的不良族群；也因为有狼的威胁的存在，其他动物才被迫进化得更加优秀以免被淘汰。从某种意义上说，是“狼”使生态处于一种平衡状态。在学校教育中，在“狼的哲学”的教育范式下，学生在良性竞争中所催生出的一系列能够成就学生幸福人生的优良品质，有助于学生群体和谐地发展。届时，我们培养的正是现代社会所需要的个性张扬、敢于挑战、不断超越的人，所以，我们对孩子要进行“狼”的教育，而不应该是“羊”的教育。（此文发表于《教师新概念》2009 年第 9 期）

3. 优化教学策略

在新课程背景下，有效教学的策略呈现出多样性，包括教学内容的生活化、教学过程的探究性、教学活动的开放性、教学手段的现代化、教学方式的互动合作和教学评价的多元性等。[①] 1988年，乔纳森提出学习者能用来改变原有模式的四种不同的深加工策略，即记忆、综合、组织和深加工。在教学中运用这些策略，能激励学习者用有意义的方法加工新信息。学生多元智能的发展需要教师教学策略的优化，课堂上不仅仅是传授知识，还应考虑每一位学生的智能强项与发展的不同需求。戴维·拉泽尔把多元智能理论融入教学中所采用的策略称为8合1教学策略，他详细阐述了一节聚焦智能的课堂的教学程序应分为唤醒、拓展、教学、迁移四个阶段，这样有助于建立课程的动态形式，协调被激活的神经活动过程。[②] 其中"唤醒"和"拓展"是智能轴线，"教学"和"迁移"是课程轴线。课堂中首先要唤醒、激活本课程所聚焦的智能，然后，为学生提供机会，让他们运用目标智能（如空间智能）中的工具（"多元智能工具箱"中空间智能的工具有积极想象、绘图、拼贴画等）以拓展该智能。在聚焦智能的课堂教学中，大部分的时间将用于课程轴线上。一旦唤醒和拓展了学生的目标智能，就可以运用这种智能进行"教学"，帮助学生学习课程内容。"迁移"应该被视作教学的元认知部分，在这个环节，学生可以把所学内容与个人生活相联系，可以对所学内容进行进一步加工，也可以非正式地评价自己的学习状况。

4. *改革教学评价*

随着教学改革的不断深化，教学评价作为推动教学改革的强劲动力，越来越受到人们的关注，多元智能理论对构建新的教学评价体系提供了多元化的思考方向。

传统教学评价的弊端在于没有正确认识教学评价的作用，把教学评价本身当作目的与终结。特别是考试评价强化选择和分等功能，造成一部分学生特别是学习困难的学生无法认识自己的潜能，从而丧失了自我发展的动力。

建立在多元智能理论基础上的评价是为了开发学生的潜能，帮助学生识别自己的智力潜能和智能强项，从而正确认识自己，建立自信；多元智

① 梅云霞．有效教学特征的复杂性思考［J］．江苏教育研究（实践版），2007，(10)．

② David Lazeara. 多元智能教学的艺术——八种教学方式［M］．吕良环译．北京：中国轻工业出版社，2004.

能理论强调每个学生的智能组合都有质的不同，都有相对于他人的智能强项和弱项，评价就是要帮助他们发现和识别自己的智能强项，鼓励学生在智能强项方面的发展，增强他们对成功的体验，同时，把他们在强项智能活动中表现出来的智能特点和品质迁移到其弱项智能中去，以增强其弱项智能的活动能力，从而促进他们全面、和谐的发展。

原中国教育学会会长顾明远曾发出倡议：废除在学生还没有成熟时就将他们分为三六九等的“三好学生”评选制度，要相信每一个学生都能成才，任何学生的进步都应该受到鼓励。顾明远认为，评选“三好学生”，与教育方针相悖；教育方针要求每个学生都成为“三好学生”，而非少数人；少数人评上“三好学生”，客观上使大多数人心理受到伤害；许多学校在实际操作中“将好经念歪”，将“三好”标准变成了“一好”（学习成绩好）。因此，他倡议，随着新课程改革的推进，“三好学生”评选制度需要废除。基于学生的优势智能，课堂评价时可以以这一领域伟人的名字设置各种头衔，如“小小莫扎特”“小小姚明”“小小达·芬奇”“小小莎士比亚”等，也可以以每项智能的名字设置，如“人际交往之星”“音乐之星”等，为便于操作，还可以对学生的行为表现按不同层次标准设定不同的等级（如一至五星级）。

5. 推进教学公平

教育公平是教育界近年的热门话题，而教学公平则是教育公平在微观教学层面的表现。重新审视我们的教学会发现，有相当一部分学生很难在学习上享受到教学公平的待遇。长期下去，这部分学生就会滑向教学的边缘，沦为学习的“奴隶”。以相同的内容、相同的标准、相同的方式对学生进行分门别类、评头论足本身就是不公平的。所谓的公平，应该以承认学生的差异为前提。尺有所短，寸有所长。物有所不足，智有所不明。世界上没有两片相同的树叶，同样，每个孩子都是一个鲜活的个体。将多元智能理论引申到课堂教学中，就要求教师尊重差异，给每一位学生平等发展的机会，使每个学生都有成功的机会和成功的可能。教师应从因人而异、因材施教的观点出发，主动设计多样化的学习活动，安排多种形式的学习材料，并且让学生根据不同的学习需要来进行选择。美国教育家帕克说：“一所学校，只有当它不仅对学生个人来说是最好的，而且对全体学生来说也是最好的，这所学校才称得上是符合公民的标准，这样对学生才是公平的。”教育公平原则下的教育不是“精英”的教育，它应是平民的教育、大众的教育、全民的教育。“教育的理想是为了一切的人，无论是城市的还是乡村的，富贵的还是贫贱的，聪慧的还是笨拙的……”（朱永新）教育的理想就是让每一位学生尽情享受真正的教育公平。

我们十分清醒地认识到，多元智能理论是西方文化的产物，在借鉴与运用时应该保持理性的头脑。很多教育专家提倡，在借鉴多元智能理论进行课堂教学改革时至少要遵循两个方面的思路：一是“以我为主，他为我用”；二是“以他为主，他我结合”。

“以我为主，他为我用”，即当今世界不存在任何一种现实的适合于所有文化、所有国家、所有儿童、所有年龄和所有科目的“最佳课堂模式”。正如国内众多学习“洋思中学”“杜郎口中学”等学校的课堂改革经验的现象一样，他们至今仍然一直被模仿，却无一被超越。所以，我们应该借鉴多元智能理论中对本校课堂教学改革有价值的东西。比如说，我们应该学习多元智能理论中关于实践能力和创新精神是智能的本质含义的观点，使我们的课堂更加注重培养学生的实践能力和创新精神；我们应该学习多元智能理论关于人的智能领域是多方面的观点，使我们的课堂在真正意义上促进学生的全面发展；我们应该学习多元智能理论关于每一个体都是独特的，都有相对而言的优势智能和弱势智能领域的观点，使我们的课堂保证学生个性的充分展示和特殊才能的充分发展等。

“以他为主，他我结合”，即在将多元智能理论移入课堂时一定要结合学校实际使之本土化。在进行多元智能课堂的实践时，我们要规避“不求甚解”“囫囵吞枣”等问题，也要规避“照抄照搬”“生搬硬套”等现象。加德纳坦言，多元智能理论是对大量研究结果进行归纳总结基础上的综合分析，是一种“主观因素分析”。多元智能理论是一种在西方都还存在着争论的教育思潮，甚至加德纳本人都还在不断对其改进和发展。所以，解决好多元智能理论与本土相结合的问题，应是我们必须郑重面对的问题。加德纳反复强调，智力在一定的社会文化背景中表现都是不同的，解决好这个问题，才能激发多元智能理论的生命活力，才能体现出多元智能理论的实际价值。多元智能理论对课堂教学改革的启示是多方面的，至少涉及教学目的、教学内容、教学方法和教学评价等几个方面。

据有关专家研究，在西方已经有“把发展学生的多元智能作为教学目的”“把发展学生的多元智能作为教学内容”“把多元智能作为教学方法和教学途径”以及“通过多元智能理论进行教学评价”等研究和实践，这就告诉我们，课堂教学改革必须是全方位的。

第二章

Chapter 2

构建多元智能课堂的意义

多元智能课堂直击学生智能底限，全面关照学生的成长与发展。在丰富的教学理念的引导下，提供了多样化的课堂教学形态，准确把握学生的最近发展区和智能的临界点，充分挖掘每个学生的潜能，为学生的未来发展打下坚实的基础。

《现代汉语词典》中把“教学”定义为“教师把知识、技能传授给学生的过程”。顾明远教授认为，“教学是以课程内容为中介的师生双方教和学的活动”。课堂教学是教学的基本形式，是学生获取信息、锻炼提高多种能力和养成一定思想观念的主渠道。我们这里研究的课堂教学是指教师引起、维持、促进学生学习的活动，多元智能课堂则是基于多元智能理论所建构起来的一种新型课堂形态。

第一节 多元智能课堂的内涵

多元智能课堂直击学生智能底限，扬长“补”短，因“智”施教，兼顾知识的传授、情感的交流、智慧的培养和个性的塑造，全面关照学生的成长与发展。在课堂上，教师的学生观、教学观、评价观都发生了变化，也就是说，每一个学生都有可圈可点之处，绝不能忽视任何一个孩子的学习需求。

一、多元智能课堂的基本特征

（一）丰富

1. 丰富的教学内容

基于教材，多元智能课堂注重延伸与拓展，教师依据学生智能分布特点设计教与学的活动。教师通过富有个性化的教学设计，唤醒学生的挑战意识，学生在教师精心设计的众多挑战任务面前总会找到“一款”自己的最爱。教师还可根据每位学生的智能特点设计个别化教育方案，如组织形式多样化的活动、布置富有挑战性的作业、带领学生进行实践探究性的学习等，从而促进学生多元智能的发展。

2. 丰富的教学方法

教师可以依据教学目标、教学内容、学生智能状况、自身素质、教学环境等选择合适的教学方法，如愉快教学法、知识竞赛法、操作演示法、实践练习法、自主探究法、项目推进法、语言讲授法等。一种教学方法可能能对某一些学生起到较成功的作用，而在其他学生身上，成功率可能较低，因为学生之间存在个别差异，多元智能课堂中的教师应使用多种教学方法，不断改变学生的智能活动重点，让每一个学生在学习中都有最活跃的智力发展时间段。

（二）情智

在多元智能课堂上，教师充分调动学生的情感与智慧因素，情思并重，情智相融，唤醒学生沉睡的情感，点燃学生智慧的火花，是科学精神与人文精神的结合。儿童的世界蕴藏着情感，充盈着智慧，需要教师用情去唤情，用智去启智。用多元智能而教，充分挖掘学生的优势智能，调动学生的学习动机，激发学生的求知欲，走进学生的情感世界；为多元智能而教，以智能的发展为核心，开启学生的智慧，引发学生思维的碰撞，提高学生运用知识解决问题的能力。

（三）生本

多元智能课堂的各个构成部分都注重以生为本，尊重每一个学生的学习诉求。学习目标关注个性，学习内容延伸生活，学习方法彰显智能，学习过程依托活动，学习环境营造和谐，学习评价根植情境等，教师应相信每个孩子都有学习的天赋，教学组织尽可能地面向每一个孩子。这不该只是一个口号，关键是落实到实践上，体现在每一个细小的教学环节，以促进学生的全面发展和提高课堂教学质量为目的，优化学生的学习方式，改进教师教学行为。学生作为不断发展中的人，智能也非一成不变，而是渐进发展的。所以，让每一个学生得到“发展”就成为多元智能课堂矢志不渝的追求。

（四）综合

单从教学目标来看，多元智能课堂基于新课程理念提出了“三维目标”，但又有所超越，它把学生运用多元智能学习的情况作为评价课堂教学有效程度的指标之一。霍华德·加德纳将“智能”定义为“在一种文化环境中个体处理信息的生理和心理潜能，这种潜能可以被文化环境激活以解决实际问题和创造该文化所珍视的产品”。多元智能课堂则重在培养学生解决问题的能力，这种能力就是能够针对某一特定的目标，找到达到这一目标的正确路线。如前所述从构思一部小说的结尾到下棋时把对方“将死”，甚至修补一床棉被，都是生活中需要解决的问题。科学理论、音乐作品，甚至成功的政治竞选，都是我们所说的产品。多元智能课堂的目的在于建立各种知识体系，打通学科之间的壁垒，培养学生的系统思维能力。

二、多元智能课堂的基本理念

多元智能课堂从终点思考，从起点出发，和而不同，大道至简，每个学生手中都拥有一把学习的“利剑”，即优势智能。结合前面的阐述和我校课堂教学的实际，我们把多元智能课堂的基本理念确立为：效益至上、方法多元、因“智”施教、推进公平。

（一）效益至上

多元智能课堂致力于为学生“未来六十年”奠基，它关注学生的可持续性发展，旨在提高学生走上社会后的竞争力和软实力。多元智能课堂的执行者拥有远见卓识，不会急功近利，不会为了眼前的一点点分数，而以牺牲学生的时间和空间，扼杀学生的个性与兴趣，泯灭学生的特长与天赋为代价，它致力于开启学生的智慧，完善学生的人格，张扬学生的个性。多元智能课堂上永远没有差生，只有存在差异的学生，它尊重学生的差异，把差异当成宝贵的教育资源。课堂的执行者能准确把握学生的最近发展区与智能的临界点，让每一个学生的潜能得到尽情的释放，为他们将来以完美的姿态走上社会打下坚实的基础。

（二）方法多元

多元智能课堂不仅要让学生“学会”，而且努力促使每一个学生都“会学”。教师要了解学生的优势智能，充分挖掘学生的优势智能所蕴含的学习潜能，行有余力，再带动学生其他弱势智能的发展。多元智能课堂立足学科本位，彰显学科特点，极力释放出学科的教育功能。为了让每一个学生都学好，教师的教学方法追求灵活多变，体现“多元”这一核心理念。比如语文课堂倡导解读的多元、评价的多元等，数学课堂倡导思维的多元、探索的多元等，英语课堂倡导表达的多元、情境的多元等。多元智能课堂的“方法多元”还表现在学生学习方法的多元上，课堂中教师适时“放手”，尊重学生的学习选择权，为学生提供多种学习方案，以不同的教法指导不同的学法，使每个学生都能通过其擅长的学习方法实现学习成果的最优化。

（三）因“智”施教

因材施教是我国大教育家孔子的重要教育思想，意思是针对学习者的志趣、能力等具体情况实施不同的教育。这里强调每个人都是不同的个体，都有非凡的才能。多元智能理论是霍华德·加德纳吸取30多个学科门类的而提出的全新智能观点，他对八种智能的概念表述更准确，每种智能的特征表现更明显，更具有科学依据，并且可判可鉴。所以，我们提出因“智”施教的理念，主要是针对学生的优势智能施教。为此，教师的教学设计要体现“多样化”，教学目标中应明确运用主导智能达到的学习目的，并考虑一些辅助智能的加入，依据教学内容和学生实际而预设因“智”施教的策略。当然，一节课中虽不可能将八种智能都作为主导智能加以运用，但可以确保每个学生都得到不同程度的发展。

（四）推进公平

这里的公平是教学层面的公平，从微观层面来说，就是课堂教学公平。现行的很多课堂仍旧存在着不公平的现象，课堂教学公平的底线是把眼光投射到每个学生，每一个学生在课堂上都有可完成的学习任务，并且这种学习任务与他（她）的智能发展状况相匹配，是最适合他（她）的，而不是片面地照顾所谓的学优生或者学困生。需要强调的是，多元智能课堂上没有学困生，只有没能按照其适合的学习方式学习的学生，或者说只有没能考虑到学生学习需求的教师。教师的眼里要揉得进“沙子”，不要以传统的标尺来衡量孩子的优劣，要克服“晕轮效应”，要摆脱对所谓的

"学困生"的偏见。教师对每个孩子都要一碗水端平，相信每个学生都能成才，教师在通往教室的路上只需考虑怎样让每个学生学得更好。

第二节 构建多元智能课堂的必要性

前面谈到，多元智能课堂的提出是与新课程理念、素质教育理念一脉相承的，并有所创新和超越。教育的本质是促进人的发展，多元智能课堂是学生的课堂，是一切为了学生、为了一切学生发展的课堂。在新课程改革的大背景下，多元智能课堂的建构有着明显的积极意义。

一、课程改革的呼唤

基础教育的课程体现了普及性、基础性和发展性，义务教育是为每一个学生今后的发展和从事终身学习打下基础的教育，它强调促进学生的全面发展，实现学习方式的多样化，着重培养学生的综合能力。课程改革的核心环节是课程实施，而课程实施的基本途径是课堂教学。《基础教育课程改革纲要》明确指出，教学过程是师生交往、共同发展的互动过程。在教学过程中，要处理好传授知识与培养能力的关系，注重培养学生的独立性和自主性，引导学生质疑、调查、探究，在实践中学习，使学习成为在教师指导下主动的、富有个性化的过程。教师应该尊重学生的人格，关注个体差异，满足不同需要，创设能引导学生主动参与的教育环境，激发学生的学习积极性，培养学生掌握和运用知识的态度和能力，使每个学生都得到充分的发展。多元智能课堂基于"每个学生都是天才"的理念，通过教师理念的转变，从实践层面上摒弃那种"目中无人"的重认知轻情感、重教书轻育人的教学，从学科本位走向人本位的发展，服从服务于人的全面健康发展。在多元智能课堂中，全班学生都应成为教师关注的对象，这是全新的学生观；教学过程应该成为学生一种愉悦的情绪生活和积极的情感体验，这是全新的智能观；关注学生的道德生活和人格养成，又是全新的发展观。现实的小学课堂之所以让人感到沉闷乏味，根本的一个原因就是缺乏个性和创造性，盲目的模仿和简单的借鉴造成的雷同平庸使一些课堂失去了生命活力。课程改革实施以来，涌现出了一些课堂改革的先行军，这就要求致力于课堂教学改革的学校要走出适合自己的路子，走出自己的特色，正是基于这样的考虑，我们萌生了建构“多元智能课堂”的想法和思路。

二、教学公平的体现

义务教育是为国家每个适龄儿童提供均等的就学机会的教育，而不是精英教育、选拔教育。多元智能课堂注重对学生差异的尊重，传统的教学通常是全班学生只面对同一个教师，接受同样的教学方式，使用同样的教科书，被要求完成同样的作业，甚至达到统一的教学目标，全班学生形成“一个口号齐步走”的格局，这样的教学存在着公平问题。千人一面的课堂难以“顺应民心”，难以迎合所有学生的胃口，势必会出现“优等生吃不饱，后进生吃不了”的不和谐局面，造成课堂上的优而不优、差而更差的现象。于优于差，学生都没有享受到教学公平。北京师范大学教育学博士郭华曾经观察过每节课为 40 分钟的 19 节课，在这 19 节课中，教师共提问 387 次，平均每节课提问约 20 次，每 2 分钟提问一次。但与教师频频提问相反，由学生主动向教师提问的只有 16 次，平均每节课不足一次，并且，教师所提问题基本上是记忆性、重复性的，很少提理解性问题，更缺少创造性问题。也有调查表明，我国小学课堂教学中，10%左右的所谓差生被提问次数只达到班级平均次数的一半、优等生的 1/4。教师为了维持课内的活跃气氛，防止冷场，往往将课内 80%的问题让约占学生总数 20%的活跃者来回答，约有 30%的学生没有得到被提问的机会。课堂中的教学公平可以从提问上以一斑而窥全貌。

多元智能课堂中，每位学生都是一块需要打磨的“金子”，教师应在课堂的“渔场”中实践发展学生智能的方法，创设场景的动力氛围，唤醒学生的生命意识和生活经验，用场景去建构学生的生活方式，相信所有的学生都是“有潜力的学习者”，让学生在展示生命活力、呈现生活内涵、回归生态和谐的学习场景中完成“自主建构”，使每一位学生都能在原有的基础上公平地得到最优化发展。作为平等对话中的鲜活生命，每个学生都有权利要求接受适合其个性特点的教育，最大限度地实现个人的价值。

因为“教学和教育的技巧和艺术就在于，要使每一个儿童的力量和可能性发挥出来，使他享受到脑力劳动中的成功的乐趣”。(苏霍姆林斯基)

三、智能观念的转变

传统的基础教育只是优秀生的舞台，很多学生扮演着听客、陪客和看客的角色，在以分数论高低的单一评价模式下，很多学生被列入“差生”“学困生”的行列。多元智能课堂就是要让学生成为一个不为分数所限而发展多种兴趣的人，为他们搭建一个自由发展的平台，期望他们在某一领域有所突破。英国哲学家罗素曾说：“同样，必须承认文化教育大部分是愚蠢的。学童们耗费多年时间去熟悉拉丁文及希腊文文法，而最后不能或不想（除了少数例外）去读作者的作品。”澳大利亚人贝弗里奇是英国剑桥大学动物病理学教授，他在《科学研究的艺术》一书中曾说：“阅读传统教科书会使人墨守成规，而摆脱陈旧的规则与解决这个问题一样费劲。许多成功的发明家并不是在他们受到训练的科学领域做出了辉煌的发明的。”发明生产廉价钢方法的贝塞麦就说：“比起许多研究同样问题的人，我有一个极大的有利条件，那就是：我没有被长期既定的惯例所形成的固定观念束缚思想，造成偏见。我也未受害于认为现在一切都是对的那种普遍信念。”贝尔纳甚至说：“构成我们学习最大障碍的是已知的东西，而不是未知的东西。”①

教育领域有这样一种说法：三流教师教学生学知识，二流教师教学生学方法，一流教师教学生学智慧。如果说农业社会是以“力”取胜，那么工业社会是以“物”取胜，信息社会则是以“智”取胜。多元智能课堂以“智”的发展为核心要素，培养的是学生，而不是考生，它要求教师引导学生从“学会”到“会学”，善于化“知识”为“智慧”，向学生传达简单、轻松、快乐的教育，促成学生的自我发展与自我实现。

基于以上认识，构建多元智能课堂的必要性不言而喻。

① 林端华．漫话“合格教育”[J]．教师博览（原创版），2009，(6)．

第三节　构建多元智能课堂的可能性

一、对传统教学的批判与建设

我国传统的教学模式过分强调“双基”，以培养学生的理解力和记忆力为主，忽视多种智能的开发与培养。传统教学由于受应试教育的影响，教学应有的功能不能很好地得到发挥，以致产生了很多偏失。

（一）课堂教学运作低效甚至无效

在应试压力下，学校教学内容和学习行为超负荷，教学常加班加点，超时超标，超常工作量，教师和学生压力过大，容易产生厌教、厌学情绪，课堂教学很难取得实效。

（二）课堂教学不能真正面向全体

不同知识基础、不同接受能力、不同智能结构的学生被灌以同样的教学目标，同样的教学策略，同样的教学内容，真正面向全体就是要正视学生的整体差异，照顾到每个学生的学习需求。

（三）课堂教学不能充分挖掘每个学生的潜能

人的潜力是无限的，课堂上只有让每个学生的潜能得以淋漓尽致地发挥，才能施展教学“育人”的功能，学生才能成为真正发展的人。

自 1999 年《重构多元智能》在我国出版后的 10 余年时间里，全国上下聚集了大量拥护和信赖多元智能理论的人士，也产生了较多在多元智能理论实践过程中取得优异成果的学校。除去前文所介绍的那些先行的学校，近几年，我国也陆续出现了许多在课堂中实践多元智能理论非常优秀的学校。例如，内蒙古自治区呼和浩特市新城区推广“多元智能问题连续体”，促进了基础教育课堂教学改革；北京和平里四小为学生营造多元化的学习环境，建构多元化的课堂教学模式，实施多元化的评价方式；江苏省沙溪高级中学运用多元智能理论在课堂中尝试确定适合学生的个别化的教学策略；浙江省东阳市实验小学研究小学生多元智能发展评价，编制了多元智能发展测评标准与方案，关注学生生存状态，创建新型评价机制；

江苏省姜堰市开发了《幼儿多元能力探索课程》，并在课堂上进行了积极的探索和研究……从全国各地陆续涌现出的多元智能理论实验学校来看，他们都在努力颠覆传统的教育，特别是传统的教学模式。多元智能课堂是顺应“民”心，合乎“民”意的，它的理念与新课程理念不谋而合，可以更好地实现所有学生全面发展的愿望。

二、成为有效课堂理论的支撑

在国外，有效教学在不同的时代有着不同的关注主题。从夸美纽斯开始，有效教学开始落实在规模效应及相应的教学模式上。《大教学论》的理想寄托在班级教学中，是有效教学的原始状态；夸美纽斯及赫尔巴特学派所倡导的“大”的、“普遍”的教学模式后来受到挑战：一是人们对普遍有效的定型化的教学模式逐渐产生怀疑，有效教学开始朝着多元化的方向发展；二是以杜威教育理论为代表的进步主义教育开始突破教学模式的思路而从人的问题、教育与生活的关系来考虑有效教学的出路。在多元化的教学模式探索基础上，人们认识到无论“大”的（夸美纽斯）、“普遍”的（赫尔巴特）的教学模式，还是个性化的、多元化的教学模式，都不能完整地实现有效教学的理想。于是有效教学越来越强调设计意识和反思意识，它需要在教学理念的支持下展开教学设计。在教学设计的道路上，有效教学大体有三种取向：一是科学主义（以加涅的设计教学思想为代表）；二是建构主义（以杜威的参与者知识观为代表）；三是多元智能（以加德纳的理论为代表）。

有效课堂的起点是学生，它的聚焦点开始由教师走向学生，更加重视优化学生的课堂学习行为，更加在意学生的学习幸福指数，更加注重为学生的可持续发展奠基。教师的行为由教师为主要行为主体向师生共为行为主体再到学生为主要行为主体过渡，教师是教学目标的策划者，教学内容的组织者，教学环境的创设者，教学设计的执行者，而学生是教学目标的实现者，教学内容的选择者，教学环境的适应者，教学设计的主宰者。有效的课堂注重学生思维品质的培养，因为思维是智能的前提；有效的课堂注重学生问题解决能力的提高，因为智能是学生解决实际问题或创造新产品的能力；有效的课堂关注学生潜能的开发，因为智能就是每一个学生独特的学习方式。无论是先教后学，先学后教，还是边学边教、边教边学，都可以成为有效教学的几种形式，这种有效除了符合“三维”目标的衡量尺度外，还关注学生多元智能发展的状况，每一个学生都能成为有效的学习者。多元智能理论不单单成为我国新课程改革的支撑理论之一，更是有效课堂的基本理论支撑。

三、学生科学多元评价的平台

新课程改革的目标特别强调“改革课程评价过分强调甄别与选拔的功能，发挥评价促进学生发展的功能”。评价应该是一个帮助学生增强学习信心、强化学习兴趣和享受学习成就的途径，但长期以来，我国的传统评价大多是“缺陷本位”的，大部分测试工具的设计都是为了测试学习者的失败、错漏和缺点，容易形成不当的“贴标签”效应，总是把考试作为衡量教学质量的唯一方式，以一次考试、几张试卷成绩作为尺子来衡量教学质量，甚至以此来决定学生的命运，这不可避免地带有局限性和片面性。这一评价方式是与人的本身潜质不符的，是不符合多元智能理论的主张的。多元智能理论为我们提供了多元的评价方式，由重视结果评价转向过程评价，较重视多种智能的开发与培养，考试不是评价的全部，只是其中的一部分。基于多元智能理论的评价有别于传统的“三好学生”评选制度，它更趋合理，学生之间的差异更趋无形，每一个学生都是成长的“明星”。多元智能课堂上的评价更真实、更科学，可以通过日常表现型的个性化评价、游戏活动型的展示性评价、专题作业型的体验性评价、成长记录型的发展性评价等系列评价方法，有效促进学生多元发展。每堂课都让每一个孩子抬头走路，每堂课都让每一个孩子收获满怀，每堂课都让每一个孩子拥有个性化的称号，每堂课都让每一个孩子展现微笑的表情，应是多元智能课堂评价的魅力所在。

多元智能课堂的评价大致有以下三个走向：

1. 由少数走向全体

“金无足赤，人无完人。”每个人都有优点，也都有缺点。所以，教师要放大每个学生的优点，参照学生的智能优势与发展状况，给他们一些个性化的评价。多元智能课堂的评价改变了以前只有少数学生得到表扬或鼓励的现状，规避了教师“以偏概全”的倾向，只要学生课堂上能运用自己的方式有效地学习，即使知识技能掌握得不够达标，也应得到良好的积极的评价，这种评价不再是传统优秀生的专利。

2. 由结果走向过程

评价的目的在于激励、唤醒与鼓舞，学生的进步和智能的发展靠日积月累、厚积薄发，非一蹴而就。促进学生的自我实现与完善才是评价的目的所在。学生是处于不断发展中的人，他们的意志力是不稳定的，需要时时刻刻的提醒和强化，所以，过程评价就显得尤为重要。真正的教育不应只求收获不问耕耘，只重结果不重过程。多元智能课堂主要是对学生学习过程的表现进行评价。

3. 由主观走向量化

长期以来，头脑中固有的评价思维模式，将教师对学生的评价局限在一种模棱两可、似是而非的境地，习惯于大而话之、分门别类，对学生缺少具体细化的了解，缺少科学合理的分析，对学生的成长未能作出正确的诊断，因而未能及时采取补救的措施，制约了教学质量的提高。教师要改变以往那种以主观印象为主的评定方式，要了解学生的日常生活表现，把握学生智能的优势与走向，以便于因“智”施教，每一次学习、每一项活动、每一点成绩都要量化积分，张榜公示。量化预示着公正，同时也蕴含着竞争，而竞争是现代公民所必备的一种素质。学生在一次次的量化评比与竞争协作中，必会不断反思、不断进步、不断成熟。

四、促进学习态度的整体优化

态度决定着人生的高度，学生成就动机的效能则取决于学习态度的积极程度。加德纳认为，每个学生都可以获得最大限度的成功，在教育教学中实践多元智能理论，可以改善学生的学习态度，促进学生积极地学习。下面是我们针对本校学生在多元智能理论影响下学习态度改良的程度进行的调查。

（一）调查的内容、方法和对象

1. 调查的内容

基于多元智能理论，对小学生的学习态度进行调查。

2. 调查的方法

本调查主要采用问卷调查法。让学生根据答题的要求，按先后顺序在答卷纸上答题。答题时要求学生注意答卷纸上的号码，虽然没有时间限制，但要求学生在看懂问题后要立即回答，不要拖延时间。如果有不清楚的地方，可以举手提问。另外，要求学生不要在这份试卷上面做任何记号。每个题的回答都是从五种答案中选择最适合学生自身真实情况的一种答案。当学生选定其中一个最合适的答案后，应在答卷纸相应题号后的括号内填上所选答案前的字母。这五种答案分别是：

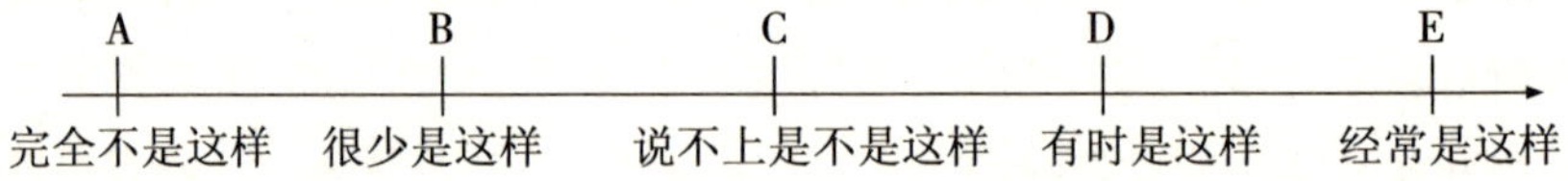

3. 调查的对象

抽取铜山县柳新镇新桥实验小学三至六年级各一个班的学生及其家长进行团体施测。

（二）问卷的来源与使用

1. 问卷的来源

本学习态度调查问卷源自华南师范大学陶德清教授的设计，调查的技术支持为徐州师范大学教育科学学院。此问卷内容分为 10 项：X_{I}——对学习目的及意义的认识；X_{II}——学习中的情感体验；X_{III}——求知欲表现；X_{IV}——学习主动性表现；X_{V}——学习计划性表现；X_{VI}——对学习成绩的认识；X_{VII}——复习考试中的行为表现；X_{VIII}——学习中排除困难的行为表现；X_{IX}——学习中抗拒干扰的行为表现；X_{X}——学习方法的掌握。

学习态度心理结构的三个维度与内容的十个项目的关系可列表表示：

表 1　学习态度三个维度十个项目一览表

三个维度	情感体验（A）	行为倾向（B）	认知水平（C）
十个项目	X_{II}，X_{III}	X_{IV}，X_{V}，X_{VII}，X_{VIII}，X_{IX}，X_{X}	X_{I}，X_{VI}

2. 问卷的使用

（1）被试的选取与施测

本问卷采取团体施测的方式，课题组成员 3 人一组在相应教室对学生进行现场施测。为保护学生隐私，以期取得更为真实的调查结果，本次调查不采取实名制，而以代号的形式（如张三，代号为001）呈现，而在对具体数据进行统计分析时，施测教师则把姓名与代号相统一，以便教师了解每位学生真实的学习态度。

（2）测查结果的给分方法

受测者答完所有问题后，由测验人员按特定的给分方式给每一题的答案计算得分（即原始分）。本问卷共有50道题，原始分可能是－2至＋2之间的一个数，题目有顺项和逆项之分。在答卷纸上，每一横行的五个问题，就构成《小学生学习态度自陈量表》的一个分量表，即分别为上述的十个项目。X_I 至 X_X 的括号内应填写相对应横行5个问题的平均得分，这个平均分就是这一分量表的得分。本问卷共有10个分量表，分量表可能是－2至＋2之间的一个数。再者，由50道题的原始分相加，就可得到一个量表总分，受测者的量表总分可能是－100至＋100之间的一个数。

（3）测查结果的评价方法

根据《小学生学习态度自陈量表》的测查结果，可以利用《小学生学习态度自陈量表》测查结果剖面图（见附件3）对测查者的学习态度作出评价。在《小学生学习态度自陈量表》测查结果剖面图上，从圆心向外的10条直线，每一条代表一个分量表；大小不等的9个圆环，相当于大小不等的刻度环，由外向内分别代表＋2.0，＋1.5，＋1.0，0.5，0，－0.5，－1.0，－1.5，－2.0的测验数值；利用不同的颜色，划分出几个主要的区域：绿色（＋2.0，＋1.5，＋1.0）代表良好，黄色（0.5，0，－0.5）代表警戒，红色（－1.0，－1.5，－2.0）代表危险。确定受测者的10个分量表得分在剖面图上的位置，并将它们用直线连起来，就得到受测者学习态度的剖面曲线图。（见附件3）

（三）调查结果描述

正式施测过程中，共发出问卷200份，收回有效问卷200份，占发出问卷总数的100%。综合各项指标，本问卷具有良好的信度和效度指标，可以较好地测出学生的学习态度状况。

表 2　三至六年级学生学习态度整体情况

班级 / 性别 / 比例 / 标准	三（2）		四（1）		五（2）		六（2）	
	男	女	男	女	男	女	男	女
+2.0，+1.5，+1.0	8	10	12	11	3	7	6	7
良好	4%	5%	6%	5.5%	1.5%	3.5%	3%	3.5%
0.5，0，−0.5	16	13	20	12	20	9	23	17
警戒	8%	6.5%	10%	6%	10%	4.5%	11.5%	8.5%
−1.0，−1.5，−2.0	/	/	1	/	2	1	1	1
危险	/	/	0.5%	/	1%	0.5%	0.5%	0.5%

表 2 显示，学习态度“良好”的有 64 人，占被调查人数的 32%；学习态度需要“警戒”的有 130 人，占被调查人数的 65%；学习态度应该给予“危险”信号的有 6 人，仅占被调查人数的 3%。由于学生处于发展期，学习态度具有不稳定性，我们设想：假如能够通过科学的引导经常对学生的学习态度给予“警戒”，他们也有可能发展为“良好”。所以，整体来说，被调查学生的学习态度状况较为乐观。

表 3　三至六年级男女生学习态度情况

班级 / 性别 / 比例 / 标准	三（2）		四（1）		五（2）		六（1）	
	男	女	男	女	男	女	男	女
	24	23	33	23	25	17	30	25
+2.0，+1.5，+1.0	8	10	12	11	3	7	6	7
良好	33.3%	43.5%	36.4%	47.8%	12%	41.2%	20%	28%
0.5，0，−0.5	16	13	20	12	20	9	23	17
警戒	66.7%	56.5%	60.6%	52.2%	80%	52.9%	76.7%	68%
−1.0，−1.5，−2.0	/	/	1	/	2	1	1	1
危险	/	/	3%	/	8%	5.9%	3.3%	4%

调查表明，学生的学习态度与学生的性别有一定的关系。有人对 2007 年全国 66 位高考状元作出统计，其中女生占 46 人，男生占 20 人，男女生

状元的比例为3∶7。究其原因，有专家分析，“生理特点占据优势，学习态度好于男生，这是女生在近年高考中容易取得佳绩的主要原因。”表3显示，三至六年级女生学习状态“良好”的比例普遍高于男生，特别是五年级时，比例悬殊较大。同时也发现，学习态度需要“警戒”的男生比例普遍高于女生。这就是说，三至六年级女生的学习态度普遍好于男生。不可否认的是，其中很多男生的学习动机是纯正的，但我们需要厘清的是，学习态度与学习动机不同，仅有良好的学习动机是不够的。学习态度包括了一种学习信念以及与之相关联的行为表现，贪玩、好动、调皮、逆反等性格特征是影响男生学习态度状况的主要原因。

表4　三至六年级学生学习态度分量表情况

分量表 \ 比例 \ 性别 \ 班级		三(2)		四(1)		五(2)		六(1)	
		男	女	男	女	男	女	男	女
对学习目的及意义的认识	良好	(16)8%	(22)11%	(25)12.5%	(18)9%	(12)6%	(14)7%	(23)11.5%	(19)9.5%
	警戒	(8)4%	(1)0.5%	(7)3.5%	(5)2.5%	(11)5.5%	(3)1.5%	(7)3.5%	(5)2.5%
	危险	/	/	(1)0.5%	/	(2)1%	/	/	(1)0.5%
学习中的情感体验	良好	(16)8%	(20)10%	(22)11%	(20)10%	(17)8.5%	(11)5.5%	(14)7%	(13)6.5%
	警戒	(8)4%	(3)1.5%	(10)5%	(2)1%	(5)2.5%	(5)2.5%	(14)7%	(10)5%
	危险	/	/	(1)0.5%	(1)0.5%	(3)1.5%	(1)0.5%	(2)1%	(2)1%
求知欲表现	良好	(11)5.5%	(9)4.5%	(11)5.5%	(11)5%	(3)1.5%	(6)3%	(11)5.5%	(11)5.5%
	警戒	(12)6%	(12)6%	(19)9.5%	(11)5.5%	(16)8%	(8)4%	(18)9%	(13)6.5%
	危险	(1)0.5%	(2)1%	(3)1.5%	(1)0.5%	(6)3%	(3)1.5%	(1)0.5%	(2)1%
学习主动性表现	良好	(11)5.5%	(10)5%	(17)8.5%	(9)4.5%	(7)3.5%	(7)3.5%	(18)9%	(14)7%
	警戒	(11)5.5%	(12)6%	(13)6.5%	(10)5%	(16)8%	(10)5%	(12)6%	(10)5%
	危险	(2)1%	(1)0.5%	(3)1.5%	(4)2%	(2)1%	/	/	(1)0.5%

续表

分量表 \ 比例 \ 性别 \ 班级		三(2)		四(1)		五(2)		六(1)	
		男	女	男	女	男	女	男	女
学习计划性表现	良好	(7)3.5%	(6)3%	(5)2.5%	(5)2.5%	(2)1%	(4)2%	(3)1.5%	(6)3%
	警戒	(12)6%	(11)5.5%	(22)11%	(14)7%	(9)4.5%	(10)5%	(17)8.5%	(12)6%
	危险	(5)2.5%	(6)3%	(6)3%	(4)2%	(14)7%	(3)1.5%	(10)5%	(7)3.5%
对学习成绩的认识	良好	(8)4%	(10)5%	(19)9.5%	(11)5.5%	(6)3%	(6)3%	(15)7.5%	(11)5.5%
	警戒	(13)6.5%	(12)6%	(12)6%	(10)5%	(16)8%	(6)3%	(13)6.5%	(13)6.5%
	危险	(3)1.5%	(1)0.5%	(2)1%	(2)1%	(3)1.5%	(5)2.5%	(2)1%	(1)0.5%
复习考试中的行为表现	良好	(13)6.5%	(8)4%	(19)9.5%	(15)7.5%	(11)5.5%	(10)5%	(18)9%	(17)8.5%
	警戒	(10)5%	(13)6.5%	(11)5.5%	(6)3%	(11)6.5%	(5)2.5%	(12)6%	(8)4%
	危险	(1)0.5%	(2)1%	(3)1%	(2)1%	(3)1.5%	(2)1%	/	/
学习中排除困难的行为表现	良好	(15)7.5%	(16)8%	(18)9%	(12)6%	(13)6.5%	(12)6%	(18)9%	(14)7%
	警戒	(8)4%	(7)3.5%	(14)7%%	(10)5%	(9)4.5%	(5)2.5%	(10)5%	(8)4%
	危险	(1)0.5%	/	(1)0.5%	(1)0.5%	(3)1.5%	/	(2)1%	(3)1.5%
学习中抗拒干扰的行为表现	良好	(12)6%	(17)8.5%	(13)6.5%	(13)6.5%	(7)3.5%	(5)2.5%	(7)3.5%	(9)4.5%
	警戒	(9)4.5%	(5)2.5%	(19)9.5%	(8)4%	(16)8%	(12)6%	(14)7%	(11)5.5%
	危险	(3)1.5%	(1)0.5%	(1)0.5%	(2)1%	(2)1%	/	(9)4.5%	(5)2.5%
学习方法的掌握	良好	(6)3%	(3)1.5%	(7)3.5%	(7)3.5%	(3)1.5%	(8)4%	(12)6%	(7)3.5%
	警戒	(17)8.5%	(16)8%	(21)10.5%	(14)7%	(15)7.5%	(7)3.5%	(12)6%	(16)8%
	危险	(1)0.5%	(4)2%	(5)2.5%	(2)1%	(7)3.5%	(2)1%	(6)3%	(2)1%

（说明：表中小括号内为学生人数。）

通过对此问卷10个分量表数据的统计，可以较好地分析出学生学习态度各个方面的现状：

（1）学生对学习目的及意义的认识显著增强

四个年级中达到“良好”的有149人，占被调查人数的74.5％，学习目的及意义的增强说明学生看到了对所学知识的实际意义，并得到了满足。多元智能课堂上，教师注重引导学生对问题进行“无限化解读”，实践并考查学生运用知识解决实际问题的能力。学生在经历一个个高峰体验后，学习积极性得到了提高；多元智能课堂上，教师眼中只有教学目标，重在以目标教学生成学生的学习能力，学习力的提升促使学生对学习目的及意义的认识显著增强。

（2）学生对学习情感体验的幸福指数明显提高

四个年级达到良好的有133人，占被调查人数的66.5％。研究表明，影响学习行为最主要的因素不是认知，而是意向和情感。所以要使学生真正形成一种能够促进学习行为的积极的学习态度，关键在于使他们产生对学习的愉悦体验和强烈的投入意愿。在教学设计的具体目标的编写中，情感领域包含一些抽象的行为，如态度、感受和鉴赏力等，我校要求教师在课堂上追求的不仅仅是学生学习的有效性，还包括在有效学习中如何体现乐学，学得轻松，学得有意义；要求教师真正了解学生的学习需求，走进学生的情感世界，真正实现“以生为本”。

（3）学生对复习考试异常重视

四个年级中，学生复习考试行为表现良好的有111人，占被调查人数的55.5％。考试对于学生来说是神圣的，复习中，各科教师一般都要对学生进行相关的思想教育，特别是一些学习态度积极的同学则把每一次考试当作对自己学习效果的检查。再者，家长也赋予了孩子一定的考试压力，考试分数仍是众多家长关注的焦点。很多学生往往因为考试分数不理想受到家长无情的责骂与棒打，所以心底里对复习及考试心怀敬畏，不敢大意懈怠。每个人都渴望成功，考试也是学生展示学习成果的重要方式，学生都想通过考试体现自身的价值，这也是学生对复习考试异常重视的一个原因。

（4）在学习中学生能及时排除学习中的困难

学习中排除困难的行为表现为“良好”的有118人，占被调查人数的

59%，在学习活动中能否及时有效地排除困难，与学生求知欲的高低、对学习目的和任务的认识与了解的程度有密切关系，求知欲高，则目的、任务明确，能较好地排除学习中出现的各种内部困难，使之知难而进。此外，课堂上教师有意识地培养学生提出问题、分析问题、解决问题的能力，牢固了学生战胜学习困难的根基。及时排除学习中的困难，有助于学生始终保持昂扬的学习热情，提高学习质量。

调查还发现，学生的学习计划性不强，测查为“良好”的有38人，仅占被调查人数的19%。学生的学习计划性不强主要表现在：倘若今天作业多或者近期要考试，学习就抓紧；回家后，先做自己喜欢的活动，不到“临睡”不会想着学习任务还没有完成。另外，如对基本的预习方法、自学方法、阅读方法、搜集和处理信息、调查与不懂就问等学习方法的掌握也不够理想，达到“良好”的有53人，仅占被调查人数的26.5%。

(四) 思考与建议

1. 工欲善其事，必先利其器——和谐环境要营造

Jere Brophy将课堂管理定义为“建立和保持一种支持教学和提高学生成绩的学习环境”，学生在和谐的课堂环境中会更加喜欢学校，学业成绩也相对更好。和谐的课堂环境最能体现教学公平，教学公平则利于学生自我看重，促使每位学生对自己都寄予厚望。我校在课堂中强调应用多元智能理论，有效地营造和谐的课堂环境。多元智能课堂要求教师给所有的学生提供平等的机会，让每个学生都可以努力做得更好，确保所有的学生都将自己的优势智能充分发挥出来。课堂中师生要成为真正平等的合作伙伴，让学生做学习的自由人；尊重差异，尊重学生个性，让学生个性充分发展；教师要善于运用幽默，让课堂充满智慧；教师要赞赏学生，肯定学生，做美的发现者，“当多元智能理论在学校中的运用更为普及之后，屡屡受挫的学生将开始体验到成功的滋味。”①

2. 凡事预则立，不预则废——学习要有计划性

计划性能表现出我们人类活动的最大特点，它可以用提前规划的方式，以最节约的精力，取得最佳的活动效率。学习计划性也是良好学习态

---

① [美] Joyce Mcleod. 课堂管理要素 [M]. 赵丽泽. 北京：中国轻工业出版社，2006.

度的一种行为表现。在学习态度的“行为倾向”调查中，学生的学习计划性较差。针对这种现象，教师可以对学生进行如下引导：一是加强学生对学习计划性重要性的认识。制订学习计划可以促使自身科学有效地学习，养成良好的学习习惯，磨炼学习的意志品质，减少时间上的浪费，提高成功的几率；二是计划制订要可操作：（1）计划要全面开花。计划要密切联系课程实际与学习情况，可以是一天，可以是一周，也可以是一月的计划，内容涵盖课堂学习、课外作业、身体锻炼、充足睡眠、文化娱乐等各个方面，注重劳逸结合，学科交叉，全面学习，多元发展；（2）要充分利用可自由支配的时间。在完成老师布置的学习任务之后，要充分利用这些时间充实自己，提高自己，如读喜欢读的书，培养自己的爱好等，“天才成名于八小时之外”；（3）计划的制订要着眼当前，留有余地。“不积跬步，无以致千里；不积小流，无以成江河。”实现当前的一个个短期目标，才是实实在在的。计划也不能安排太满、太死、太紧，要留有机动时间；三是学习计划能提高时间的使用效率。要注意根据不同的时间段安排最适合最有效的学习任务，如语文学习中“晨诵、午读、暮省”的安排就很科学。再如，心情比较愉快、注意力比较集中的时间，可安排比较枯燥或自己不太喜欢的科目。零星的、注意力不易集中的时间，可以安排做习题或学习自己最感兴趣的学科。学习活动和适当的文体活动交替安排，文科和理科的学习交替进行。相近的学习内容不要集中安排在一起，等等；四是计划要注重效果，及时调整。要经常反思学习情况，根据落实情况，及时调整学习计划。

3. 四两拨千斤，事半功倍——学习方法很重要

良好的学习态度往往会创生出好的学习方法。在学习活动中有愉悦的情绪体验而情愿积极参与学习活动的学生，必定会因为要追求最佳学习效果，而重视对学习方法的掌握。实施新课程以来，对小学生的“学习力”也提出了更高的要求，不仅要“学会”，而且要“会学乐学”，要掌握良好的自学、预习、不懂就问、合作探究、调查研讨、搜集和处理信息等学习方法。教师要有与之相应对的教学策略，去配合学生学习方法的实践。教师可以有效运用教学策略，如集体教学策略、小组教学策略、搭档学习策略以及独立学习策略等，促使学生掌握良好的学习方法。调查表明，学生

学习方法掌握不够理想的主要原因是，课堂上教师“主导”过多，“包办”过多，过多的束缚使得学生丧失了学习的激情，习惯了教师的安排，长此以往，他们就不用“想方设法”的学习了。课堂上不妨多给学生一些自主探究的机会，作业中不妨少些机械重复，多些实践与操作，如果学生学而有法，学而有成，自然会把学习当作快乐的事。达尔文说过，“一切知识中最有价值的是关于方法的知识”，所以在教学中，可以从以下方面培养学生的学习方法：第一，指明与尝试。指明，是教师主动的指点、提示、说明；尝试，是学生照教师指明的去试着做；第二，示范与模仿。示范，是教者用教法为学生的学法做榜样；模仿，是学生领悟到精当之处，并运用它学习新的同类的知识；第三，回顾与概括。回顾，是自我发现，自我体验，反省自身运用过的学习方法；概括，是在回顾的基础上，对学习同类知识运用过的学习方法，进行评价、加工，纳入学法体系的总体结构。

附件1：

小学生学习态度自陈量表

亲爱的同学：

你好！

对学生来说，每天最主要的是事就是学习。为了了解实际情况，帮助同学们更好地学习科学知识，我们要进行一项有关学习态度的心理测试。希望每一个回答问题的同学，都能够按照自己的实际情况，以实事求是的科学态度，真实坦白地回答后面的问题。请注意，这不是考试，最后也不给分数，不计成绩，只要你说出了你的真实情况，那么所有的答案都是正确的。

回答时请根据答题的要求，按先后顺序在答卷纸上答题。答题时一定要注意，答卷纸上的号码，虽然没有时间限制，但要求你在看懂问题后立即回答，不要拖延时间。如果有不清楚的地方，请举手提问。另外，请不要在这份试卷上面做任何记号。

十分感谢你的热情合作！

答案要求：每个题的回答都是从五种答案中选择最适合你的真实情况的一种答案。当你选定其中一个最合适的答案后，请在答卷纸相应题号后的括号内填上你所选答案前的字母。这五种答案分别是：

A	B	C	D	E
完全不是这样	很少是这样	说不上是不是这样	有时是这样	经常是这样

现在，请你按照上面的提示按顺序回答下面的问题。

1. 你是不是认为现在的学习对自己将来很重要？	A	B	C	D	E
2. 如果有几天因病不上学，你是不是会感到高兴？	A	B	C	D	E
3. 如果有不懂的问题，你是不是要想尽办法把这个问题搞懂？	A	B	C	D	E
4. 放学后，你是不是喜欢在街上逛？	A	B	C	D	E
5. 你是不是有制订好的学习计划？	A	B	C	D	E
6. 你是不是想要努力获得优秀的学习成绩？	A	B	C	D	E
7. 考试时，你是不是有偷看书本或同学的答案等现象？	A	B	C	D	E
8. 做作业时，你是不是遇到不会做的题就不想做了？	A	B	C	D	E
9. 学习的时候，如果有人去找你玩，你是不是立刻就跟他去玩？	A	B	C	D	E
10. 如果要背诵一篇课文，你是不是先从头到尾看一遍，再开始背？	A	B	C	D	E
11. 你是不是认为学生就要把各门功课学好？	A	B	C	D	E
12. 你是不是因为不上学会挨骂，所以才来上学？	A	B	C	D	E
13. 你是不是喜欢做一些比较难的题？	A	B	C	D	E
14. 在家里，你是不是能预习第二天课堂要讲的内容？	A	B	C	D	E
15. 在家里，你是不是能按计划学习？	A	B	C	D	E
16. 你是不是认为学习成绩不好就是没有刻苦用功的后果？	A	B	C	D	E
17. 你是不是觉得经过一次考试就可以发现问题，促进学习？	A	B	C	D	E
18. 学习上遇到不好理解的问题你是不是就不想学下去了？	A	B	C	D	E
19. 放学回家后，你是不是先玩耍，最后不得不去做作业，甚至忘了做作业？	A	B	C	D	E
20. 当你在家读书时，是不是准备好了字典、词典或者其他参考书？	A	B	C	D	E

续表

21. 你是不是认为只有现在好好学习，将来才能实现远大理想？	A	B	C	D	E
22. 你是不是一拿起书本就觉得疲乏，想睡觉？	A	B	C	D	E
23. 上课没听懂的地方，你是不是会问老师或同学？	A	B	C	D	E
24. 课堂上刚学习的新内容，你是不是能把它再复习一遍？	A	B	C	D	E
25. 你是不是能不管心情好坏都有计划地去学习？	A	B	C	D	E
26. 你是不是认为要做一个好学生只需取得优秀的学习成绩？	A	B	C	D	E
27. 期中和期末考试前，你是不是至少提前一周开始复习，准备考试？	A	B	C	D	E
28. 你是不是感觉到学习上有困难就不想再上学了？	A	B	C	D	E
29. 家里来客人时，你是不是就不安心学习了？	A	B	C	D	E
30. 在你熟读一篇课文后，你是不是能回想一次，来增强记忆？	A	B	C	D	E
31. 你是不是认为对你来说学习好坏关系不大？	A	B	C	D	E
32. 你是不是有害怕上学的感觉？	A	B	C	D	E
33. 你是不是觉得自己不聪明，无论怎样用功也没用？	A	B	C	D	E
34. 上课时，你是不是能专心听讲？	A	B	C	D	E
35. 在家里，你是不是制订了一个学习时间表？	A	B	C	D	E
36. 对成绩不好的课程，你是不是想勤奋学习，提高成绩？	A	B	C	D	E
37. 老师批完试卷发给你，你是不是会认真检查一遍？	A	B	C	D	E
38. 在遇到不认识的生字词，或者有不懂的问题时，你是不是就去查字典，或向别人（包括父母）请教？	A	B	C	D	E
39. 你是不是因为玩耍、看小说或电视，忘了当天的学习任务？	A	B	C	D	E
40. 你是不是在某一天学习很长时间，而又有两三天忘了学习？	A	B	C	D	E
41. 你是不是认为一个人上不上学无所谓？	A	B	C	D	E
42. 上课时，你是不是觉得没意思就打哈欠？	A	B	C	D	E
43. 你是不是对一些比较难理解的问题喜欢寻根究底？	A	B	C	D	E

续表

44. 你是不是要在别人的督促之下，才能去学习？	A	B	C	D	E
45. 你是不是能在预定的时间就专心学习，不再做其他事？	A	B	C	D	E
46. 你是不是认为学习成绩就代表了一个人的努力程度？	A	B	C	D	E
47. 考试前你是否比平时要紧张，而且会多用时间复习功课？	A	B	C	D	E
48. 你是不是能排除各种困难，坚持把学习搞好？	A	B	C	D	E
49. 你是不是能在很吵闹的环境里仍然专心学习？	A	B	C	D	E
50. 你是不是在学习时一边看书，一边给自己提问题？	A	B	C	D	E

学习态度内容分为 10 项：

1. X1——对学生目的及意义的认识。明确学习的目的，并确信所学知识的意义，是推动学习活动持久深入进行的最强大的力量。良好的学习态度的特征中最重要的一个标准就是目的明确。学生总希望看到所学知识的实际意义，如果这种需要得到满足，那么学生学习的积极性就会提高，进而会对相应的学科学习形成良好的态度；如果不能满足，可能会养成不良的学习态度。

2. X2——学习中的情感体验。情感在人类活动中所起的重要作用，任凭你怎样评价也不过高。学习活动中的愉悦体验和随之产生的积极情绪，会使人付出加倍的努力，并乐此不疲，主动地长期从事同样的学习活动；相反，如果情绪不佳，体验到的只是被迫、勉强、无奈、沮丧、失败的焦虑和恐惧情绪，那么无论如何也不会在学习活动中有积极主动的行为表现。

3. X3——求知欲表现。求知欲的生理基础，就是每个正常新生儿在生命早期就表现出来的定向反射和探究反射。这应该是人类学习的最强大的推动力量。在学习活动中，求知欲会使人有一种“打破沙锅问到底”的精神，知难而进；相反，如果缺乏相应的求知欲望，则往往使人满足于现状，无所事事；或知难而退，不求甚解，半途而废。

4. X4——学习主动性表现。学习主动性应该是多种心理准备状态的外部行为表现。它是学生在学习活动中一种自觉能动的心理状态的外部体现，它由多种心理因素构成，其中包括学习动机与学习兴趣，以及学习时的注意状态等。它的具体表现就是：主体积极参与相关的学习活动，在恰当的时间和地点主动地把注意力集中在学习目的指向的对象上；无需他人的督促，主动地确定并完成特定的学习任务。与之相反，则表现为学习任务不明确，也不主动参与学习活动，注意力容易分散。发挥学习主动性是学生顺序完成学习任务的一个心理前提。

5. X5——学习计划性表现。计划性表现出了我们人类活动的最大特点，它以提前规划的方式，以最节约的精力，取得最佳的活动效率。学习计划性也是良好学习态度的一种行为表现。对一个在校学生来说，一个制订得好的学习计划，以及坚持按计划专心学习是顺利而有效完成学习任务的重要条件。

6. X6——对学习成绩的认识。这个项目既包含了被试对学习成绩的重要作用及意义的认识，也包含了被试对如何取得优秀成绩的认识。学习成绩不仅仅只是一个分数，更多的代表了自己在学习中努力的成果，以及通过学习得以发展的水平。在这样一个前提下，应该努力以自己的刻苦学习获得一个真实的评价指标。

7. X7——复习考试中的行为表现。这个项目包括了一个学生是如何对待考试，以及如何准备考试的具体行为表现。具有良好学习态度的学生，应该把每一次考试看作是对自己学习效果的一次检查，应充分重视每一次考试。考试前需做必要的复习准备，熟悉已学过的内容，争取获得优异的成绩。

8. X8——学习中排除困难的行为表现。这里所说的困难，主要是指来自主体内部，对当前的学习活动产生阻碍作用的因素。排除内部困难，是建立在良好情绪体验和较高认知水平基础上的行为表现。例如，在学习活动中能否及时有效地排除困难，与学生求知欲的高低、对学习目的和任务的认识与了解的程度有密切关系。求知欲高，目的、任务明确，则能较好地排除学习中出现的各种内部困难，知难而进；相反，则会被困难吓倒，知难而退。

9. X9——学习中抗拒干扰的行为表现。这里所说的干扰，主要是指来自外部环境中的各种阻碍当前学习活动的因素。具有良好学习态度的学生，尤其是学习主动性高、计划性强的学生，能不为干扰所动，或能及时排除干扰，将自己的注意力适时地集中与坚持在适当的学习任务上。而学习态度不良的学生则恰好相反，他们很可能会稍遇干扰即放弃学习，或者跟别人去玩耍，或者去看电视，甚至会借口因为环境条件不适宜而中断学习。

10. X10——学习方法的掌握。良好的学习态度，必定会促使学习者积极寻求有效的学习方法。这不仅涉及对学习任务的了解，而且还需要学习者对自己的特点有相当深刻的认识，才能找到一个有效的学习方法。在学习活动中有愉悦的情绪体验而情愿积极参与学习活动的学生，必定会追求最佳学习效果，从而重视对学习方法的掌握。另外，学习方法中渗透着思维方法，掌握一种适合于主客体的学习方法本身，就是一种有效思维方法的获得过程。因此，寻求有效的学习方法更是一种积极的高水平的学习，其直接结果就是个人学习能力的提高。

附件 2：

《中小学生学习态度自陈量表》评分标准

1（顺）	11（顺）	21（顺）	31（逆）	41（逆）	X_{I}（ ）
2（逆）	12（逆）	22（逆）	32（逆）	42（逆）	X_{II}（ ）
3（顺）	13（顺）	23（顺）	33（逆）	43（顺）	X_{III}（ ）
4（逆）	14（顺）	24（顺）	34（顺）	44（逆）	X_{IV}（ ）
5（顺）	15（顺）	25（顺）	35（顺）	45（顺）	X_{V}（ ）
6（顺）	16（顺）	26（顺）	36（顺）	46（顺）	X_{VI}（ ）
7（逆）	17（顺）	27（顺）	37（顺）	47（顺）	X_{VII}（ ）
8（逆）	18（逆）	28（逆）	38（顺）	48（顺）	X_{VIII}（ ）
9（逆）	19（逆）	29（逆）	39（逆）	49（顺）	X_{IX}（ ）

《中小学生学习态度自陈量表》给分方式

（顺向题）						（逆向题）					
答案号	A	B	C	D	E	答案号	A	B	C	D	E
给　分	−2	−1	0	1	2	给　分	2	1	0	−1	−2

附件 3：

《中小学生学习态度自陈量表》测查结果剖面图

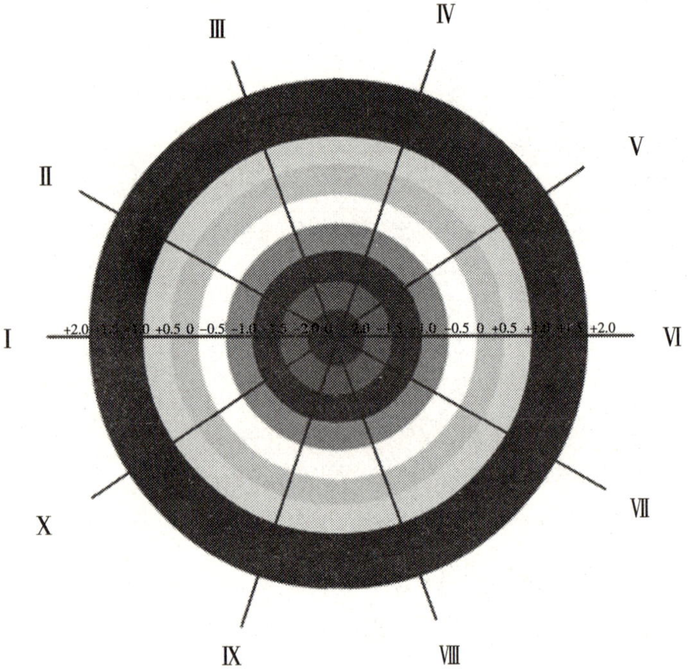

第三章 Chapter 3

小学生优势智能鉴别的调查与研究

想让学生获得更好的发展，要求教师对学生有充分的了解，同时，在实施多元智能课堂时，学生的智能特点也是我们进行课堂设计以及进行后续评价的前提和基础，因此，我们要了解学生的独特智能及其智能发展程度，尤其要了解多元智能结构中的优势智能。

我国自古就有“三百六十行，行行出状元”“尺有所短，寸有所长”的说法，大教育家孔子也有“有教无类”和“因材施教”等教育思想，这些教育思想和理念与加德纳的“以个人为中心的学校”的理念相呼应。学校如果想实现“为了一切孩子，为了孩子一切，一切为了孩子”的教育理想，如果想让每一个学生都在学校教育中发展得更好，就要求教师必须了解学生的优势智能，并且引导学生有效地运用其优势智能帮助自身更好地学习，从而实现自身的全面发展。

第一节　小学生优势智能鉴别的意义

多元智能理论认为，智能是一种生物生理潜能，它强调人的能力与文化环境和社会需求之间的密切联系，认为只要某种能力在一个文化背景中被视为是有价值的，这种能力就应该被确定为智能；否则，这种能力就不应被认为是智能。加德纳的研究只看重那些对社会发展和进步有价值的人物，而不是抽象的人的能力。多元智能理论对于人类智力的判断，依赖的不是考试成绩，而是解决问题的能力，它还是创新能力，特别强调该能力在不同文化背景下受重视的程度。同时，它还认为智能不是单一的，每个人无论属于哪一种族，拥有何种肤色，家庭财产多寡，与生俱来都拥有八种以上既各自独立存在又相互联系的智能，每种智能的运作都与大脑的某些部位的组织相关，且受不同部位神经系统的影响。每个人与生俱来的优势智能与弱势智能各不相同，不同的人在解决问题和创造产品的时候，组合并运用这些智能的方式和特点也不同。

与加德纳一起工作多年的美国学者阿姆斯特朗也认为，在课堂中运用多元智能理论之前，教师应先了解每个学生的智能发展状况。也就是说，谈及多元智能课堂的实施，学生的智能特点是我们进行课程和教学设计，以及进行后续评价的基础。作为教师，首先应该评价每个学生独特的智能特点及其智能发展程度，尤其是要了解其多元智能结构中的优势智能，以及不同智能领域中的相对优势和能力。

再者，从研究的角度讲，为了在课堂中更加深入细致地运用多元智能理论，对学生实施更有针对性的教育，做到“知己知彼，百战不殆”，探索一种科学、规范，易操作且有效的小学生优势智能鉴别的方法就显得尤为重要。从学生观的角度谈，实现对学生优势智能类型的鉴别，无论是对家长、教师还是对学生个人，都是一个清醒而又全新的认识，学习上不再有“差生”和无可救药的学生，只有存在差异的学生，每个学生都是人才，或者都可以通过培养而成才。教师和家长势必会转变教育学生的态度与方式，制订适合学生发展的培养目标与策略，提高学生的成功率与软实力。多元智能课堂是全体学生的舞台，课堂要实现有效，教师必须了解学生的多元智能结构，特别是学生的优势智能项目。基于此，教师才能依据学生差异因“智”施教，有效地设计学习活动，从而让每一位学生享受到学习的乐趣，让每一位学生的个性得以张扬，为每一位学生的成功发展奠基。

第二节　小学生优势智能鉴别的方法

自从多元智能理论被人们认可以来，人们发现，每个人身上都隐藏着一个重大的秘密，那就是每个人都有优势智能，并且已经成为一种可能。然而，每个人身上的优势智能到底是什么，则需要一个科学而有效的判断。综观国内外学者的论述，对此至今尚无定论。加德纳的多元智能理论是基于对人脑和人类文化知识的不断总结而提出的，它不同于以前的智能定义，也不是对智能测验分数进行因素分析而得出的。评价智能应该通过“智能展示”的方式来进行，也就是说直接用能展现其智力潜能的方式，而不应该仅仅通过语言智能或逻辑—数学智能这一透镜（如传统的纸笔测验）来测量智力。比如，如果想了解某人的空间智能，就应该允许他花一些时间探究一下空间范围，看看他是否能找到可靠的构成空间的特征。或者，如果想测量某人的音乐智能，那么，应该让他在一个合理的熟悉的氛围中去尝试新的乐曲，看看他是如何准备学会唱这首歌曲、怎样认识它以及怎样学会迁移的等等。

一、学生优势智能鉴别的常用方法

（一）观察学生

托马斯·阿姆斯特朗说过，评价学生多元智能的最好办法及我们最方便、有用的就是观察。他甚至幽默地建议，判断学生发展水平较高的智能因素就是观察他们在课堂上的不规范行为。① 台湾政治大学的郑石岩教授曾仔细观察过许多儿童，然后根据观察去断定哪些儿童逻辑—数学智能比较发达，等那些儿童长大后，发现果然是这样。比如，语言智能占优势的学生上课会滔滔不绝，喜欢和别人讲话；逻辑—数学智能占优势的学生经常会有许多问题，通常问题也比较有哲理，教师的回答如果只是表面的答案，他们不会感到满足；空间智能较好的学生会乱涂乱画或做白日梦；具有良好人际智能的学生则会热衷于组织各种小团体；身体—动觉占优势的学生通常坐立不安或在教室里走来走去；博物学家智能占优势的学生可能会带只小动物进课堂。按照传统的看法，学生在学校中的这些行为都是“不良行为”，依据多元智能理论，这些却都是学生智能倾向的表现，它告诉了教师学生的风格和特点，教师应该借助这些行为来观察和推测学生的优势智能。

当然，对于学生的观察不应局限于其在课堂上的表现，教师也可以在课外活动中观察学生的智能表现，或者让家长协助观察学生在家庭生活中的智能表现。也就是说，要观察学生自然状态下或者说常态下的表现，看看当没有人告诉学生该做什么时他们在做什么。有的学生喜欢看书，有的学生喜欢聚在一起聊天，有的学生喜欢画画，有的喜欢计算或测量一些东西。学生的这些自主活动都为我们鉴定学生的多元智能提供了真实而有效

① Thomas Armstrong. 课堂中的多元智能［M］. 张咏梅，王振强等译. 北京：中国轻工业出版社，2003.

的素材。

观察法都是在自然的情境下进行的，所观察到的结果通常是学生的典型表现，而不是最佳表现，因此观察结果更接近学生智能的真实发展状况。观察法的好处是易于实施，基本上不受时间、地点及其他条件的限制。但观察法也有缺点，诸如不系统、比较耗时费力等。因此，它通常用于对学生多元智能的初步了解。在观察的过程中，教师要注意做好记录，为了获得真实的观察结果，给予学生客观公正的评价，提倡对学生进行中短周期的连续观察，常用的形式有：轶事记录、连续观察记录等（如下表所示）。

轶事记录

日期	学生	班级	记录人
2011.10.15	陈莉	六（2）	秦艳
智能类型	人际智能、语言智能		
典型行为事件	口语交际课上，同学们都争先恐后地到讲台前发表自己所积累的名言，我看到陈莉有点局促不安地看看我又低下头，于是鼓励她说：“想来的同学可以大胆一些，勇敢点……”她真的站了起来，同学们也有些吃惊。他们纳闷，这个从来没上过讲台的女孩，今天怎么了？但鼓励的掌声还是响了起来，她的表现极为出色，感动了所有学生，也感动了我。		
我的思考	“人类的心理适度最重要的就是人际关系的适度，所以人类的心理病态主要是由于人际关系失调而来。”赞比的这句话引发了我的些许思考。可能由于她是一个从小失去母亲的孩子，所以她封闭、内向从不与人交流。口语交际课更是没有“一席之地”。我看到她写的日记上有与母爱相关的诗句：“谁言寸草心，报得三春晖。”于是我给她写了一些鼓励的话。今天的课上，老师和学生的鼓励让她有了自信，正是这些鼓励让她把心里的渴望爆发了出来。这种类型的孩子一般比较自卑，对老师的关注也异常渴望。对于她，鼓励和表扬是不能吝啬的。在以后的工作中，我会让她感受到更多同学对她的关爱和班集体的温暖，让她的心里充满阳光，让她能够茁壮地成长。		

连续观察记录

观察教师	观察地点	学生姓名	学生年龄
戚肖肖	教室、校园	李显	12 岁

观察时间	行为的客观描述	解释与说明
12 月 10 日	语文课上，同学们都在认真预习课文，李显这时就开始做小动作了。他把课本丢在一边，拿着一把小尺子和桌子上的小钉子打上了“交道”。尽管我已经注视他了，但他却义无反顾地摆弄着，似乎那个对他来讲更有吸引力，我叫起了他，他很认真地读完了生字。虽然错了两个，但我并没有批评他，只是旁敲侧击地说了几句，他好像意识到老师发现他的小把戏了，低着头坐了下来。遗憾的是这节课他仍没有坚持到下课，还是时不时地摆弄手边的东西。	好动、爱玩，尤其是在课堂上，这些都是身体—动觉智能占优势的表现特征。但很显然，他的心思根本没有放在学习上。可想而知，这样一节课下来他能学到多少东西，对于这样的表现，教师只有在课堂上多发现、多引导、多督促。
12 月 17 日	刚刚到校，李显便拿着一个手提袋来到跟前，说道：“老师，给！”我愕然：“什么？”他说：“你要的鱼！”我一头雾水，丈二和尚摸不着头脑。原来，李显的双休日作业没有完成，据同学反映，他双休日跟爸爸一起逮鱼去了。我将他叫到办公室，好好教育了一番，无意间说了一句：“你以后交作业就交两斤鱼吧！”所以上演了开头的一幕。	李显喜欢逮鱼摸虾并不是坏事，恰恰说明他博物学家智能较发达，有人说没有逮鱼摸虾的童年是不完整的。作业没有完成，教师和家长都应该好好地反思。
12 月 24 日	习作课上，付星又告诉我李显抄作文选，这已经不是第一次了，我很生气地来到他身边。他很诚恳地交上了作文选，并向我认了错。我当时一想，这不就是一个发生在他身上的很好的写作题材吗？于是我让他以“认错”为题写一篇作文，刚开始接到这个任务，他直挠头。我鼓励了他几句：“发生在自己身上的才是最真实的事，你一定能写好。还有上周你送我鱼的事也可以写一写。随便你选。”习作交上来了，除了标点的使用不是很恰当外，还真做到了文通字顺。我当着全班同学的面读了他的习作，并表扬了他。他低着头，开心地笑了。	赞赏就像教育的血液一样，无论是谁，他们的身上都有值得我们欣赏的地方，关键是我们能否抓住这样一个契机，运用学生感兴趣的素材或自身的经历，更好地完成对学生的教育与转化。

续表

观察时间	行为的客观描述	解释与说明
12 月 30 日	整节课我都在注意观察他，他确实比以前进步了，上课摆弄小动作的次数少了，也爱动脑筋思考问题了，学习方法也多了，积极性更高了。尤其是作文课，认真听、用心写，再也不抄作文了。	对待学生，耐心是第一位的，赞赏是帮助他们树立学习自信心的基础。现在我看到了他的优势智能，运用优势智能促进他更有效的学习将是我今后思考和工作的重点。

连续观察记录

观察教师	观察地点	学生姓名	学生年龄
刘治富	教室、校园	薛文豪、胡传洋、李硕、李文康、刘汉培	12 岁

观察时间	行为的客观描述	解释与说明
2011 年 12 月 10 日	今天，学校的篮球场上新诞生了一个群体——我班的“头疼”小男生，他们可是老师眼中的“野小子”。事情还得从那天说起：一天在课堂上，我看到薛文豪和李文康那胖墩墩的“八戒”身材，调侃道：“看看你们那身材是怎么保持的？还是打打篮球减减肥吧！”可能是这句话“一语惊醒梦中人”，在他们俩的带领下，这群小男生火速组建了篮球队，每到课间，总可以看到他们在篮球场上拼杀的身影。 午后，吃完饭闲来无事，在这群小男生的怂恿下，我的篮球“瘾”上来了。只见一群人，足有 10 来个，虽然只是打了个半场，却颇有些套路和章法，拼抢倒也凶猛，把我防守得死死的，有效地限制了我的发挥，我真不敢小瞧他们了。最让我佩服的还是，短短时间内他们的投球命中率已经达到了相当高的水平。	在与他们“疯狂”玩的时候，我也一度担心过他们的学习成绩，太过活泼往往给人学习不踏实的感觉。事实证明，我的担心是多余的，由于我们有了共同的爱好，他们从心里把我当成了“志同道合”的朋友，课堂上他们踊跃发言，积极表现，有好几次还在课堂冷场的时候救了我的急。他们的每项学习任务都完成得很好，对我产生了高度的认同。刚刚结束的期中考试，薛文豪考了 85.5 分，胡传洋考了 84 分，李文康考了 82 分，他们都有了不同程度的进步。

续表

观察时间	行为的客观描述	解释与说明
2011年12月17日	今天下午安排学生放学后，我在回办公室的途中发现教室的门还没有锁，隐隐约约听到几个学生“叽叽咕咕”的声音。好奇心促使我走了过去：别人都回家了，这么晚了他们为什么还不回家？我来到教室，看见一群学生围在一起，见我来了，忙散开。只见桌子上留下了一个玻璃瓶罐，罐里有些水，水里居然有一条蛇。没有任何心理准备的我着实被吓了一跳。那蛇不停地蠕动着，蛇头昂得老高，精神好得很，我断定它被捉来没有多长时间。我问“捕蛇人”是谁？他们异口同声地说是李硕。 我完全相信，因为李硕是个喜欢捉鱼摸虾的孩子。他与“水”有着难解之缘。把学生支回家后，我打算让李硕把蛇放生，谁知我第二天一走进教室，就看见胡传洋神色慌乱，我还听到了脚踢玻璃瓶的声音，原来蛇又成了他的“宠物”。趁他们做作业的空当，我发现蛇奄奄一息，痛苦地蜷缩成一团，一动也不动。我忙问胡传洋怎么回事，没想到他炫耀起来，说是李文康和李硕打赌，李文康说蛇最怕具有刺激性气味的物质。因为康家里开诊所，所以他拿了一些雄黄，撒到了蛇的身上，蛇就成了现在这副可怜的样子。我问胡传洋：“蛇死了吗？”胡传洋说：“没有。”他一边说还一边拧开瓶盖，让蛇透透气。果不其然，一会儿，蛇头又动了起来，像是来了精神。胡传洋又是一脸的骄傲。	不走进他们的生活，不会发现他们的可爱，万不可小觑孩子们的好奇心，因为科学发现都是从好奇心开始的。我庆幸，我也呵护他们的好奇心。
2012年4月4日	一年一度的清明祭扫活动即将开始。由于班主任李老师请假，所以活动前的安全会议由我主持。会上我强调了两点：第一，所带零钱不要超过10元；第二，不要多带零食，够吃即可。尽管这样强调，我在活动中还是发现了问题，有的学生甚至带了上百元的零用钱，更有同学反映男生有拿啤酒的。《小学生日常行为规范》第20条明文规定：小学生不吸烟，不喝酒。难道他们都忘了吗？啤酒也是酒啊！这回是薛文豪和刘汉培的问题。我问：“哪位同学带啤酒了？”他俩高举着小手，没有一点犯错的感觉。我顿时脸一绷，故作生气状，说：“小学生不能喝酒不知道吗？”谁知他们的回答却出乎我的意料：“我们是带给您喝的。”我心里顿时还怪不好意思的，一是错怪了他们，二是我怎么能喝小孩子带的酒呢？没办法，但也不好再责怪他们了，只好装作没事人一样，总不能让他们认为我“不识好人心”吧！还好他们没有喝酒的动机，我也不用担心他们会犯错误了。	人心都是向善的，面对这样的“孺子”，又叫我如何忍心拒绝那纯真的爱，有时接受也是对他们最好的爱，因为孩子的心是真诚的。

续表

观察时间	行为的客观描述	解释与说明
2012 5月11日	那天一走进教室，就发现闹哄哄的。原来又是薛文豪等几个孩子的事，班内流行开了互通QQ号码。他们见我来了，又把矛头指向了我，我也不想打消他们的兴致，告诉了他们。谁知这个周一早上，我见到了薛文豪，他劈头就问我："老师，你的网名是不是叫'忘忧草'？"我说："是啊！你怎么知道？"他说："我星期天上网，你不在线，想加你好友呢！你待会儿上网把我加上啊！我的网名是'海归靓仔'。"他的一双不大的眼睛里满是期待。看我桌上摆着一本由我刚刚编印出来的全镇教师的论文集《不走寻常路》，他又满眼放光，竟然提出了一个不可思议的要求，要我把这本书借给他看几天。我虽然不想打消他的积极性，还是说道："这些都是老师们写的东西，不太适合你看。"最终，我还是拗不过他，借给了他。过了没一会儿，李硕也来到了办公室，提出同样的要求，我也只好答应。 前两天，无意中看到这本论文集成了班内的"看点"，在学生之间传阅，场面非常火爆。其中有一篇我在《师道》上发表的文章《约定》，写的是我和李文康之间的故事，不过里面都是用的化名。薛文豪读过这篇文章后，居然狡黠地问我康是谁，我只好回他神秘的一笑："这涉及学生的隐私，保密！" 谁知有一天登录QQ，"海归靓仔"找我闲聊，仍抓住此问题不放，竟有股打破砂锅问到底的执着，我只好跟他说："你看像谁就是谁了。"我想，李文康一定也知道了这篇文章，无意中又多了这些见证人，我们的"约定"一定会实现的。	"一花一世界，一叶一菩提"，孩子的思维有时总是让人捉摸不透，面对孩子的不算无理的要求，最智慧的做法就是尽最大可能地满足，充分相信学生的潜能。比如读书，"读不懂"的担心是多余的，既然读，总比不读强，或许真正的读书习惯就可以从这次的行动开始。

（二）自陈测验

自陈测验法就是让学生回答与多种智能有关的一系列问题来确定其优势智能类型。最了解学生的应该是学生自己了，在学生自陈之前，教师有必要向学生细致介绍多元智能，在学生了解了该理论的基本内容之后，可以采取访谈的方式，问问他们觉得自己在哪个方面发展得最好，每一个领域的智能水平如何；可以列出八种智能，让学生按自己发展的优劣排序；可以让学生做问卷，以回答问题的形式，以各项积分的多少来确定学生的优势智能。

加德纳说，传统的测验方法是由研究者指认出一个心理框架，然后再编制出一套测验来衡量这种特性的强弱，而要编制一套衡量多元智能的测验是和多元智能理论的宗旨相违背的。加德纳并没有完全否定多元智能的可衡量性，他曾经甚至认为设计一套测验来衡量每一项智能也是有可能的。当然，这里指的是一种公平的智能测验版本，并可以很容易地确定各个测验间分数的相关性。他说，若要达到这一目的，为每一种智能编制测验，在方法上不会存在任何问题，但他将会阻止编制这种衡量多元智能的测验，其原因就在于，这些测验方法很可能会导致给某些人贴上新的标签或打上某种智能不全的烙印，从而产生新的恶性循环。他强调，智能应该用以帮助人们学习更重要的内容，而不是来给人分类。尽管如此，加德纳并不反对人们采用一种问卷或核查表的形式来帮助鉴别（而不是测验）多元智力的类型，以便更有针对性地对学习者进行培养。

综上所述，如果最终我们将教师、家长的观察结果与学生的自陈结果结合起来，寻求其内部的一致性，则能够更准确地确定学生的优势智能。

二、本校学生优势智能鉴别采用的方法

由于我校是一所农村小学，我们结合学生及其家长的基本情况，选择切合实际的优势智能鉴别方法。本校学生优势智能的鉴别主要采取问卷法，辅以观察法、访谈法和文献法，抽取三到五年级各一个班的学生及其家长进行团体施测。问卷的产生方法如下：

首先，主要以多元智能理论为基础，结合对学生的访谈编制问卷。问卷题目为二分记分法，每一项目采取“是否评分制”。编制问卷题目之初，尽可能多地包含收集到的信息，以防止个人的主观偏好对最终的统计结果产生影响。

其次，通过项目分析及学生和教师的反馈确定出正式问卷的项目，进行团体施测，用 SPSS11.5 对数据进行处理，通过项目分析确定项目，再确定删减过项目问卷的信度和效度，信度采用内部一致性信度，效度采用结构效度和效标效度，最终获得成熟的问卷。

最后，通过统计每位学生各项智能问卷的得分，将最高分的两项智能与教师、家长访谈和观察到的学生前两项优势智能进行比对，寻求其中的一致性，最终鉴别出学生的优势智能。

第三节 调查问卷的编制过程

我们认为问卷的质量决定着学生优势智能鉴别的科学价值，所以对此格外慎重。问卷的编制是学习、形成、施测、修改、再施测的过程，可以说是一个融合集体智慧和众多研究元素的系统工作。为此，我们课题组还积极与本地师范大学的教授进行研讨与交流，寻求理论与技术的扶持，终于攻克了这个难题。

一、初测问卷的编制

问卷的编制一般有两种情况：一种是问卷调查和因素分析之前并没有关于某一特制结构的理论构想。这是一种纯粹的探索性因素分析。另一种是在问卷的设计时，已经有一定的关于某种特质的理论构想，因此问卷题目的选择和问卷整体设计都有一定的限制，所获取的因素结构已经具有验证的性质。如果遵循第一种倾向，只是对有关研究做最基本的假设，而不限定题目具体内容的选择范围，那么问卷的样本量必须足够大，否则难以析取到合理的因素结构。而第二种倾向首先根据一定的理论构想，限定问卷的题目范围，因此问卷的容量可以小一点，调查更容易获得因素结构，但同时对理论构想的要求很高，否则也得不到理想的因素结构。本研究虽然采取的是第二种方法，但为了确保析取的因素更加合理，在初测问卷中，即根据加德纳的理论构想，又参考对多位学生的访谈信息，共确定了96个项目，每个项目以自陈的方式呈现，采用“是否记分法”。做答时，请被试就题目叙述的内容与自己实际情况的符合程度选择，“是”为1分，“否”为0分，最终通过8个分测验的总分确定学生的优势智能。最初的调查问卷为：

亲爱的同学：

在下面的每一部分的每一小题中都有“是”和“否”两个答案，你只需在相应的答案上打上“√”。(例：你喜欢打篮球吗？[是　否]。如果喜欢，你就在“是”上打“√”，如果不喜欢，你就在“否”上打“√”。)

第一部分：博物学家智能

●我能够根据物体特征进行分类或归类。(如动物、植物) [是 否]

●我喜欢在公园里或有花有草的地方读书学习 [是 否]

●我感觉远足或野营是很愉快的 [是 否]

●我相信保护生态环境是很重要的 [是 否]

●我喜欢长时间地观察一些动物或植物 [是 否]

●我的家里在适当的地方会有垃圾桶，并及时清理 [是 否]

●我每天要花费大量的时间参加户外活动 [是 否]

●我喜欢饲养小动物或栽培花草 [是 否]

●我对自然界中的事物有敏锐的感觉（如声音、气味等） [是 否]

●我喜欢阅读与大自然有关的图片及书刊 [是 否]

●我经常留意自然环境或生活环境的变化（如天气变化） [是 否]

●我将来想成为一名生物学家 [是 否]

第二部分：音乐智能

●我对演奏乐器一直很感兴趣（如吹笛子、拉二胡、拉小提琴等） [是 否]

●我喜欢诗歌或童谣 [是 否]

●我喜欢欣赏各种音乐 [是 否]

●我能察觉出音乐走调 [是 否]

●我记住音乐或节奏的能力强（听一两遍就会唱或哼出旋律） [是 否]

●听音乐时我爱用手或脚击打节拍 [是 否]

●听一段音乐旋律，我能说出作曲家通过音乐想传达的内容和感情（听音乐有时能让我感到快乐，有时也能让我感到悲伤） [是 否]

●我能在嘈杂的环境中集中注意力 [是 否]

●我常常情不自禁地哼唱歌曲 [是 否]

●在学习或放松时我常常要播放音乐 [是 否]

●我喜欢在乐曲的伴奏下朗读课文 [是 否]

●我将来想成为一名词曲作家、乐器演奏家、歌手等 [是 否]

第三部分：逻辑一数学智能

●我会把我的东西摆得井井有条 [是 否]

●我会很快完成心算或口算 [是 否]

●我认为需要推理思考的难题是有趣的（如奥数题） [是 否]

●我喜欢一些策略性的游戏（如象棋、跳棋等） [是 否]

●我会很容易地、快速地计算数学问题 [是 否]

●我最喜欢上数学课或科学课 [是 否]

●我喜欢到博物馆、天文馆参观（如徐州博物馆） [是 否]

●我喜欢提出问题并进行实验以寻求答案 [是 否]

●我认为做数学题目比阅读有趣 [是 否]

●我喜欢摆弄积木 [是 否]

●我常会计算或测量一些东西（如随家长散步的时候，我会把一块石头抱一抱，掂量它的重量） [是 否]

●我希望将来成为一名数学家 [是 否]

第四部分：人际智能

●我和周围的同学关系很好 [是 否]

●我喜欢和小朋友一起学习，人越多我越高兴 [是 否]

●我喜欢和小朋友聊天 [是 否]

●我希望成为一名电视节目主持人 [是 否]

●我不喜欢单独学习 [是 否]

●我与父母关系密切 [是 否]

●参加集体活动时，我感到很舒服自在 [是 否]

●我懂得用不同的方法与人沟通（如身体、语言、眼神等） [是 否]

●朋友的喜、怒、哀、乐愿意与我分享 [是 否]

●课堂中我喜欢合作学习，并且学得很好 [是 否]

●当遇到问题时，我喜欢和别人一起讨论 [是 否]

●我渴望成为一名外交家 [是 否]

第五部分：身体一动觉智能

●我喜欢需要动手参与的活动（如科学实验课） [是 否]

●长时间坐着不动对我来说很困难 [是 否]

●我喜欢做手工 [是 否]

●我喜欢拆装模型 [是 否]

●我很喜欢学习新广播操和集体舞 [是 否]

●我很善于模仿他人的动作 [是 否]

●我擅长一种或多种体育活动（如短跑、长跑、跳高、跳远等）

[是 否]

●一些知识我借助于动作可以更快地掌握（如表演、触摸等）

[是 否]

●我具有很强的掌握精细和一般动作技能的能力 [是 否]

●我能说出 10 种（含 10 种）以上的奥运会体育比赛项目（可以在心里试着说一遍） [是 否]

●我认为非言语交流（如肢体语言）非常重要 [是 否]

●我希望将来成为一名机械师 [是 否]

第六部分：语言智能

●书籍对我很重要，我有每天读课外书的习惯 [是 否]

●平常我比较喜欢玩文字游戏（比如：纵横填字游戏、文字接龙、猜谜游戏等，也比较喜欢说绕口令、俏皮话、儿歌） [是 否]

●我喜欢记日记，并能坚持每周至少三篇 [是 否]

●我很会运用语言和别人沟通，别人会很容易明白我的观点 [是 否]

●上课时，我喜欢记笔记 [是 否]

●我的写作能力比同龄人要好 [是 否]

●我喜欢讲故事或笑话给别人听 [是 否]

●我对英语很感兴趣 [是 否]

●我喜欢参与辩论和演讲活动 [是 否]

●我善记人名、地名、日期或小事 [是 否]

●我善于模仿他人的声音或语言 [是 否]

●我渴望成为一名作家 [是 否]

第七部分：自我认知智能

●我很清楚我的优、缺点是什么 [是 否]

●当我不开心时，我知道原因是什么 [是 否]

●我总能找到问题的关键 [是 否]
●我能从成功或失败中总结经验或教训 [是 否]
●我知道什么事情是我不擅长的 [是 否]
●我经常对自己做过的事情进行反省 [是 否]
●我能够为自己确立恰当的学习目标 [是 否]
●我喜欢独处，用以发展我个人的爱好、兴趣 [是 否]
●我经常静思或睡前反省 [是 否]
●我知道什么事情能让爸爸、妈妈生气 [是 否]
●我知道自己的性格和脾气 [是 否]
●我希望成为一名心理学家 [是 否]

第八部分：空间智能

●我喜欢画画、雕刻 [是 否]
●重新布置房间对我来说很有趣 [是 否]
●我对运用图表的内容记得最牢 [是 否]
●我喜欢玩拼图、走迷宫、折纸、制作模型等与形状有关的游戏 [是 否]
●我很少迷路 [是 否]
●我对自己的家庭、学校和社区的位置很清楚 [是 否]
●我每天搭配服装时会考虑衣服的色彩与款式的协调 [是 否]
●我的玩具拆开后我还能按原来的样子装上 [是 否]
●在一个摆满物体的空间内我能迅速找到自己想要的东西 [是 否]
●我喜欢用绘画来表达自己对文章的理解 [是 否]
●我擅长阅读地图 [是 否]
●我希望成为一名建筑师 [是 否]

二、初测问卷的施测与分析

（一）被试的选取与施测

本量表采取团体施测的方式，要求被试在回答问题之前，认真阅读指导语并独立作答，除向主试提问外，不得与他人讨论，一般作答时间最长不得超过 30 分钟。

初测样本基本情况表

班级	人数	男生（人数）	女生（人数）
三（1）	57	35	22
四（1）	38	16	22
五（1）	51	21	30

（二）项目分析

根据学生对问卷项目的反应，对问卷采取内部一致性方法进行项目分析，结果如下表（保留区分度在 0.3 以上的项目）。

项目分析情况表

序号	智能项目	保留项目编号
1	博物学家智能	1、5、6、8、9、10、11
2	音乐智能	1、2、3、5、6、7、8、9、10、12
3	逻辑—数学智能	2、3、4、5、6、8、9、12
4	人际智能	1、2、3、7、8、9、10、11、12
5	身体—动觉智能	1、4、6、7、8、9、10、11、12
6	语言智能	1、3、4、5、6、7、9、10、12
7	自我认知智能	1、2、4、6、7、11
8	空间智能	1、2、3、4、5、6、7、8、9、10、11、12

三、正式问卷的确定

根据初测问卷的项目分析及学生和教师的反应，正式问卷保留初测问卷中的 48 道题目。主要以问卷内部一致性的区分度在 0.3 以上的项目数最少的自我认知智能为标准，考虑我校三至五年级学生的认知水平、理解能力、生活实际、家庭环境等因素，通过与教师和学生座谈，再次筛选《项目分析情况表》，保留项目中的相对不适宜项目，统一保留 6 个测试项目。专家评定，这并不影响测试结果的科学性与有效性。正式问卷如下：

小学生优势智能鉴别调查问卷

亲爱的同学：

知道美国哈佛大学霍华德·加德纳教授的多元智能理论吗？它最早提出于1983年，距今已经20多年了。多元智能理论告诉我们，每个人都与生俱来地拥有8种智能，并且都以不同的方式不同的程度组合，每个人都至少具有一项优势智能。你想不想知道自己的优势智能是什么呢？下面就请你认真按要求答题，很快就会鉴别出你的优势智能了，赶快试一试吧！

需要说明的是，答案没有对错之分，请各位同学答题时实事求是，按照自己的实际情况回答问题，这将有助于老师对你的了解，以便老师更好地教学！谢谢配合。

"基于多元智能理论的小学有效课堂教学实践研究"课题组

在下面的每一部分的每一小题中都有"是"和"否"两个答案，你只需在相应的答案上打上"√"。(例：你喜欢打篮球吗？[是　否]。如果喜欢，你就在"是"上打"√"，如果不喜欢，你就在"否"上打"√"。)

第一部分：博物学家智能

●我能够根据物体特征进行分类或归类（如动物、植物）　[是　否]

●我喜欢长时间地观察一些动物或植物　[是　否]

●我的家里在适当的地方会有垃圾桶，并会及时清理　[是　否]

●我喜欢饲养小动物或栽培花草　[是　否]

●我对自然界中的事物有敏锐的感觉（如声音、气味等）　[是　否]

●我经常留意自然环境或生活环境的变化（如天气变化）　[是　否]

第二部分：音乐智能

●我对演奏乐器一直很感兴趣（如吹笛子、拉二胡、拉小提琴等）　[是　否]

●我记住音乐或节奏的能力强（听一两遍就会唱或哼出旋律）　[是　否]

●听音乐时我爱用手或脚击打节拍　[是　否]

●听一段音乐旋律，我能说出作曲家通过音乐想传达的内容和感情（听音乐有时能让我感到快乐，有时让我感到悲伤）　[是　否]

●我常常情不自禁地哼唱歌曲　[是　否]

●在学习或放松时我常常要播放音乐 [是 否]

第三部分：逻辑—数学智能

●我会很快完成心算或口算 [是 否]

●我认为需要推理思考的难题是有趣的（如奥数题） [是 否]

●我喜欢一些策略性的游戏（如象棋、跳棋等） [是 否]

●我会很容易地、快速地计算数学问题 [是 否]

●我最喜欢上数学课或科学课 [是 否]

●我喜欢提出问题并进行实验以寻求答案

第四部分：人际智能

●我和周围的同学关系很好 [是 否]

●我喜欢和小朋友一起学习，人越多我越高兴 [是 否]

●参加集体活动时，我感到很舒服自在 [是 否]

●朋友的喜、怒、哀、乐愿意与我分享 [是 否]

●课堂中我喜欢合作学习，并且学得很好 [是 否]

●当遇到问题时，我喜欢和别人一起讨论 [是 否]

第五部分：身体—动觉智能

●我喜欢需要动手参与的活动（如科学实验课） [是 否]

●我喜欢拆装模型 [是 否]

●我很善于模仿他人的动作姿势 [是 否]

●我擅长一种或多种体育活动（如短跑、长跑、跳高、跳远等） [是 否]

●一些知识我借助于动作可以更快地掌握（如表演、触摸等） [是 否]

●我能说出 10 种（含 10 种）以上的奥运会体育比赛项目（可以在心里试着说一遍） [是 否]

第六部分：语言智能

●书籍对我很重要，我有每天读课外书的习惯 [是 否]

●我很会运用语言和别人沟通，别人会很容易明白我的观点 [是 否]

●我的写作能力比同龄人要好 [是 否]

●我喜欢讲故事或笑话给别人听 [是 否]

●我喜欢参与辩论和演讲活动 [是 否]
●我善记人名、地名、日期或小事 [是 否]

第七部分：自我认知智能

●我很清楚我的优、缺点是什么 [是 否]
●当我不开心时，我知道原因是什么 [是 否]
●我能从成功或失败中总结经验 [是 否]
●我经常对自己做过的事情进行反省 [是 否]
●我能够为自己确立恰当的学习目标 [是 否]
●我知道自己的性格和脾气 [是 否]

第八部分：空间智能

●我喜欢画画或雕刻 [是 否]
●重新布置房间对我来说很有趣 [是 否]
●我喜欢玩拼图、走迷宫、折纸、制作模型等与形状有关的游戏 [是 否]
●我每天搭配服装时会考虑衣服的色彩与款式的协调 [是 否]
●我的玩具拆开后我还能按原来的样子装上 [是 否]
●我喜欢用绘画来表达自己对文章的理解 [是 否]

第四节 小学生优势智能调查的结果与分析

我们在正式施测过程中共发出家长问卷146份，收回有效问卷146份，占发出问卷数的100%；共发出学生问卷146份，收回有效问卷146份，占发出问卷数的100%。家长问卷以家长会的形式召集家长集体施测，学生问卷每个年级由两至三名课题组成员组织施测。正式施测的记分和初测的方法一样。经过SPSS11.5处理，得出正式问卷的内部一致性信度为0.8346。内容效度专家评定为较好，同时将学生的评定结果中总分排名前两项的智能和家长的评定结果中总分排名前两项的智能进行对照，有效率为84%，效标效度较好。综合各项指标，本问卷可以较好地测出学生的多元智力技能。

一、学生自陈与家长描述

学生自陈与家长描述的一致性

年级	人数	学生自陈与家长描述的一致性
三年级	57	89.29%
四年级	38	81.86%
五年级	51	80.85%
平均		84%

从表中学生自陈与家长描述的一致性来看，三年级较高，可见学生年龄越小，智能表现越突出、自然，外显越明了，家长的观察透明度也越高，也越能反映学生的智能优势。

学生自陈其实也是自我认知的过程，家长描述其实是反思孩子的过程。三个年级学生优势智能平均的融合度为84%，可以说是较真实地测出了学生的优势智能。

二、学生智能分布情况

三至五年级学生智能分布情况

年级		三年级				四年级				五年级			
类别		单项智能人群（57人）		男生（35人）	女生（22人）	单项智能人群（38人）		男生（16人）	女生（22人）	单项智能人群（51人）		男生（21人）	女生（30人）
智能分布情况	博物学家	4	7.01%	5.26%	1.75%	3	7.89%	2.63%	5.26%	2	3.93%	3.93%	无
	音乐	3	5.27%	1.76%	3.51%	4	10.54%	7.89%	2.65%	3	5.89%	3.93%	1.96%
	逻辑—数学	4	7.01%	7.01%	无	2	5.26%	2.63%	2.63%	3	5.88%	3.92%	1.96%
	人际	20	35.09%	19.30%	15.79%	13	34.21%	10.53%	23.68%	24	47.06%	17.65%	29.41%
	身体—动觉	3	5.27%	5.27%	无	3	7.89%	5.26%	2.63%	5	9.80%	7.84%	1.96%
	语言	12	21.05%	12.28%	8.77%	3	7.89%	2.63%	5.26%	2	3.92%	1.96%	1.96%
	自我认知	8	14.03%	8.77%	5.26%	7	18.43%	10.54%	7.89%	8	15.69%	11.76%	3.93%
	空间	3	5.27%	5.27%	无	3	7.89%	5.26%	2.63%	4	7.84%	3.92%	3.92%

从表中可以看出，人际智能占据优势的学生在各个年级的比例偏高。从自我认知智能分布来看，四、五年级中，尽管男生人数相对女生较少，但男生所占比例普遍高于女生。各年级中，除人际智能和自我认知智能外，各项智能分布较均匀，三年级男生的智能优势主要表现在逻辑－数学智能、身体－动觉智能和空间智能等方面，四年级男生的智能优势主要表现在音乐智能、身体－动觉智能和空间智能等方面，五年级男生的智能优势主要表现在博物学家智能、身体－动觉智能和自我认知智能等方面。

三、调查结果分析

1. 每个学生都拥有优势智能成为可能

霍华德·加德纳说：“每个人与生俱来都拥有 8 种智能，并不同程度地以不同的方式组合。每个人至少拥有一项优势智能。”通过问卷调查发现，每个学生都拥有优势智能已经成为可能。多元智能理论超越了传统的以语言智能和逻辑－数学智能为尺度的优秀学生衡量标准，调查也发现，有的学生平时语文和数学成绩较好，但最强的智能并不是语言智能和逻辑－数学智能，而是表现在其他的智能领域，这也是一个全新的发现。在教师和家长心中，开始摒弃对孩子一以贯之的固有印象，特别是那些学科考试成绩不甚理想的孩子，重新得到了家长和教师的认可。从人才观、智能观的层面审视，每个孩子都拥有了“成功名片”。教师和家长内心生发了对孩子的信任和尊重，孩子内心也有了奋斗与追寻的目标，为他们今后的成功加注了“心理砝码”。

2. 素质教育影响下的智能特征

多元智能理论所涵盖的八种智能较好地与义务教育课程实现了融合，比如美术课及空间智能的开发，体育课与身体－动觉智能的开发，音乐课与音乐智能的开发等。当然，这并不意味着要单纯地将多元智能的发展与个别课程一一对应起来。如语文课重在学生语言智能的发展，同时也需要有音乐智能、人际智能的辅助。素质教育给了学生更多的自主发展的机会，让学生有了更多的学习选择。由此，学生的个性得以张扬，特长得以发挥，从而可以尽情地展示真实的自我。

3. 人际智能偏强归因

人际智能在人的成长历程中发挥着极其重要的作用。调查结果显示，三个年级中人际智能居于优势的学生占有较高的比例。先来看看学生对自陈测试题的回答：我和周围的同学关系很好；我喜欢和小朋友一起学习，人越多我越高兴；参加集体活动时，我感到很舒服自在；朋友的喜、怒、哀、乐愿意与我分享；课堂中我喜欢合作学习，并且学得很好；当遇到问题时，我喜欢和别人一起讨论……以学生为本的个性化教学设计赋予了学生更为广阔的发展空间。在课堂的大舞台上，学生拥有了更多自主合作探究的机会，拥有了更多的学习伙伴。学习不再是单枪匹马的个人行为，而是团队或小组的行为，在组织中相互进步与帮扶，就好像人在社会上不再是孤立的存在，在这样一个充满和谐的“竞技场”中，学生的人际智能得以凸显。

小学生优势智能观察表（家长卷）

各位家长：

想必您听说过美国哈佛大学霍华德·加德纳教授的多元智能理论吧！它最早提出于1983年，距今已经20多年，这个理论逐渐成为美国乃至西方许多国家的主要教育思潮。多元智能理论告诉我们，每个人都与生俱来地拥有8种智能，并且都以不同的方式不同的程度进行组合，每个人都至少具有一项优势智能。你想不想知道自己孩子的优势智能是什么呢？这份观察表将会帮助你更深入地了解自己的孩子。

需要说明的是，答案没有对错之分，最终结果也不会对您和您的孩子产生任何不良影响，请各位家长答题时实事求是，按照自己的观察与感觉回答问题，这将有助于教师对您的孩子的了解，以便教师更好地因“智”施教，同时也有助于学校教学质量的稳步提升。这对您的孩子的发展是很有好处的，谢谢配合！

江苏省教育科学“十一五”规划重点课题（资助经费）

“基于多元智能理论的小学有效课堂教学实践研究”课题组

家长姓名__________ 性别__________ 年龄__________

职业__________ 与学生关系__________ 学生姓名__________

在下面每一部分的每一小题中都有“是”和“否”两个答案，您只需在相应的答案上打上“√”。（例：他平时能够按时完成作业，[是 否]。如果能，应在“是”上打“√”，如果不能，应在“否”上打“√”。）

第一部分：博物学家智能

●喜欢仔细观察周围环境 [是 否]

●喜欢通过问问题来更多地了解自己观察的事物 [是 否]

●在头脑中始终认为保护环境是很重要的 [是 否]

●家里在适当的地方会有垃圾桶，经常主动清理 [是 否]

●能很快地对物体、信息以及观点进行鉴定和归类（如什么是植物、什么是动物） [是 否]

●喜欢饲养小动物或栽培花草 [是 否]

●喜欢阅读与大自然有关的图片和书刊（如《人与自然》） [是 否]

●经常留意自然环境或生活环境的变化（如天气变化） [是 否]

●对自然事物感兴趣，而且很敏感（如声音、气味等） [是 否]

●将来想成为一名生物学家 [是 否]

第二部分：音乐智能

●能较快地记住乐曲（听一两遍就会唱或哼出旋律） [是 否]

●能轻松地演奏乐器，并且有爱好（如二胡、小提琴、钢琴等） [是 否]

●听音乐时爱用手或脚击打拍子 [是 否]

●常常情不自禁地哼唱歌曲 [是 否]

●在学习或放松时常常要播放音乐 [是 否]

●喜欢朗诵诗歌或童谣 [是 否]

●喜欢在音乐伴奏下朗读课文 [是 否]

●经常要求家长买歌曲磁带或光盘 [是 否]

●听一段音乐旋律，能说出作曲家通过音乐想传达的内容和感情（听音乐有时能让他（她）感到快乐，有时也能让他（她）感到悲伤） [是 否]

●将来想成为一名词曲家、演奏家、歌手等 [是 否]

第三部分：逻辑—数学智能

●对数学非常感兴趣 [是 否]

●喜欢表格、图表、地图，喜欢对信息进行归纳、组织 [是 否]

●能轻松地心算数学题 [是 否]

●喜欢做逻辑性谜语或难题（如奥数题） [是 否]

●喜欢摆弄积木 [是 否]

●常会计算或测量一些东西（如随家长散步的时候，会把一块石头抱一抱，掂量它的重量） [是 否]

●做事情井井有条 [是 否]

●喜欢到博物馆、天文馆参观（如徐州博物馆） [是 否]

●喜欢下国际象棋、跳棋以及其他需要运用策略的游戏 [是 否]

●希望将来成为一名数学家 [是 否]

第四部分：人际智能

●具有领导能力，能影响其他人的观念和行动 [是 否]

●与家庭成员关系亲密 [是 否]

●喜欢和小朋友聊天、玩耍，人越多越好 [是 否]

●喜欢参加集体活动 [是 否]

●和其他人交往时很自然，而且很有自信 [是 否]

●很容易交到朋友 [是 否]

●喜欢把心里话说给家人或好朋友听（喜、怒、哀、乐） [是 否]

●不惧怕陌生人，很短的时间内就会混熟 [是 否]

●懂得使用不同的方法与人沟通（如身体、语言、眼神、手机短信等） [是 否]

●希望成为一名外交家 [是 否]

第五部分：身体—动觉智能

●长时间坐着不动对他（她）来说很困难 [是 否]

●在家喜欢拆装模型或其他东西 [是 否]

●一些知识借助于动作可以更快地掌握（如表演、触摸等） [是 否]

●能很快、轻松地掌握身体运动技能（如常玩的游戏、溜旱冰等） [是 否]

●喜欢扮演各种事物，表演滑稽小品和戏剧，具有戏剧表演能力 [是 否]

●善于模仿其他人的动作姿势或特殊风格 [是 否]

●擅长运动或其他身体活动（如跳舞、武术等创造性身体运动） [是 否]

●喜欢积极地参与学科学习，而不只是静静地一本正经地听或看 [是 否]

●喜欢看体育频道 [是 否]

●喜欢做手工 [是 否]

第六部分：语言智能

●喜欢讲故事，参与谈话和讨论 [是 否]

●默写又快又好 [是 否]

●话很多，能口语清晰地说明事情 [是 否]

●记名字、地方、日期以及其他一些事情非常容易且不容易忘 [是 否]

●喜欢字词游戏，比如纵横字谜，拼字游戏或离合诗 [是 否]

●与同龄伙伴相比，词汇掌握情况好，掌握词汇要多一些 [是 否]

●擅长用写作来表达自己的思想和想法（如写日记等） [是 否]

●每天都有读课外书的习惯 [是 否]

●对英语很感兴趣，经常说 [是 否]

●善于模仿他人的声音或语言 [是 否]

第七部分：自我认知智能

●喜欢问关于平等的问题，对正确和错误、公平和不公平有强烈的兴趣 [是 否]

●喜欢独自学习，自己指导自己 [是 否]

●经常静静思考或睡前反省 [是 否]

●能清晰地辨识自己的情感并表达 [是 否]

●自己一个人能做到自得其乐，不在乎同伴的压力 [是 否]

●有很强的自尊心 [是 否]

●能够为自己确立恰当的学习目标 [是 否]

●清楚地认识自己的优势和不足 [是 否]

●能从成功或失败中总结经验 [是 否]

●知道自己的性格和脾气 [是 否]

第八部分：空间智能

●玩具拆开后还能按原来的样子装上 [是 否]

●能精确地描绘图画 [是 否]

●喜欢用图解或用其他可视的材料来表述观点 [是 否]

●以观察或想象的方式才能学得最好 [是 否]

●喜欢玩拼图、走迷宫、折纸、制作模型等与形状有关的游戏 [是 否]

●喜欢看地图和三维图形 [是 否]

●很少迷路 [是 否]

●每天搭配服装时会考虑衣服的色彩与款式的协调 [是 否]

●重新布置房间对他（她）来说很有趣 [是 否]

●渴望成为一名建筑师或者画家 [是 否]

第四章

Chapter 4

多元智能课堂教学体系

多元智能课堂教学设计关注学生本身，而不是传统教学所关注的教学内容，教学设计应从教学目标的制订、教学内容的安排、教学方法的选择、教学过程的设计、课堂环境的创设等方面进行设计和考虑，让整个教学过程体现出多元智能课堂的特点，充分将多元智能理论应用于现实的课堂中。

教师不仅是课堂的管理者、知识的呈现者、讲授者以及学生的辅导者，还应是教学的设计者。教师要掌握教学设计的基本原理，确保教学内容在服务于教学目的、满足学生要求的同时，设计合理，有吸引力，从而使教学模式更为恰当，并保证教学评价贯穿始终，不断改进。什么是教学设计呢？其实，实施教学过程的系统方法就是教学设计。教学设计基于学习理论、信息技术、系统分析理论以及管理理论。教学设计是可以保证教学活动基于理性的科学，换句话说，教学设计就是设计教学的理性过程。

多元智能课堂设计的教学关注学生本身，而不是传统教学所关注的教学内容。传统教学的方法只是简单关注“我的这节课应该包括哪些信息”，过分强调预设，教学活动本身具有特异性、多变性和不确定性，再有预见性的教师，也不可能预料到课堂各种偶发事件的出现，再周密的教案也不能事先设计好具体的解决方法和步骤。预设是相对的，变通是绝对的，教学活动体现了预设性与变通性、确定性与不确定性的有机统一。多元智能课堂中的教学设计应从教师的视角转向学生的视角，从“如何实施教”走向“如何组织学”，从机械僵化走向人文创造。教学设计注重个体化、非线性、情境化和参与式，强调人文观与系统化。人文观的教学设计关注个体学习者的学习能力、个体差异、当前的学习水平和个体发展；系统化的教学设计包括分析学习者特征、分析学习者的学习准备水平，考虑到独特、自我定向的学习者个体的学习风格。加德纳指出：“虽然教育应该考虑到智能多元化的状况，但是在教室里和实习场所的实践中，智能的差别几乎都被忽略或遗忘了。如果说没有遗忘的话，教育也只是按照相反的假设进行的，即只有一种教学方式，只有一种教学方法，每个人都要根据他们的特点被限制在指定的形式之中。”在多元智能课堂上，教师更多地从教学的结果考虑其影响因素，如为实现教学目标，学生个体应该做哪些准备？根据不同的教学目标和学生智能特征，应采用哪些最为恰当的教学策略？哪种媒介或哪些资源最为合适？成功的学习需要什么支持？如何保证既定目标的实现等。多元智能课堂的教学设计基于以下前提条件进行：

第一，教学设计既要关注系统过程，也要关注对具体细节的处理。“系统”一词体现了为实现某一特定教学目标，界定、开发和评价一套教学策略的有一定顺序的、符合逻辑的方法。对教学设计的教学目标、任务分析、学习者特征、教学问题、评价工具、教学开发、信息设计、教学策略、内容呈现等九个要素都要认真斟酌，每个要素必须与具体问题相联系，也就是要细化。

第二，教学设计应该努力使所有学生达到令个人满意的水平。布鲁姆的一项研究表明，95％公立学校的学生，如果有适当的学习背景，接受合适的教学并有足够的时间学习，都可以完成学业。其他相关研究也表明，如果学习者有准备，而且努力学习，却没有实现成功学习，那么，更为细化的教学设计可以帮助他们取得成功。

第三，教学设计应该关注个体，而不是内容。教学设计应关注个体和如何改进个体的绩效，而不是关注能容纳多少内容。在设计教学时，教师根据目标群体中的个体特征选择教学策略和教学方法。在整个设计过程中，教师的注意力应集中在如何帮助目标群体中的学生解决问题，而非教学内容。

第一节　教学目标的制订

课堂教学是一种有目的、有计划的活动，在实施教学活动之前，我们要进行必要的准备，在头脑中或以书面形式形成一个计划。教学准备的核心就是为实现一定的教学目标，教师要综合考虑各种资源和影响因素，并作出各种决定，进而形成相应的方案。不界定目标，设计者就无法评估教学结果。教学是否有效取决于学习者，即学习者取得的成绩，也就是教学目标所表述的主要内容。同样，分析教学目标也有利于选择最佳的教学策略，帮助学习者达到要求。对于教师来说，教学目标有三个重要的功能：第一，它为教师提供了一种设计合适的教学的工具，以促进学生有效的学习，尤其在选择和组织教学活动的资源方面更是如此；第二，教学目标为教师对学生的学习进行评价提供了一种框架。由于笔试和操作活动是对学生学习成果进行测量的主要手段，教学目标可以对相应的测验项目和过程设计提供指导；第三，教学目标能指导学生学习，因为学生要利用这些目标来确定他们应掌握的知识和技能。

课堂上，教师应努力将“教学目标”转化为可操作的“学习目标”或“课堂目标”。当学生参与一个丰富的学习实践时，一个清晰、精确的学习目标有助于他们集中精力。当然，学生必须理解目标，这样他们才能具有优秀的课堂表现。目标不论长短，都要让学生清晰明白。指导性的目标会限制学生的注意力，教师应该确立灵活的学习目标并鼓励学生将这些目标为己所用。

一、多元智能课堂教学目标的特点

（一）个性化

如果学习目标可以给学生指明方向，使他们灵活限定对某一主题的兴趣，那么，这个目标就可以成为强大的学习动力。目标灵活，学生可以轻松学到知识，使他们充分认识到自己的兴趣所在。比如，教师可以确立一个学习目标，根据这个总的目标，学生可以依据自己的学习强项创造更多的特殊学习目标。①

多元智能课堂上，教师需要帮助学生构建独特的个人学习目标，因为学生常常“好大喜功”。比如，一名语言智能占据优势的学生，很有可能不拘泥于现行的课堂目标，而向更深层次拓展和延伸。学习语文时，他习惯于课后向别人复述课文内容、读课外书，甚至写读后感；学习数学时，他习惯于说算理，或者写数学日记；学习英语时，他习惯于用身体动作辅助其记忆单词或课后用英语跟别人打招呼，与人交流；学习科学时，他习惯于详细叙说或记录实验过程。课堂上教师要引导学生分析本节课的学习任务，知道自己通过什么习惯或擅长哪种方式可以学得更加有效。

（二）智能化

这里的“智能”指的是多元智能，所谓的“智能化”就是指教学目标

---

① ［美］罗伯特·J. 马扎诺等．有效的课堂（教学手册）［M］．杨永华等译．北京：教育科学出版社，2008.

中要体现学生运用优势智能解决问题和学生多元智能的发展状况。每节课，教师都要依据具体目标、具体内容、学生实际情况考虑主导智能，以及为更好地运用优势智能达成学习目标而预设辅助智能。课堂上不可能一直单纯地运用或发展一种智能，它需要多种智能的融合与贯通。比如，对于阅读课文的教学，有时离不开表演，因此，就不可能单纯地运用语言智能，还要用到身体—动觉智能；数学知识的学习，有时需要说结论、说算理，特别是活动课，有时需要走出学校、走上社会、走进生活，这里绝不能仅仅运用逻辑—数学智能。

（三）具体化

加涅明确提出，“我们将作业目标界定为通过行为观察的学习者可能具有的行为描述。设计者开始任何设计之前能够回答的问题是：‘经过教学之后学生将能做哪些他们以前不能做的事情?’或者‘教学之后学习者将会有何变化?’”①

因此，如何制订并准确表述教学目标，且被学生所理解，并依据教学目标对学生的学习进行评价就显得非常重要。要做到这一点，就要努力克服“目标陈述的模糊”，并达到这样的精确程度，即“当我们与另外一个人交流教学目标时，如果我们能明确地指出，要观察的这节课所陈述的目标实际已实现了要做什么，那么该目标便已准确陈述。”对目标进行有效的交流与设计目标的过程同样重要。学生必须理解目标，才能有优秀的课堂表现。目标无论长短，要让学生明白，而且还要用他们能理解的语言去表达。

二、多元智能课堂教学目标的表述

在课堂教学目标的制订中，是否将目标制订得准确具体决定着目标的有效程度。目前公众比较认可的是，一个被明确表述的教学目标，一般包括以下四个要素：行为主体、行为动词、行为情境或条件和表现程度。

行为主体即学习者，行为目标描述的应该是学生的行为，而不是教师的行为。尽管有时行为主体——“学生”两字没有出现，但也必须是隐含其中的。以往我们习惯采用的“使学生……”“提高学生……”“培养学生……”

---

① 加涅等．教学设计原理［M］．皮连生等译．上海：华东师范大学出版社，1999.

等方式是不符合陈述要求的。规范的行为目标应该是“学生应该……”，书面上可以省略，但思想上应牢记，合适的目标是针对特定的学习者的。

行为动词用以描述学生形成的可观察、可测量的具体行为。如写出、列出、认出、背诵、辨别、比较、对比、指明、绘制等。教学目标的陈述主要是利于以后的评价行为。如果使用“提高……”“掌握……”“培养学生的……精神”等行为动词，都缺乏质和量的规定性，评价就无从展开。布鲁姆为教师提供了一个分类的或层级的目标，适用于对认知领域的行为进行划分。这些水平与发展学生的智能和技巧都有关。[①]

认知目标相应行为动词表

教学目标		行为动词
认知目标	1. 知识（对特定知识的回忆）。	组织、定义、复制、匹配、记忆、命名、排序、回忆、联系、复述、再现、列举、标识等。
	2. 领会（最低层次的理解，用自己的话解释信息）。	分类、描述、讨论、表述、识别、指出、定位、报告、重申、回顾、精选、告知、转化等。
	3. 应用（在新情况中使用知识）。	运用、选择、证实、改编、采用、说明、诠释、操作、实践、准备、安排日程、解决、使用等。
	4. 分析（把知识分解成部分并展现部分间的关系）。	分析、估计、计算、比较、对比、批评、图解、区分、辨别、区别、检验、实验、编目、提问、测试等。
	5. 综合（把知识各部分组合成一个整体并为适应新情况建立联系）。	安排、组装、收集、组成、建构、创造、设计、制订、管理、组织、计划、准备、建议、建立、综合、编写等。
	6. 评价（在给定标准的基础上作出判断）。	鉴定、论证、评估、批驳、选择、比较、辩护、估计、评价、判断、预测、估价、评分、支持等。

虽然一直以来学校主要强调发展学生的认知学习活动，但已有人尝试均衡情感性学习与智力性学习的关系。克拉斯沃尔、布卢姆和马西亚把学

① 加里·R. 莫里森等著．设计有效教学［M］．严玉萍译．北京：中国轻工业出版社，2007.

生的态度、感情、兴趣、价值分别划分为五个层次的情感水平。[①]

情感目标相应行为动词表

教学目标		行为动词
情感目标	1. 接受（集中注意力）。	发问、选择、描述、追踪、给予、把握、指明、找出、命名、点出、应用等。
	2. 反应（积极参与教学活动）。	遵守、支持、使一致、讨论、书写、帮助、标明、表现、实习、呈现、阅读、背诵、报告、选择等。
	3. 价值判断（表现出兴趣与关注）。	完成、描述、衡量、解说、追踪、形成、初创、邀请、参加、应验、提议、阅读、报告、选择、分享、研究等。
	4. 价值体系（多个价值的编排与选优）。	坚持、改变、安排、联合、比较、完成、申辩、初创、说明、归纳、指明、统整、命令、修饰、组成、准备、关联、合成等。
	5. 独特价值观（价值个人品质化）。	建立、分辨、影响、倾诉、修改、表现、实践、提议、提高品质、质询、重改、服务、解决、应用、验证等。

在这几个领域中，动作技能领域的技能最容易被观察到，它包含了需要运用并协调骨骼肌肉的运动，如体力活动中的操作、操纵和构造。在动作技能领域中，条件也是经常需要进行清晰表述的。

动作技能目标相应行为动词表

教学目标		行为动词
动作技能目标	1. 知觉。	描述、使用、抄写、理解、解释、研习等。
	2. 心向。	选择、建立、安置等。
	3. 模仿（重复已展现过的行动）。	制作、复制、混合、依从、建立等。
	4. 机械化（独立完成作业）。	操作、装卸、练习、改换、修理、固定等。
	5. 复杂反应（准确地完成动作）。	组合、修缮、解决、折叠、改正、计算、示范等。
	6. 创造（和谐地完成动作）。	制造、设计、发展、筹划、编辑等。

① ［美］威廉·威伦等．有效教学决策［M］．李森等译．北京：教育科学出版社，2009.

也有研究者根据课程标准对描述目标的具体要求，列举了一些行为动词，它可以作为我们设计教学目标、衡量学生学习水平时的参考依据。①

学习水平	行为动词	举例	
		语文	数学
知识	1. 了解——说出、背诵、辨认、回忆、选出、举例、列举、复述、描述、识别、再认等。 2. 理解——解释、说明、阐明、比较、分类、归纳、概述、概括、判断、区别、提供、猜测、预测、估计、推断、检索、收集、整理等。 3. 应用——应用、使用、质疑辩护、设计、解决、撰写、拟定、检验、计划、总结、推广、证明、评价等。	会写、读准、认识、学习、学会、把握、了解、写下、熟记、理解、展示、扩展、使用、分析、区别、判断、获得、表现、扩大、拓展。 评价、掌握、运用、懂得、联系上下文。	读、写、会用、认识、说出、识别、了解、辨认、描述。 知道、表示、会画、确定、找出、获得、读懂。 分类、选择、比较、排列、理解、解释、判断、预测、推断、估计、设计、检验、运用、掌握、处理、推导、证明。
技能	1. 技能——模拟、重复、再现、例证、临摹、扩展、缩写等。 2. 独立操作——完成、表现、制订、解决、拟定、安装、绘制、测量、尝试、试验等。 3. 迁移——联系、转换、灵活运用、举一反三、触类旁通等。	讲述、表达、阅读、复述、诵读、写出、倾听、观察、朗读、推想、揣摩、想象、转述、选择、扩写、续写、改写、发现、借助、捕捉、提取、收集、修改。	口算、计算、测量、观察、操作、实验、调查、笔算。

① 徐武汉．构建有效的课堂［M］．天津：天津教育出版社，2007.

续表

学习水平	行为动词	举例	
		语文	数学
过程与方法	经历、参加、感受、参与、尝试、寻找、讨论、交流、合作、分享、参观、访问、考察、接触、体验等。	感受、尝试、体会、参加、发表意见、提出问题、讨论、积累、体验、策划、交流、制订计划、收藏、分享、合作、探讨、沟通、组织。	体验、感受、交流、解决问题、经历、发现、探索、感知、交换意见。
情感态度与价值观	1. 反应——遵守、拒绝、认可、认同、承认、接受、同意、反对、愿意、欣赏、称赞、喜欢、讨厌、感兴趣、关心、关注、重视、采用、采纳、支持、尊重、爱护、珍惜、蔑视、怀疑、摒弃、抵制、克服、拥护、帮助等。 2. 领悟——形成、养成、具有、热爱、树立、建立、坚持、保持、确立、追求等。	喜欢、有……的愿望、体会、乐于、敢于、抵制、有兴趣、欣赏、感受、愿意、体味、尊重、理解（别人）、辨别（是非）、品味、关心、养成、领悟。	体会、欣赏、感受、养成、树立。

行为的情境或条件是指影响学生产生学习结果的特定的限制或范围等。对条件的表述有四种类型：一是允许或不允许使用手册或辅助手段，如“可以或不可以带计算器”“可以不可以用词典”；二是提供信息或提示，如“运用‘知识树’学习……”“利用‘多元智能工具箱’解决……”；三是时间的限制，如“在 8 分钟内，能完成……”“通过本节课的学习，能记住……”；四是完成行为的情境，如“在课堂讨论时，能叙述……的要点”“在写作文时能……”

表现程度指学生对目标所达到的最低表现水准，用以评价学生表现或学习结果所达到的程度。如“完全无误”“至少写出 3 种解题方案”

多元智能课堂除了涉及上述基本的方面之外，还有自身的特殊性，那就是以加德纳所提出的八种智能作为衡量是否达到教学目标的重要指标之一。关于八种智能的教学目标，分别列举如下：

智能类别	教学目标
语言智能	能倾听、能理解他人的意思、能说出自己的观点、能解释自己的想法、能描述所闻所见、能分析不同的论点、能评论不同的内容、能阅读合适的文字、能领会文章的中心思想、能用文字表达、能创作合适的文字作品、能发表……
逻辑—数学智能	能计算、能用数字表达观点、能理解算式、能排序、能比较、能推理、能解决问题、能辨别……
空间智能	能画画、能用图表表明观点，能设计、能制作、能看地图及其他图表、能想象、能组合不同的图像或事物、能创作……
身体—动觉智能	能扮演角色、能操作实物、能动手制作、能运用身体表情表达观点……
音乐智能	能欣赏音乐、能唱、能用音乐表达观点和情感、能使用乐器、能分辨或模仿不同的声音……
人际智能	能够表达自己的观点和感受、能理解他人的意见和感受、能与人交流、能与人分享、能与人合作、能观察、能接纳、能模仿……
博物学家智能	能够了解常见的动物和植物、能热爱科学、能投入环保……
自我认知智能	能体会、能感受、能控制、能反思、能投入、能专心、能调节、能表达……

打造有效的多元智能课堂，只有首先拟订科学合理的教学目标，并对之进行明确具体的叙述，才能够有针对性地确定教学的主题，选择教学策略并设计教学活动。

三、多元智能课堂教学目标的反思

（一）教学目标不要过于特定化

行为目标受到人们关注是在1962年，当时评估专家玛捷尔出版了《教学目标的准备》一书。他解释说，有效的教学目标包含三个定义性特点。

(1) 操作。一个目标总要指出期待一个学习者能做什么；(2) 条件。一个目标总要描述重要的条件，在此条件下操作才能发生；(3) 标准。只要有可能，一个目标总是要描述可接受的操作标准，学习者要做到什么程度，才能得到认可。采用玛捷尔标准产生的教学目标显然是高度特定化的，但不适用于学习过程的个人化性质和建构性。① 教学目标要有足够的概括性，一旦教师在课堂上建立了学习目标，就应当鼓励学生将其转化成他们的个人需求和追求。有些研究表明，学生在一种“合约性”背景下自己建立目标具有积极效应。即学生不仅要自己找出要努力实现的目标，他们还要约定，如果实现了这些目标，自己将会获得的评分等级的高低。

(二) 把握三大目标领域的内在联系

安排教学时，一定要对知识与技能、过程与方法、情感态度价值观三个目标领域统筹考虑，并把较高水平的目标当作影响内容主题和根本目的的事情来看待。尽管我们对这三个领域是分开加以思考的，但它们在两个方面是密切相关的。首先，仅一个主要的目标就可能包括两个甚至所有三个领域的学习。表述时不要刻意形式化，而将三个领域的目标分开表述，三者之间完全可以很好地融会贯通，相辅相成。其次，应优先考虑培养良好的态度。学习若想取得成功，往往离不开先有学习的动机。这一点，在自定学习目标中尤为重要，因为学生必须对他们自己的学习负责。在某种程度上，其接受的程度和合作的程度，会决定他们学习结果的水平。一旦学习的动机建立起来，一个组织良好的、学生能成功参与的教学方案，通常能够促使学生对学习内容和教师抱有积极的态度。

总而言之，一个合理的目标应该是可达到的（Achievable，目标应适用于自己的实际）；可相信的（Believable，你必须相信自己能够达到确定的目标）；可想象的（Conceivable，目标应是可以明确表述并可测量的）；可向往的（Desirable，所确定的目标最好是你自己想达到，别人也希望你达到的）。学生可以利用“A、B、C、D”四个等级来评价个人目标。为达到学习目标，教师还要注意两点：一是将学习目标与学生的个人兴趣和智

---

① ［美］罗伯特.J. 玛扎诺．有效课堂——提高学生成绩的实用策略［M］．张新立译．北京：中国轻工业出版社，2003.

能状况结合起来，二是在课堂上构建达成学习目标的活动，只有这样，每一个学生才能达到自己的目标，并获得成功。

第二节　教学内容的安排

通常我们所说的教学内容是教学的依据，是教师上课的材料，是学生要学习和掌握的知识。教材已经编排了固定的教学内容，内容安排具有整体性和连贯性，但是教师不能为教材而教，而是要灵活地使用教材。多元智能理论告诉我们，学生的智能有差异，而基于学生的智能发展考虑，我们在安排每堂课的教学内容时要有所创新，内容要不拘泥于教科书，要能有效地调动学生的兴趣，使其得到更好的发展。教学内容的安排对学生的学习有着非常重要的作用，它既要符合学生的年龄特点，又要与学生的原有知识产生一定的联系。

一、多元智能课堂教学内容的特点

（一）开放性

多元智能理论认为，每一名学生都同时拥有智能的优势领域和弱势领域，教师应使学生做到在充分展示优势智能的同时，将学习内容迁移到弱势领域中。传统教材内容的安排往往跟不上时代的发展变化，教学内容无法引起学生的兴趣。例如数学解题只强调一种方法，练习时只重视算法的练习，这样只会培养出计算的高手，而无法培养出思维活跃的数学能手，这样的课堂只会禁锢学生的思想。教师要对现有教学内容进行二次开发，问题的呈现要具有开放性，以学生的优势智能和学生理解事物的方式为起点，调动学生的多种智能参与教学活动，引发学生的思考。学生在轻松开放的氛围中的学习是可说、可想、可玩、可做的，同时，在交往和活动中可以培养自主意识和自我控制力。教育不是依靠教师单纯的限制式管教，而是学生从与同伴共处产生的相互约束力中，感悟出应该怎样做，开放的学习内容能促进良好的人际智能和自我认知智能的发展。如教学《三打白骨精》时，教师在“一篇课文带动一本书”的主体教学理念指导下，以“聊”的教学艺术，引领学生读、赏名著《西游记》，将原文与课文对照品读，深受学生欢迎。

（二）综合性

教学内容的综合性就是指设计能够体现或者发挥不同智能强项的活动，给不同的学生充分的机会去发挥，然后运用自己所擅长的智能进行学习。改变学生过去整齐划一的静听学习方式，让不同的学生有机会、有可能在课堂上通过不同的学习活动发挥出自身的智能强项，以自己最擅长最喜欢的方式去学习，从而更好地理解和掌握学习内容，最终达到自身智能以及其他方面更好的发展和成长的目的。加德纳认为，“如果一个人想获得深度的了解，势必要超越单一学科的范围，采取跨领域的研究方式”。因此，为开发学生的多元智能，达到“真正理解并学以致用”的目的，在课程内容方面，多元智能理论强调综合化，而传统课程内容是按学科选择的，学校课程内容之间缺少有意义的联系，或者与实际生活相去甚远。但是，在多元智能的教学活动中，不同学科的界限开始消失，教师个人在必要的时候可以设计跨学科的单元教学。如，慈溪市宗汉街道第三小学的主题课程整合就是以教科书的内容为依托，整合语文、美术、音乐、思想品德等课程，使教学内容互相解释、互相联系，这有利于学生加深对某一主题的理解，达到真正理解并学以致用，开发学生多元智能的目的。

（三）创新性

多元智能理论开拓了教学的思路，逐渐打破原有的框架，正向着全新的、开放的教学迈进。新课程标准指出，教师要积极利用各种教学资源，创造性地使用教材，“教材只是个例子”，教师不仅是教材的使用者，更要成为教材的创造者。在这样的课堂里，讲故事不再是语文教师的专利，数学、科学、英语教师也能以孩子们喜欢的听故事的方式导入新课，擅长音乐的老师也可以把音乐作为教学手段应用在自己的课堂上。教学内容除了安排教材的内容，还可以安排丰富多彩的活动，语文课上，师生可以依据课文设计出生动有趣的学习场景，通过朗读、表演、画画、评论、配乐等自由选择的方式，不断加深对课文的理解和对语言文字的运用。数学课可以把学生的目光引向他们的生活，枯燥的数学概念在孩子的生活体验和运用中变成了有趣的游戏和解决生活问题的有效方法。自主探索、小组交流、操作演示等方法可以不拘一格地使用。但是教师首先要创造性地安排教学内容，给学生提供表现自己不同才能的机会，促进学生各方面智能的提高。如一位教师教学《卜算子·咏梅》时，通过对毛泽东和陆游的两首同名词的对比教学，让学生明白毛泽东的“反其意而用之”，了解到两首词不同的写作背景，感受到作者表达的不同感情，这就是创新。

（四）层次性

多元智能的核心理念是尊重个性差异，因此，在课堂实践中要进行共性和个性相结合的教学，开展分层次的教学。我们在课堂教学中既要发展学生的优势智能，又要提升学生的弱势智能水平，应该让学生利用智能强项进行学习，并带动学生弱势智能的发展，同时要建立以多元智能理论为指导思想的新的课堂教学评价体系和学生学习评价体系。以多元智能为指导的教学设计，在四十分钟的课堂里把八种智能全部整合进去显然不太可能，所以在安排教学内容时，应找准教材的切入点，通过三四种智能的切入，采取主导智能与辅助智能相结合的教学，从而在长期的教学过程中使学生的各项智能得到发展。

（五）实践性

加德纳把“真正理解并学以致用”作为教育的一个直接目的，他认为，学生若能把在任何教育背景下所获得的知识、概念和技能，应用到与这些知识确实相关的新的事件中或新的领域内，那么他（她）就具有了真正理解并学以致用的能力。因此，他特别强调理解、实践、创新在课程目标中的重要地位。要把静态的知识内容、知识结构转化为学生头脑中的认知结构，必须使学生积极主动地、有效地参与教学活动，学习材料的选择与提供也不例外。教师应尽可能地创造机会和条件，让学生自己提供选择，甚至是学生自己创造，而教师仅仅是一名参与者、合作者、引导者的角色。

二、多元智能课堂教学内容的安排

人类天生就具有发展各种智能的基础。只有为学生提供多元化的学习内容，他们的多元智能才有可能被激发出来，从而获得发展。基于此，多元智能课堂教学内容的安排绝不能信手拈来，而应该注意从培养和发展学生的多元智能出发进行合理的安排。综合语文、数学、英语等学科的特点和近几年的课题研究成果，我们认为多元智能课堂的教学内容应该做以下安排。

（一）教学内容安排要面向全体，教师要创造性地使用现有教材

多元智能理论蕴含着全新的课堂教学观，进入21世纪，我国教育改革与发展的主要任务是全面实施以提高创新意识、实践能力为核心的素质教育。实施素质教育的途径是课堂教学，所以要把握好每一节课中对教学内容的安排，组织好教学内容。教育是高度个性化的工作，学生个体存在的多元智能使教学内容的安排有了更多的选择和关注点。教师应针对每位学生所具有的独特智能组合，根据学生的不同需要来选择教学内容。

教师要领会教材的编写意图，用好教材。好的教材在呈现课时教学内容时，已经注意到了知识的发生和发展过程，能从学生实际出发，顺应学生学习的心理，使新的知识有序列、有层次地呈现在学生的眼前。因此，教师在备课时，应在钻研教材的基础上，深刻领会教材的编写意图，在展示知识形成的过程中有意识地提炼出隐含着的思想方法，使学生受到科学方法、科学态度的熏陶。另外，教师还要分析教材编排的局限性，创造性地使用教材。教材并不是完美无缺的，由于篇幅的限制，有的课时内容不可能提供详尽的学习材料，也不可能呈现完整的教学过程，当然也就很难反映知识形成的全过程。有些内容过于侧重于知识的传授和积累，侧重于技能的训练，却滞后于教育的发展。教材本身所呈现的是知识的一个静态结果，而没有体现出知识形成的动态过程。对于这样的教材，教师绝不能生搬硬套，不要被它所提供的材料和组织程序束缚住手脚，而应在深入钻研教材的基础上，及时调整“航向”，主动驾驭教材。教师需要通过对学习材料的重组，以生动、丰富、有层次的学习材料，实施既能调动学生主动参与学习的积极性，又寓科学意识、科学态度、科学方法在其中的教育教学。以数学教学为例，数学教学不仅要能使学生学到数学知识，形成技能，更重要的是要让学生在获取知识的过程中学会数学的思想和方法，同时，在教师的帮助下使自己的优势智能向弱势智能迁移渗透，更好地树立

学习信心，更加积极地投入课堂活动，培养学生的创新意识和实践能力。所以，我们在组织教学内容时就应该考虑学生的学，要充分展示知识的形成过程，寓数学思想、数学方法于教学内容组织的过程之中。

（二）教学内容的安排要与学科特点相结合，突出主题性和应用性

科学技术的迅猛发展和相对稳定性使教材体现出相对的滞后性，尤其表现为学习材料符合时代特征的应用性不够，而且，由于教材划一且学生具有区域差异，使得教材所提供的学习材料不符合本地区学生的生活实际。所以，课堂中就要及时吸收、补充一些富有时代气息的、贴近学生生活实际的、为学生所喜闻乐见的学习材料，有意识地把现实问题教学化，以激发学生的学习兴趣，培养学生的学习意识和应用能力。

要培养学生的应用意识，提供贴近学生生活实际的学习材料，就要求教师要善于就地取材。例如，“质数和合数”一课，进行判断训练时可收集数据：班内共有多少人？（43）今天来上课的有多少人？（42）让学生判断刚才得到的两个数是质数还是合数。这样，本来枯燥的数据，因为来自于学生的真实生活，一下子拉近了与学生的距离，练习也就变得不再乏味。学生也可以参与选择，搜集学习材料。新课程改革要求学生具有一定的搜集和处理信息的能力，作为教学内容的补充，可以结合研究性学习、学科综合性学习生发一些小课题研究或者专题研究，把学生的学习由课内引向课外，由学校引向社会，由书本引向生活，广泛地挖掘自然的、社会的学习资源，丰富学生的学习生活，扩充学生的知识储备，从而培养学生提出问题、分析问题、解决问题的能力。

（三）教学内容的组织要有利于学生的“再创造”

现行教材中，许多教学内容因采用螺旋上升的编排方式，往往过多地着眼于训练的梯度和密度，把一块知识拆分得很细，一点点“喂”给学生，“小步子”前进，反复训练。这样的内容组织固然有其有利的一面，但因为没有紧紧抓住基本原理、基本方法教学这一条主线，培养出来的学生也往往是会“模仿”的多，会“创造”的少。对于这样的教学内容，教师要根据学生已有的知识基础和心理发展实际，敢于调整教学顺序，重组教材内容，突出对基本知识、基本观念、基本方法的教学，培养学生“再

创造”的方法和能力。当然，对于教学内容的处理、重组也要因人而异，不能绝对化。如对于处理教材能力不强的新教师，应该在认真学习课标、深入钻研教材的前提下，努力领会教材编写意图，把握教学目标，按教材思路组织教学，对教学材料可做一些简单的调整、充实，利用好教材。对于教材处理能力较强，具有一定研究能力的教师，则应对教材的不足之处进行大胆的调整、重组，使教学内容更趋合理，从而有利于学生主动参与知识的发生和发展过程，有利于学生的科学意识、科学态度和科学方法的培养，也有利于培养学生的初步创新能力。

三、安排多元智能课堂教学内容的注意之处

第一，一堂课的教学内容必须要有适宜的容量，不能太“满”。课堂教学的大容量并不意味着教学内容多多益善，训练内容满满当当，而是指阅读的容量、思维的容量、互动的容量要尽可能大些。课堂教学内容如果太“满”，教师为了急于完成教学内容，必然不能给学生较充足的时间静心阅读，或边读边用心记字，边读边思考问题。教师也很少能有时间让更多的学生交流自己的想法，汇报学习新发现，也没有时间倾听学生的发言，纠正他们表达中不规范的语句。教师很难关注学生之间的差异，照顾到全体学生，学生也少有机会用自己擅长的学习方式进行有效的学习。总之，教学内容太“满”，极易导致课堂教学“重结果轻过程”现象的产生。对学生来说，学习内容太多来不及消化吸收，学习的有效性也会大大降低。

第二，认真备课，吃透教材。创造性地使用教材，对教材进行适当的整合，能缩短学生的重复学习时间。例如，在“统计学”这一部分的例题和习题中，有一部分题目对学生知识技能的训练是重复的，在这种情况下，重复训练可能会给学生造成负担，并浪费教学时间，因此教学时我们要精心设计，选取题目。

第三，构建多元智能课堂教学模式。首要的是建立一种和谐的师生关系以及学生之间彼此熟悉、相互信任的学习环境，教师所设计的教学内容要和孩子的生活贴近，关注每个孩子的差异，充分调动学生的积极性，引起学生学习兴趣，激发其进行思考。构建多元的学习环境、教学模式和评

价方法，体现每一个孩子的智能优势，挖掘每个孩子的学习需求，促进其形成健全人格。

第四，要注意教学内容的动静结合。所谓“动”，是指在课堂教学中，教师运用启发式教学方法，让学生多动脑、多动口、多动手，要敞开思路，广开言路，让每个学生都有“表现”自己的机会。所谓“静”，是指出于某种教学需要，在课堂教学中有意安排短时间的安静状态。静的目的最终还是动，即让学生冷静地动脑思考问题。好的课堂教学态势，既要有动，又要有静。有些教师吸取尝试教学法的特点，按照动静结合的模式来组织教学，其一般程序是：出示尝试题（动）—自学课本（静）—学生讨论，教师讲解（动）—巩固练习（静）。每节课安排 2～3 次这样的动静结合，较为适宜。

第三节　教学方法的选择

教学方法是教师和学生为了实现共同的教学目标，完成共同的教学任务，在教学过程中运用的方式与手段的总称。教学方法包括教师教的方法（教授方法）和学生学的方法（学习方法）两大方面，是讲授方法与学习方法的统一。多元智能理论为教师创造崭新的教学方法提供了机会，且易于在课堂上进行实施。它认为，不固定的教学方法将会对所有学生发挥最佳作用，任何一种教学方法都可能对某一部分学生起到一定的作用。

多元智能课堂在选择教学方法时应充分考虑学生的智能发展状况，这就要求教师必须遵循一定的科学依据，综合考虑各种因素和具体的教学条件，选择恰当的教学方法，只有这样，才会取得良好的效果。教学过程是具体的，因此，选择教学方法时，需考虑几个主要依据。

一、选择依据

（一）依据教学目标

不同领域或不同层次教学目标的有效达成，都要借助于相应的教学方法和教学技能。教师可依据教学目标来选择和确定具体的教学方法，例如学习“圆柱和圆锥的体积”时，其目标之一就是“掌握圆柱和圆锥体积的计算方法”。教学时则最好是选择直观操作的方法，通过直观演示、动手操作等方式促使学生达成学习目标。

（二）依据教学内容

不同学科的知识内容与学习要求都不相同，不同阶段、不同单元、不同课时的内容与要求也不一致，这些都要求教学方法的选择要具有多样性和灵活性的特点。例如教学课文《九寨沟》时，只有综合运用多媒体视听等教学手段，把学生带入风景如画的人间仙境，学生才能更加全面、真切地了解有关九寨沟的知识，感受到九寨沟的美妙绝伦。由于九寨沟与绝大多数学生的生活实际的联系不够紧密，单凭语言文字的品味与想象，学生很难有深切体会。

（三）依据学生智能状况

学生的智能状况直接制约着教师对教学方法的选择，这要求教师能够科学而准确地研究、分析学生的智能特点，有针对性地选择和运用相应的教学方法。例如，学生身体—动觉智能偏强时，在故事教学时可让学生进行表演；学生语言智能偏强时，可以让学生进行故事续编等。教学中，使用图片和想象对那些有较强空间智能的学生将起很好的作用，而可能对其他智能发达的学生作用甚小。

（四）依据教师自身素质

任何一种教学方法只有适应了教师的素养条件，并能为教师充分理解和把握，才有可能在实际教学活动中有效地发挥其功能和作用。因此，教师在选择教学方法时，也应当根据自己的优势智能，扬长避短，选择与自己最相适应的教学方法。例如，有音乐特长的教师可以把歌曲引进语文课堂；擅长简笔画的教师，不妨尝试简笔画板书，这样更可以让学生肃然起敬，让课堂出彩。

（五）依据教学环境条件

教师在选择教学方法时，要在时间条件允许的情况下，最大限度地运用和发挥教学环境条件的功能与作用。以前，教师通常用一块黑板和一支粉笔教学，现在，学校现代化教学手段已经相当普及，教师运用智能平板电视和电子白板上课，课堂品质也得以不断提升。

二、常用教学方法

为了开发每个学生的多元智能，达到真正理解并学以致用，多元智能理论强调，通过教材及其他课程资源，在教学过程中运用多种智能手段，找到发挥每个学生智能优势的“切入点”，即通过“用多元智能而教”，发动学生主动参与、展示才华，促进全体学生的全面发展，达到“为多元智能而教”的目的。俗话说：教学有法，教无定法，贵在得法。教师在组织教学时，应努力创设有利于发展学生多元智能的课堂。多元智能课堂采用的教学方法既要类似于通常使用的方法，又要超越通常使用的方法，基于农村小学现有的条件和我们的实践研究，现主要列举以下几种教学方法。

（一）多媒体教学法

每个学生的智能组合都不相同，任何一种智能都能使人获得成功，但是，光靠单一的一种智能是不够的。在学习中，尽管每种智能都是独立的，但如果几种智能可以同时发挥作用，学习的效果会更加令人满意，多媒体教学就具有这方面的优势。在执教课题研究课时，我们尽量充分利用电子白板，把各科教学内容制作成课件，通过多种媒介让教学内容与大脑特定区域产生联系，发生交互作用，学生在学习中调动多种智能参与教学活动，学习效果尤为显著。

（二）愉快教学法

愉快教学法即课堂中整个教学过程都弥漫着一种和谐、融洽、振奋、饱满的情绪和气氛，教师善于运用亲切的语言，使学生进入愉快的教学情景，当然，课堂中还可以安排一些有趣的活动，如唱歌、游戏、绕口令等。运用这些灵活的教学方法，让学生在“乐中学”，又在“学中乐”。上课时，我们努力让学生意识到“我表现、我成功、我快乐”，并在教学中始终坚持灌输好这种理念，尤其对暂时落后的学生，应给予更多的肯定性评价。

（三）操作演示法

操作演示法是教师在课堂上通过展示各种实物、直观教具或进行示范性实验，让学生通过观察获得感性认识的教学方法。这种教学方法要和讲授法、谈话法等教学方法结合使用。英语课上在教学一些字母、单词时，采用实物或是图片、卡片来教学，能使学生在头脑中形成比较鲜明的事物表象。例如，在学习“apple”“water”“cold”等单词时采用实物教学，不仅能让学生看到，而且能让学生听到、嗅到、摸到，从而丰富学生的感性认识，增强演示效果。在演示过程中，与讲解和谈话相结合，能尽可能快地使学生的认识上升到理性阶段。

（四）合理竞赛法

在低年级教学中常常开展比一比、评一评、赛一赛、夸一夸的竞赛活动，能很好地引导“开小差”的同学回到课堂教学上来，也能调动其他学生的学习积极性。但是组织这种竞赛的频率不宜过多，不能每一节课都用，应该做到少而精。合理运用竞赛手段会收到很好的教学效果，因为少儿心理发展的特点，每个学生都有好强、好胜的心理，特别是儿童还没有接触社会，所以他们总希望自己能引起老师或者是其他同学的注意，这样才会努力地发挥自己的特长，努力地表现自己。因此，教师要抓住学生的好胜心理，达到活跃课堂气氛，轻松完成教学任务的目的。

（五）小组讨论法

讨论法是在教师的指导下，学生以全班或小组为单位，围绕教材的中心问题，各抒己见，通过讨论或辩论活动，获得知识或巩固知识的一种教学方法。讨论法能让全体学生都参加活动，可以培养合作意识，激发学生的学习兴趣，提高学生学习的独立性。讨论的目的是交流，一般在高年级教学中常采用讨论法，在运用讨论法时，所提出的讨论问题要具有吸引力。讨论过程中，参与者可以展示自己的知识，说明自己的理解，表达自己的观点，要善于启发引导学生自由发表意见，让每个学生都有发言的机会。讨论结束时，教师应进行小结，概括讨论的情况，使学生获得正确的观点和系统的知识。教师在其中扮演促进者的角色，而学生相互交流，参与交流的过程则要求学生分享自己的知识，因此可以促进其积极学习，增强学生的责任感。

（六）语言讲授法

讲授法是教师通过简明、生动的口头语言向学生传授知识、发展学生智能的方法。它主要通过叙述、描绘、解释、推论来传递信息、传授知识，引导学生分析和认识问题。讲授既要重视内容的科学性和思想性，同时又要尽可能地与学生的认知基础相联系。讲授应具有启发性，要讲究语言艺术。语言要生动形象、富有感染力，清晰、准确、条理清楚、通俗易懂，音量、语速要适度，语调要抑扬顿挫，适应学生的心理节奏。特别是在语文课上，教师声情并茂的讲述有时会让学生听得入迷，有时会让学生感动得流泪。

（七）实践练习法

实践练习法是学生在教师的指导下巩固知识、运用知识、形成技能技巧的方法。在教学中，练习法被各科教学广泛采用。练习一般可分为：语言的练习，包括口头语言和书面语言的练习，旨在培养学生的表达能力，发展学生的语言智能；解答问题的练习，包括口头和书面解答问题的练习，旨在培养学生运用知识解决问题的能力，发展学生的逻辑—数学智能；实际操作的练习，旨在形成操作技能，培养学生动手能力，发展学生的身体—动觉智能等，其在数学和科学课中应用较多。

（八）自主探究法

所谓自主探究学习，就是让学生以探索和研究的态度和方式对待学习内容，主动获取知识，建构认知结构。在课堂教学中，教师要树立以学生发展为本的教育观，把学习的主动权交给学生，要多给学生一些思考的时间，多一些活动的空间，多一些表现的机会。探究式学习法有利于将教学过程的重点从教师的“教”转移到学生的“学”，让学生从被动接受变为主动探索。例如在教学“长方体和正方体的体积”时，教师直接提出问题：长方体的体积与什么有关？怎样计算它的体积？然后给学生提供正方体学具，让学生独立操作探究并记录结果，填写表格，分析并得出结论。

（九）项目推进法

项目推进法是一种基于团队的主题实践活动，它具有鲜明的主题，有必要的合作，有鲜明的分工，通常是对课堂学习的拓展与延伸，当然，也可以作为课堂上的即时性学习任务。比如，一位教师设计了英语小报多元智能项目学习计划，这打破了以往听讲、背记、习题、抄写等传统学习活动智能单一的特点，调动起了学生多元智能的共同参与，语言智能、空间智能、人际智能和自我认知等智能都同时得到锻炼。项目也可以是研究性学习，也可以是学科教学的综合性学习，它们通常以小课题为载体，这些项目的推进可以更好地促进学生多元智能的发展。

三、选择教学方法的注意问题

任何一种教学方法可能会对某一些学生起到较成功的作用，而在其他学生身上，成功率却较低，因为学生之间存在一些个别差异，所以作为教师，我们要广泛地使用教学方法，不断改变学生的智能活动重点，让每一名学生在学习中都能达到智力发展最活跃的时间段。多元智能课堂不同于普通的课堂，在选择运用教学方法时，还要注意很多问题。具体如下：

（一）以发展学生的智能为出发点，突出教学的发展性

在强调发展学生智能的同时，相应地应把教学的发展功能摆在突出的位置上，把发展学生智能当作教学方法的出发点和归宿。20 世纪 50 年代以后，出现了一些专门用于发展学生智能，特别是学生思维能力的教学方法，如塔巴的归纳思维教学法就是以训练学生的归纳思维能力为出发点的，另外还有批判性思维教学法、创造教育的教学法、富兰克尔的发展思维能力的教学方法等。在我们的实践研究中，强调每节课都要充分考虑学生的智能特点，力求学生在掌握知识的同时，智能也得到充分的发展。

（二）教学方法的优化组合，突出教学的整体性

多元智能课堂并不是只选择某一种单纯的教学方法，换句话说教学方法不是孤立的，而是和教学组织形式结合在一起的，教师应当根据具体的教学实际，对所选择的教学方法进行优化组合和综合运用。例如教学《蜗牛的奖杯》时，教师在课堂上就综合运用了多种教学方法，有教师讲授法、小组讨论法、情境表演法等，很好的迎合和发展了学生的各种智能。教师在运用各种教学方法的过程中，还必须充分关注学生的参与性，注意把握教学的整体性。

（三）突出学生的主体地位和教师的主导作用

多元智能课堂上，教师首先是知识的传播者、智慧的启迪者、个性的

塑造者、人生的引路人、潜能的开发者，其次才是学生的合作者、帮助者和服务者。教师在教学过程中要培养学生长期的、积极的学习兴趣，语言尽量幽默，知识储备要丰富，切忌一味的讲授，切忌长期使用一种教学方法。如数学课上除了教师讲授外，还可以尽可能多的运用小组讨论法和自主探究法，让学生的多种智能都得到发挥和发展。

（四）尊重学生的个别差异，注重因“智”施教

儿童的发展很大程度上与家庭经历有关，父母是儿童教育过程中不可缺少的参与者。教师应经常与家长交流，密切合作，力求使教学能适宜每个儿童的个体差异。每个学生都有自己的优势智能，教学时应充分调动学生的兴趣，激发学习动机，培养学生的情感，增强学习的自信心，让优势智能带动其他智能的发展，促进学生个性全面、和谐的发展。

（五）创建有利于激发潜能的多元智能环境

加德纳认为，遗传基因影响智能可达到的程度可能有一个最高值。在现实生活中，人的智能要逼近这个极限的可能性很小。然而，如果我们能多为学生提供有利于某种智能发展的条件，那么几乎每个人都能在这种智能的发展上取得一定的效果；反言之，如果学生始终不能接触开发某种智能的环境，那么其生理潜能无论多大，都不太可能被激发出来。这就告诉我们，只有为学生提供多元化的学习环境，他们的多元智能才有可能被激发出来，从而获得发展。

第四节　教学过程的设计

在通常的教学中，大多数教师都比较注重对课堂教学的过程进行周密的思考和精细的设计，即每一节课都有详细的教案，每一节课都分为几个阶段，起承转合顺畅自然，除此之外，多元智能课堂的教学设计较多强调的是自始至终对于学生智能发展的高度关注。智能作为一个亮点，是整个教学设计的一条主线。

台湾地区的张稚美教授曾提出，运用多元智能理论指导教学的情境，有三种可以选择的方式：一是利用各种资源启发或培育某种特定的智能；二是以多元途径增强某单元的内容或学习效果；三是配合上述两个方面综合运用多元途径，既加强智能的发展，也强化学习的内容。也有学者指出，多元智能在教学上的应用方式可以分为三个方面：一是以智能为教导内容，帮助学生了解和运用自己的多元智能，并运用它们去学习；二是以智能为手段去获取此智能领域以外的知识；三是以智能为教学主题，把智能当作一门学科来教学。这两种说法虽然表述不尽相同，内容却大同小异。从中不难得出，多元智能对于教学而言，既可以作为"手段"，也可以当成"目的"，或者两者同时兼顾。就目前我国借鉴多元智能理论改革课堂教学实践的现状来看，单纯的"手段"说或"目的"说都欠缺合理性，理想的状态应该是"手段"优先，兼顾"目的"。即以智能作为教和学的手段，以多元的途径达到最终既加强了智能，也强化了教学内容的目的。①

究竟怎样在具体的课堂教学中体现多元智能理论呢？最基本的一点就是要明确，在自己的教学中，到底是以智能为目的，还是以智能为手段。对于具体的课堂教学而言，智能作为目的或者手段，课堂的设计思路和组织安排是不完全一样的。如果将智能作为目的，首先要确定本节课主要是培养学生的某一项或某几项智能，然后将课堂中的大部分活动明确地指向某一项或某几项智能的训练和培养，教学设计的重点在于构思能够培养不同智能类型的活动方式，教学评价关注的也是学生的不同智能是否得到了发展；而如果以智能为手段，则指的是改变以往全体学生整齐划一的静听式学习方式，设计能够体现或者发挥不同智能强项的活动，给不同的学生充分的机会去发挥，运用所擅长的智能进行学习。

多元智能课堂从终点思考，起点出发，和而不同，大道至简，每个学生手中都拥有一把学习的"利剑"，即优势智能。多元智能课堂具有鲜明的特色，其基本教学过程为：激趣—导学—启智—引评。下面以古诗《望洞庭》的教学设计为例谈谈具体的操作。

---

① 郅庭瑾．多元智能教学［M］．天津：天津教育出版社，2004．

第一阶段：激趣

学习兴趣的激发要基于学科特点，基于教学内容，基于教学目标。多元智能课堂的激趣不同于传统课堂的简单会话，它要融合多元智能理论的相关元素，与各个教学环节密切相关。比如语文课堂可以进行“一分钟热身”（演讲、古诗、名言、猜谜、默写），数学课堂可以创设情境（播放与学习内容相关的录像），英语课堂可以“聊一聊”“唱一唱”“演一演”“做一做”……激趣可以看作是整节课堂的起始环节，也可以看作学生智能的唤醒环节。在激趣活动的设计上，教师要密切联系本节课的主导智能，尽可能地调动起学生的潜质思维，给课堂创设一个积极的开端，并起到抛砖引玉的作用。《望洞庭》一课这样设计“激趣”（整体读，感知美）：

1. 师：同学们，我们伟大的祖国地大物博，山清水秀，美不胜收。今天这节课，我们将追随唐代诗人刘禹锡的足迹，到湖南岳阳的洞庭湖走一走，看一看。（板书：望洞庭）

2. 指名说了解到的刘禹锡和洞庭湖。

3. 播放朗读录音，学生边看插图边听读，整体感知美。

4. 自己练读，做到正确、流利。

5. 同位互相查读，力争人人过关。

本环节考查了学生课前运用智能学习的状况，如对介绍刘禹锡生平和讲述洞庭湖的安排，通过插图等视听手段，有效唤醒语言和空间等智能，激发学生读诗的欲望。正所谓“不积跬步，无以至千里”，熟读古诗，人人过关，是下一步教学的良好开端。

第二阶段：导学

顾名思义，即教师引导学生学习。学生是学习的绝对主体，导学环节是课堂的主要组成部分。这个过程要充分开发课程功能，彰显课程特点，完成课时教学目标。教师应该依据多元智能课堂相关理念设计学习活动，让每个学生清晰地找到自己的学习位置。

1. 基于学科力求有所超越。教师要注重提高对教材的解读能力，做到深入浅出，得心应手。教学内容的安排遵循多样性，问题的设计充满挑战性，任务的分配要有针对性。基于一节课的主导智能，挖掘教材蕴含的智能发展契机。但万不可单纯地将发展智能作为教学目标，智能的发展应与课程学习相辅相成，相得益彰。

2. 面向全体力求个性张扬。教学目标面向全体，注意营设“学习场”，培养学生的团队意识，在协作中彰显智能优势，让各种智能达到互补与交融。提倡以项目研究为载体的合作探究式学习，也提倡问题引导式的自主自动式学习，这样的学习方式有助于学生充分发挥智能优势，优化自身学习。

《望洞庭》的“导学”分为两个部分（理解读，洞察美；对比读，深化美）：一是理解；二是品悟。这些都要通过读、思、悟等教学形式来完成。

第一部分：理解读，洞察美。

1. 师：学习古诗，意在读出它的韵味、它的意境，读好古诗要做哪些准备工作呢?

2. 学生各抒己见。教师相机出示本节课的“多元智能工具箱”课件，学生明确本节课学习要用到的“工具”。

智能		工具箱
主导	语言	听：倾听他人回答 说：说诗意、谈感受 读：读、背古诗
辅助	空间	看图、想象
	人际	积极与同伴交流，小组合作学习
	音乐	配乐助读
	自我认知	自我评价、对他人评价

3. 学生读诗，先说说能够理解的词语的意思

（1）自由理解。

（2）小组内研讨。

（3）全班交流。重点研讨“镜未磨”：为什么把湖面比喻成未经磨拭的铜镜呢?

（引导学生想象：作者观察时恰逢晚间，在月光照映下，湖面迷迷蒙蒙，不是很清楚，而未经磨拭过的铜镜应该就是一种模糊的感觉）

4. 凭借课文插图，叙说古诗大意。

(1) 引导学生观察课文插图，发挥想象，大胆述说古诗含义。

(2) 小组内练说，让平时不爱发言的同学先说，其余同学做补充。

(3) 指名到台前看投影上的插图解说。重点指导理解“白银盘里一青螺”一句。

(教师实物演示：一个大白盘子里放着一颗青螺。让学生谈谈看到后的感受)

质疑：诗中的“白银盘”是指什么？“一青螺”又指什么？再与课文插图对照，洞察艺术之美。

5. 练读，读出诗的韵味，感受诗的意境。

(1) 自由练读，想象画面。

(2) 同位赛读，欣赏插图。

(3) 展示评读，美化诗境。

6. 背诵古诗，水到渠成。

第二部分：对比读，深化美。

1. 课件出示：

望洞庭

潭面镜未磨，	潭面无风镜未磨，
湖光秋月和。	湖光秋月两相和。
洞庭山水色，	遥望洞庭山水色，
盘里一青螺。	白银盘里一青螺。

2. 对比读，比较内容的不同之处，说说原诗的精妙之处。

3. 在自由理解的基础上，同位交流。

4. 指名汇报。

5. 再读原诗，深化美。

正如有些课堂上通过采取“画知识树”“维恩图”“鱼骨图”等方式，要么教给学生一些学习方法和步骤，要么帮助学生理清课文脉络。“多元智能工具箱”则是对学生学习方法的引导，让学生明确自己采取哪些智能手段的学习是最有效的。

第三阶段：启智

霍华德·加德纳将“智能”定义为“在一种文化环境中个体处理信息的生理和心理潜能，这种潜能可以被文化环境激活以解决实际问题和创造该文化所珍视的产品。”由此可见，多元智能课堂中的启智就是在具体的教学情境中，培养学生的创新精神和实践能力。启智是对导学环节的拓展与延伸，主要考查学生运用智能解决实际问题的能力。语文课的说写训练，数学课的生活回归，英语课的对话创编，都是启智的重要契机。这个环节的最大特点是学以致用，还原学生的生活世界，检验学生的迁移能力。启智训练应该设计成“超市”，素材切忌单一，要让学生有所选择。对《望洞庭》的“启智”环节（延伸读，升华美）作了如下设计。

1. 投影展示：

题君山

雍陶

烟波不动影沉沉，
碧色全无翠色深。
疑是水仙梳洗处，
一螺青黛镜中心。

题君山

方干

曾于方外见麻姑，
闻说君山自古无。
元是昆仑山顶石，
海风吹落洞庭湖。

2. 自由练读后，指名读。

3. 师：自古君山的来历便充满神奇色彩，众说纷纭，流传着许多美丽的传说。

4. 指名讲述课前搜集的有关君山的传说。

5. 再读两首《题君山》，让洞庭湖与君山的神奇之美在脑中升华。

本环节中，借由美丽的传说自然勾起学生的幻想，演绎精彩的朗读。这是教学内容的延伸，亦是学生情感升华的阶梯。学生的语言智能可以再度得到训练与强化。

第四阶段：引评

多元智能课堂主要是对学生的学进行真实的评价，评价的形式包括教师评价、学生评价、小组评价等。多元智能课堂需要口头语言、体态语言等即时性评价，但它更注重周期性、长期性、发展性和全面性评价。周期性，因为学生的发展是有周期的，不可能在一个原点上徘徊，是螺旋上升的过程；长期性，因为学生的成长是一个缓慢的过程，并非一蹴而就，不可能追求立竿见影；发展性，因为学生是处于不断发展中的人，教师应该关注学生的点滴进步；全面性，即凡是利于学生成长的方方面面都可以作为评价的内容。自评的内容主要是运用优势智能达成学习目标的情况，师评的内容主要是学生解决问题的能力，组评的内容比较丰富，如目标制订、出谋划策、团队协作、任务完成、活动参与等多个方面。多元智能课堂的引评除了注重学生个人对本节课表现或习得的自我反思外，更注重小组内的量化，所有材料均收录在“多元智能档案袋”中。《望洞庭》这样“引评”：

1. 自我评价

请同学们说一说本节课的学习收获。

2. 小组评价（表格形式）

学生姓名	目标达成	团队协作	课堂表现	智能发展

说明：由组长完成评价表，按表现情况每项划分为一至五星级。

多元智能课堂的过程设计更多地着眼于教师教学行为和学生学习方式的改进，彻底改变了过去单一的课堂模式，改变了过去课堂被过分语言化的倾向，通过有意义的活动让课堂更加丰富，更加生动，更加活泼，更富有创意和灵性。一句话，让我们的课堂真正变成学生发挥智能强项的快乐营地，让每一个学生都在这样的教和学中对自己更有信心，对学习更有兴趣。教学的最终目的是不仅要让学生的智能得到发展，还要让学生在人格、情感等各个方面都更加完善。

第五节　课堂环境的创设

课堂环境是影响教和学成功与否的重要因素。多元智能课堂与学生的学习互为影响、互为支撑。教师能够在课堂上引导学生培养各种信念、态度，从事各种活动，反之，这些信念、态度和活动也会塑造良好的课堂环境。课堂环境是一部无字教科书，是一种潜在的教育因素。良好的多元智能课堂环境主要由物质环境、心理环境和课堂氛围构成。

一、物质环境

研究表明，在我们传统的课桌椅“秧田式”排列的环境里，坐在前排和中间的学生，由于与教师之间的空间距离较短，心理距离也相应较短，这些学生往往能博得教师的表扬和称赞，因而也会以较大的热情投入学习活动，学习成绩也相对较好。而坐在后排的学生由于与教师的空间距离较远，因而心理距离也较长，这些学生往往对学习持消极态度，表现出对自己获得学习上的成功缺乏信心。有时，教师会向学生分配合适的学习任务；有时，教师希望学生能与邻桌或预定的同伴进行快速讨论，这时你只需要求学生将座位稍做调整即可。学生有时可以自由选择自己的合作伙伴，有时他们也会选择独立学习。因此，一些有经验的教师，会对有限的物质环境作小小的变动，以此来促进学生学习态度的转变。比如，有一位英语老师，为了激发学生的学习兴趣，为了给学生创设一个学习英语的大环境，便想方设法改变教室布置环境，改变桌椅排法，改变讲台及学生听讲方向，或者改变教室中某个角落的摆设。① 多元智能课堂倡导一种“开放课堂”的教室设计模式。教室中几张桌子被凑在一起而且可以自由移动，形成学习中心，各个“角落”或“中心”存放着学习材料，可供1～6位学生同时使用，每个中心的核心是提供特定领域的知识或发展某一特定技能。一个角落可以安放教学游戏桌（身体—动觉智能），另外一角则是数学设备（逻辑—数学智能），第三个区域也许有自然科学展览（博物学家智能），而第四个角落则摆放阅读材料（语言智能）。这种教室安排方式适合于小组学习和个别化教学，加强了学生之间的互动，并给学生提供了四处走动的机会，让学生可以在不同的区域从事不同的学习活动。座位安排的选择与设计看似简单，其实还要考虑具体教学目标、教学行为、学习活动需要等因素。

另外，座位的安排也要考虑学生的特点和教师控制课堂的能力。教师

---

① 高帆．名师营造课堂氛围的经典细节［M］．北京：九州出版社，2006.

首先要保证所有的学生必须能够看见黑板、投影机和其他教学用具，其次要了解安排摆放环形、半圆形这几种主要座位摆放方式的利弊，从而进行有效利用。选择座位可以作为行为表现良好的奖赏，并作为鼓励学生保持其良好行为的条件。

二、心理环境

心理环境的概念涵盖面比较广，多元智能课堂的心理环境主要指的是教师与学生之间良好的关系。理由很简单，大多数人都喜欢和友好、公正、关心人的人一起工作和交往，以下策略有助于教师和学生建立良好的关系：①

（一）与学生建立一种友好而恰当的关系

教师应采用渐进的方式与学生建立联系，课堂上像朋友一样对学生的事情表现出兴趣。比如课堂上不要老用“真棒”“很好”之类的评论，可以针对每个孩子使用如“我发现……”等的句子。比方说，“我发现你喜欢读童话故事”“我发现你习惯与人合作学习”等。如果这样坚持下去，教师与学生的关系会更加融洽，因为教师已表现出对学生的事情产生了兴趣。教师应该通过发现学生学习和生活上的细节、参与学生的活动、创造和学生私下里交谈的机会等多种途径去真正了解学生。总之，教师要将严格、热情、关心人三方面很好地结合起来，致力于建立一种个人的、互相支持的师生关系。

（二）多说肯定的话而少说否定的话

我们通常认为批评可以改进学生的学习行为，事实上，研究表明，积极的评论才会促进行为改进，频繁的消极评论总是招致学生厌学。过多的消极评论会让学生觉得教师不谅解人、不关心人，没有帮助或不公平，学生从这些评论中得到的反馈信息是教师觉得他们一无是处。如果出现这些情况，学生就不愿意与教师合作。这并不是说要纵容不良行为，而是说要将学生的不良行为看作是有待解决的问题而不是应惩罚的行为，通过教给

---

① 崔允漷．有效教学［M］．上海：华东师范大学出版社，2009.
［美］Joyce Mcleod 等．课堂管理要素［M］．赵丽译．北京：中国轻工业出版社，2006.

他们正确行为的积极方式来帮助他们。

（三）传递高期望

大家都知道，教师的期望对学生的学业成绩有一种自我预言实现效应。多元智能课堂的目标在于帮助每个学生尽可能发展自身的一般能力和特殊能力。教师应该向所有学生传递积极期望，很少有人会亲近那些认为我们无能的人。当然，对所有学生都寄予厚望并不意味着不加区别地对待所有学生。关键是我们必须知道，对什么样的学生采用什么样的对策，周到而细致地构建促进个人和集体学习的因“智”施教的师生互动模式。

（四）运用有效的沟通技能

教师如果不擅长沟通技能，任何试图通过良好的管理来创建积极学习环境的努力都会受挫。沟通技能分为两类：发送信息的技能和接收信息的技能。

发送信息的技能是指我们与别人说话时所使用的技巧，如用于与学生交流那些他们需要改变的方法、给学生提供反馈意见、对学生提出积极的期望。教师用来与学生交流的语言应该是支持学生学习的。以下这些策略是有效的：亲切的语调；赞同、理解；使用开放性的问题；使用现在时，比方说“你一般怎样控制自己的怒火呢”，而不是“为什么你没有控制住自己的怒火”；采用积极的假设，比如“在讨论中，他（她）经过认真思考得出了这些结论”“在目前情形下，他（她）表现出这种行为，其动机已经是最好的了”或“他（她）的出发点是很好的”；用试探性的口气询问，比方说“我很奇怪……”“我不确定我是否理解了……”“关于……你能再告诉我些什么吗?”

接受信息的技能指倾听的技巧。多元智能课堂上，当教师有效使用倾听的技巧时，学生会觉得被重视、被尊重，感到自信和有责任。反之，学生会以消极行为来表达。通常情况下，主要有三种积极倾听的策略：一是说明自己听见了说话人所说的内容，但还未完全理解。比如，“关于……你能再谈谈吗”“看看我是否理解了……”“关于……我想再多了解一些”“你能举个例子吗”；二是阐明自己听到、理解以及关心说话人所说的内容。比如，“换句话说”“那么……”“你说的意思是……”“我觉得你的意思是……”；三是使用中立性的问题帮助学生分析哪些做法有用、哪些做法无用并假设和想象可能的情况。比如，“……是你可能用的另一种办法吗?”“如果……你觉得会怎样呢?”“……决定你是怎样作出的呢?”“如果……会怎样?”

（五）学生在课堂上拥有安全感[①]

安全感意味着课堂中没有身体和心理上的威胁。学生知道如果必要时寻求协助，坦言自己所不知晓的事物不会招致讥笑，认真的提问总能得到仔细的答复，不同寻常的言论不会招致奇怪的目光，不够成熟的观点也会被允许陈述并得到完善，等等。多元智能课堂的安全感也指在尝试新的技能、付出努力或创造性解决问题的时候，不必担心被人嘲笑指责。当学生感到被人接受，被人认为有潜力的时候，就是安全感。

三、课堂氛围

氛围指的是课堂中的情感性因素，如与教师、学生、主题和学校有关的情感，这些情感对于学习有着积极或消极的影响。课堂气氛是指在课堂活动中师生、生生相互交往所表现出来的相对稳定的知觉、注意、情感、意志、定势和思维等心理状态。多元智能课堂上，教师不应成为课堂的统治者，而是互动课堂社区的设计者和促进者。学生的学习时间几乎有一半是和教师一起度过的，良好课堂气氛的基础是师生之间、生生之间的良好互动，它能激发学生投入学校学习和活动的积极性。积极的课堂气氛往往不会像电影剧本一样可以预先设计然后按部就班地去营造。我们希望学生能从学习中发现乐趣，在交往中体验愉快、耐心、友善和包容，从而去创造更有意义和更坚强的真实人生，而教师在工作中也能逐渐增长自己的教育技能和智慧。

通常情况下，课堂气氛可以分为积极、消极和对抗三种类型。[②]

---

① ［美］Carol Ann Tomlinson. 多元智力课堂中的差异教学［M］. 刘颂译. 北京：中国轻工业出版社，2003.

② 黄秀兰. 试论课堂心理气氛与教学效果［J］，应用心理学，1986（2）.

课堂气氛分类表

课堂气氛类型 / 师生心理状态	积极的	消极的	对抗的
注意状态	师生对教学过程表现出注意的稳定和集中，全神贯注甚至入迷。	呆若木鸡，打瞌睡（教师严厉时）；分心，做小动作（教师课堂管理能力差时）。	学生注意指向与课程内容无关的对象，而且常常是故意的；教师为了维持课堂纪律而被迫中断教学过程。
情感状态	积极愉快 情绪饱满 师生感情融洽	压抑的、不愉快的（教师严厉时）；无精打采、无动于衷（教师课堂管理能力差时）。	激情，学生有意捣乱，敌视教师，讨厌上课；教师不耐烦，甚至发脾气。
意志状态	坚持，努力克服困难。	害怕困难，叫苦连天，设法逃避。	冲动
定势状态	确信教师讲课内容的真理性。	对教师讲的东西持怀疑态度。	不信任教师
思维状态	智力活跃，开动脑筋，从而迸发出创造性，教师的语言生动、有趣，逻辑性强，学生理解和解答问题迅速而准确。	思维出现惰性，反应迟钝。	不动脑筋

积极的课堂气氛是恬静与活跃、热烈与深沉、宽松与严谨的有机统一。表现为学生精神饱满，注意力集中，能专心听讲，积极思维，反应敏捷，发言踊跃，学生能时刻注意听取教师的讲授和其他学生的发言；教师善于点拨和积极引导，课堂里看不到教师的训斥，看不到僵局和苦恼的阴影，有的只是教师适时的提醒、恰当的点拨、积极的引导；课堂纪律良好，师生之间、生生之间的关系和谐融洽，师生双方都有饱满的热情，配合默契，学生具有满意、愉快、羡慕、互谅、互助、互惠等积极的态度和体验，课堂气氛宽松而不涣散，严肃而不紧张，课堂呈现热烈活跃与严谨祥和的景象。

积极课堂气氛的指标

特征 指标	积极课堂气氛
凝聚力	学生相互了解、相互帮助，相互之间很友好
多样性	鼓励学生有不同的兴趣爱好
正规性	行为受正式规则的引导
合作	强调学生之间的相互合作
满足感	学生喜欢课堂上进行的活动
关心	教师对每个学生的社会和情感需要十分敏感
民主	学生一起来做决定
目标导向	班级的目标清晰

消极的课堂氛围通常表现为学生的紧张拘谨、心不在焉、反应迟钝，课堂纪律存在较多问题，师生关系疏远，教师不善于调控。也就是说，课堂情境不能满足学生的学习需要，背离了学生心理发展的特点，学生注意力分散，情绪压抑、无精打采，小动作多，有的甚至打瞌睡。对于教师的要求，学生一般采取应付的态度，很少主动发言，有时学生害怕上课或上课时感到紧张焦虑。师生关系不融洽，学生之间不友好，学生容易产生不满意、压抑、烦闷、厌恶、恐惧、紧张、高焦虑等消极的态度和体验。

消极课堂气氛的指标

特征 指标	消极课堂气氛
偏爱	教师对一些学生明显比对其他学生好
难度过高	班级活动对学生来说太难
摩擦	学生之间经常出现关系紧张和争吵现象
竞争	强调学生之间的相互竞争
社会控制	教师不考虑学生的需要，以绝对权威将自己的期望强加给学生

对抗的课堂气氛基本上是一种失控的课堂状态。课堂纪律问题较严重，师生关系紧张；课堂活动中，学生注意常指向无关对象，表现为过

度兴奋、各行其是、随便插嘴、故意捣乱。教师则缺乏对课堂的驾驭和控制能力，无法正常上课，时常被学生打断或不得不停下来维持课堂秩序。

多元智能课堂中，小组合作是最基本的学习形式。但只有学生清楚明了学习的内容、方式和小组成员的责任、工作步骤和成果要求后，小组学习才能获得预期的成效。当小组学习活动结束时，如果只有个别成员掌握了预定的技能或知识，还不能算是成功的合作。小组成员之间不应有等级之分，教师切不可总是安排固定的学生充当小老师或学生的角色。而且，教师还应为那些无法完成小组学习的同学预留一条“体面的出路”，允许学生中途退出小组学习之后能完成其他替代工作，这些替代工作不应具有惩罚性质，而要向学生提供另外一种引向成功的途径。教师可以通过“小组学习核查表”验证和提高小组学习的有效性。

小组学习的核查表（供教师使用）①

学生知道学习任务的目标。

学生知道小组学习中各自的任务。

任务与目标相匹配（引导学生掌握预定知识和技能）。

大多数学生认为学习任务有吸引力。

任务要求每名组员依据各自的能力与兴趣来承担相应工作。

任务可能对小组及其成员而言需加倍努力才能完成。

任务需要小组成员的真诚合作和理解。

弹性的时间期限安排（不是统一要求）。

学生自己负责全面了解任务的要求。

为无法继续完成小组工作的学生预留“出路”，即替代学习任务。

教师或同伴提供辅导以及检查活动过程的质量。

学生清楚已有任务完成后的下一个工作目标。

多元智能课堂上，教师会经常根据学生的准备水平和兴趣以及优势智能差异来设计学习任务。教师运用多种分组策略可以促使学生与学习任务

① ［美］Carol Ann Tomlinson. 多元智力课堂中的差异教学［M］. 刘颂译. 北京：中国轻工业出版社，2003.

间的匹配程度，而多种小组学习与小组活动也是观察和评估学生表现的途径。课堂学习应创设各种活动，有时让具备相同准备水平的学生合作，有时让具有不同准备水平的学生合作。持共同兴趣的学生可自愿分组，不同能力的学生一起共事更能培养从多种角度看待问题的态度和能力。

多元智能课堂上，教师一般采取以下措施营造课堂氛围：一是以任务为导向，树立时间意识；二是让学生进入角色，置身于挑战任务中；三是给学生布置适量的、有目的性的家庭作业；四是密切关注学生的学习进步情况。

1. 以任务为导向，树立时间意识。教师开始上课时应告诉学生在特定时间内要完成的任务和当天课堂活动的目的，教师还要清楚地知道课堂时间的利用情况：有多少时间用于开场白？学生从什么时候开始注意力不集中？在上课期间师生互动的时间有多少？全班学生真正积极参与和反思课堂学习的时间有多少？同听老师讲解或与同伴一起学习的时间相比，学生用自学方式学习教学内容的时间有多少等。

2. 让学生进入角色，置身于挑战任务中。教师可以安排那些让学生应用、分析、综合体验以及那些用较低知识水平就能练习和理解任务的活动。由于学生对教师期待的理解不同，且对课程和学习任务的兴趣不同，因而对课堂活动的反应也不同。因此，教师要倾听学生的心声、观察学生的反应、征询学生的意见，以此弄清学生的哪些理解与认识会影响他们对学习的反应。

3. 给学生布置适量、有目的性的家庭作业。布置作业时要遵循量少，但要与课程目标和学生的学习效果有关的原则。在学生完成了课堂小组实践活动后，给他们提供更多的实践机会；给学生更多的时间让他们在几天之内撰写小论文或制订方案；让学生在课堂讨论前有时间熟悉阅读材料中所呈现的概念或主题。教师要考虑如何将家庭作业运用于日常课堂教学，尝试在课堂上检查作业从而给学生提供及时的反馈。

4. 密切关注学生的学习进步。教师要通过鼓励学生不断努力、让学生意识到自己的进步与学习潜能等方式激励学生。

教师所具有的评价课堂气氛的能力，有助于营造积极的课堂学习氛围。下面这些维度对评价课堂气氛是十分重要的。①

1. 安全而有序的环境。尊重学生个体的独立性及文化差异；规则和程序的界定明确，并能清楚地沟通。

2. 合作制订决策。教师和学生都参与设立目标、制订规则和运行程序的过程，师生都有一种分担责任和共同掌权的意识。鼓励教师组织全班性活动来完成有意义的学习目标，一些研究表明，在有学习重点和教师直接指导的环境里，学生学习的效果最好。

3. 对所有学生都寄予厚望。关键是对学生的学习及其对责任的承担抱有很高的期望；争取做到所有学生都被认为能够成功地达到学习目标。

4. 鼓励学生的主动性。教师为学生提供自己组织活动的机会，并通过给予学生适当的选择（如选择感兴趣的主题、选择如何展示自己所学内容）机会来提高他们的责任感。

5. 容纳问题的不同观点和方案。教师并不总是权威的，而要与学生共同分享专业知识；对独特的观点持宽容态度，承认复杂问题知识的相对性并作出示范。

6. 尊重情绪和观点。应当接受和尊重学生表现出的不同情绪和观点。

---

① Barbara L 等．学习动机的激发策略［M］．伍新春等译．北京：中国轻工业出版社，2002.

第五章

Chapter 5

多元智能课堂教学设计

多元智能理论在实际课堂中的应用根据教学内容、教学要求、教师水平及学生特点等不同而有所差异，因此，在设计教学环节时，应充分考虑实际情况设计不同的多元智能课堂，从不同的教学目标出发，引导学生获得多样化的发展。

语言智能，丰富情感体验

——《厄运打不垮的信念》教学及反思

一、教材依据

《厄运打不垮的信念》是国标本苏教版小学语文五年级上册第20课的课文。

二、设计思想

这篇课文记叙了明末清初史学家谈迁在艰难困境中两次撰写明史巨著《国榷》的感人故事，表现了谈迁在逆境中不屈不挠、持之以恒的坚强意志和毅力。课文语言比较平实，但在平实的语言背后人物的精神却熠熠生辉，指引着我们人生的奋斗方向。现在的学生遭遇一点挫折和困难，就容易灰心丧气、停滞不前，缺少的正是谈迁这种顽强的意志和持之以恒的毅力。教学本课的目的就是要对学生有所启迪。在设计本课时，主要想体现以下三方面的思想和理念：

1. 促进学生形成积极的人生态度

课程标准在第二部分"课程目标"总目标中第一条就指出："在语文学习过程中，培养爱国主义、集体主义、社会主义思想道德和健康的审美情趣，发展个性，培养创新精神和合作精神，逐步形成积极的人生态度和正确的世界观、价值观。"显然，促进学生"形成积极的人生态度"是语文教学的重要目标之一。教学本篇课文，固然要让学生感受谈迁动人的事迹，但也要让学生从谈迁的身上汲取精神力量，促进他们形成积极的人生态度。

2. 培养学生自主学习的能力

新课标中指出："语文教学应激发学生的学习兴趣，培养学生自主学习的意识和习惯，引导学生掌握语文学习的方法，为学生创设有利于自主、合作、探究的学习环境，应尊重学生的个体差异，鼓励学生选择适合自己的学习方式。”学生是学习的主人，是课堂的主角，在教学设计中，要充分体现学生的自主性，在品读、讨论、合作、交流中培养其自主学习的能力。

3. 体会祖国语言文字的丰富内涵和运用数字表达的效果

本篇课文在写作上最大的特点之一是运用了大量的四字词语，如“刻苦好学”“博览群书”“翔实可信”“流传千古”“家徒四壁”等，这些四字词语概括性强，包含的信息量大，增强了文章的表现力，读起来也朗朗上口。学生在朗读、积累这些词语时，不仅有利于抓住课文的主要内容，促进和加深对课文内容的理解，也有助于提高表达能力，一举数得。本课的另一特色是运用了数据，数据是最有说服力的，将他们放在具体的语言环境中，可以让抽象的数字更加形象化、具体化、情感化，从而表现人物对信念的执着。

三、教学目标

借助语言文字，感受谈迁在逆境中不屈不挠的顽强毅力，让学生懂得，在人生旅途中，只要有坚定的信念就会有希望。

四、教学重点、难点

借助语言文字，引导学生发挥想象，让他们从字里行间深刻感悟谈迁在逆境中不屈不挠的顽强毅力，懂得在人生旅途中，只要有坚定的信念就会有希望。

五、教学准备

课件。

六、教学过程

（一）复习导入

1. 揭示课题

师：这节课，我们继续来学习第20课《厄运打不垮的信念》。（生齐读

课题）

2. 出示成语

（家境贫寒　博览群书　鸿篇巨制　流传千古　家徒四壁　化为乌有　奋笔疾书　明史巨著）

师：这些都是课文中的成语，你会读吗？

（自由读，指名读，齐读。）

师：每学一篇课文都会遇到一些好词语，我们要把它们积累下来，丰富我们的语言仓库。刚才同学们读得非常好，那么你会不会用呢？你能运用这些成语来说说课文的主要内容吗？

【设计意图】这里的词语复习，不仅是要检查学生对词语的掌握情况，更是在检查学生对课文整体内容的把握以及把书读“薄”的过程。同时，要求学生运用词语进行概括说话，也是对学生语言智能的训练，使学生能够清楚、完整地表达。

师：（过渡）是的，课文给我们讲了谈迁面对厄运拥有打不垮的信念，两次撰写，最后终于写成了史书《国榷》的故事。那在撰写的过程中，谈迁究竟遭受了怎样的厄运？（师画线）他又是凭借着什么信念重新振作起来，最终取得成功的？让我们一起走进课文，走近谈迁。

（二）精读感悟

师：请同学们轻轻打开课本，用心默读课文，画出有关的句子，在有感受的地方可以动笔写一写。

（学生默读课文，画句子，做批注。）

（交流品读。）

1. “厄运”

师：谈迁遭受了什么厄运？（教材第二自然段）你能用一句话来概括一下吗？（书稿被盗）

师：谈迁的厄运就是书稿被盗。谈迁不就是丢了一部没印好的书稿吗？有什么不幸的？这能算得上是“厄运”？（因为它是一部翔实可信的明史，是他20多年的心血，非常珍贵，来之不易。）

师：哦，原来是这样。那你从哪里看出了书稿来之不易？请你读读课文的第一自然段。

（指名回答。出示：有一次，为了抄一点史料，谈迁竟带着干粮走了100多里路。经过20多年的奋斗，6次修改，谈迁终于在50多岁时完成了一部500多万字的明朝编年史——《国榷》。）

师：你同意他读的这两个句子吗？大家都来读读这两句话，它们在写作上有一个特点，你发现了吗？（运用了数字）如果我们把这几个数字去掉，你觉得好不好？为什么？那你能从这些数字中读出什么来呢？

如果我们按每小时走10里路计算，谈迁就要连续走接近一天的时间！而这仅仅是为了这一点史料！谈迁为了这一点史料，不辞劳苦，也反映了他写作时严肃认真的态度。（一点儿、一百多里——不辞劳苦，认真严谨；20多年——时间之长，坚持不懈；6次——次数之多，反复考证、修改，为了更加科学准确；50多岁——从30岁的青年写到了老年，持之以恒；500多万字——书稿工程之浩大，鸿篇巨制。）

【设计意图】课程标准指出，阅读是学生的个性化行为，不应以教师的分析来代替学生的阅读实践，应让学生在积极主动的思维和情感活动中加深理解和体验，有所感悟和思考，受到思想的熏陶。这一环节引导学生感悟数字，将概述性的表述形象化、具体化，在领悟数字背后的内涵、有效地帮助学生走进谈迁的内心的同时，也发展了学生的逻辑—数学智能。

师小结：是啊，这仅仅是几个数字吗？不，这是生命的载体，它承载着谈迁多少的汗水与心血啊！再读读这些会说话的数字吧！（指名读，齐读）

师：功夫不负有心人。经过20多年的奋斗，这样一部鸿篇巨制终于完成了，让我们来欣赏一下这部鸿篇巨制。（出示《国榷》）我看到了同学们那兴奋、激动的表情，有的同学还情不自禁地发出了赞叹声，你想说些什么？谈迁的心情比我们还要——激动、兴奋、欣喜若狂……

过渡：是啊，面对这可以流传千古的鸿篇巨制，谈迁心中的喜悦可想而知。（音乐起）可是，20多年的心血却转眼之间化为乌有，这对任何人来说都是致命的打击，更何况此时的谈迁已经是体弱多病的老人了。（引读）他茶饭不思、夜难安寝，只有两行热泪不停地流淌。

他“茶饭不思”思什么？“夜难安寝”想什么？“热泪流淌”为什么？（思国榷，想国榷，为国榷）书稿的丢失能让谈迁如此这般，他的内心深处在想什么？他会发出怎样的呼喊呢？（天哪，你为什么要这样对我？我历经千辛万苦，就这样丢了，我这20多年的辛苦就白费了啊！我的梦想就这样化为泡影了？现在我已是年老体弱，就是以后我重新再写，还不知道有没有时间和机会啊！）

【设计意图】这个教学环节抓住了“茶饭不思”“夜难安寝”“热泪流淌”这三个关键词，让学生展开想象，去感受谈迁失去书稿的悲痛之情。在这个“厄运”的打击之下，谈迁由“悲痛”而“振作”的心路历程，引导学生通过一次次反复地思辨，越辩越明。

师：是啊，男儿有泪不轻弹。毕生的心血付之东流，谈迁的心都在滴血啊！你能想象出谈迁当时悲痛欲绝的样子吗？用你的朗读来告诉我。

过渡：面对这致命的打击，很多人都以为他再也站不起来了，但（引读）——厄运并没有打垮谈迁，他很快从痛苦中挣脱出来，又回到了书桌旁，下决心从头撰写这部史书。

2.“信念”

师：是什么使他从痛苦中挣脱出来呢？（是厄运打不垮的信念）是什么让他重又回到书桌旁，从头撰写？（是厄运打不垮的信念）是什么力量在支撑着他，让他坚强起来？（是厄运打不垮的信念——立志要编写一部翔实可信的明史）

过渡：在这打不垮的信念的支撑下，谈迁又经过了多年的奋斗，终于，一部新的《国榷》诞生了。（引读）新写的《国榷》——（共104卷，500万字，内容比原先的那部更加翔实、精彩，是一部不可多得的明史巨著。）谈迁也因此名垂青史。

3.“从头再来”

师：新写的《国榷》比原来的那部更加翔实、精彩，那么谈迁也一定付出了更多的艰辛与努力。请同学们读一读第三自然段，看看谈迁又是怎样做的，并画出有关的句子。

师：语言文字的背后，是一幅幅生动感人的画面。再读这几句话，从中你都看到了什么画面？有什么感受？写一写。（思维敏捷，感受深刻。你真正读懂了文字，你也让大家看到了风尘仆仆的谈迁在到处奔波。我们也仿佛看到了孤灯下的谈迁在奋笔疾书。）

谈迁所付出的努力不仅仅是这些，同学们请看（出示：也许那是一个冰天雪地的早晨，谈迁却（冒着风雪去实地考察）；也许那是一个烈日炎炎的正午，谈迁却（顶着烈日去寻访搜集）；也许那是一个漆黑孤独的夜晚，谈迁却（挑灯夜战，整理资料）；也许……）

请展开你想象的翅膀。（学生想象）在你的脑海中，又看到了什么，说一说。

也许还有更多的"也许"，谈迁坚守着这个信念，为了实现这个信念，他付出了太多太多。

【设计意图】读写结合，想象材料的补充丰富了文本，引导学生走出文本，补充文本，既是对课文内容的升华，又是学生对文本的丰富和二度创作，是"把书读厚"的方法之一。

师：用不着再说什么了，一切尽在你的朗读中。

（学生自由读，教师指名读。）

4．小结

师：谈迁为了完成新《国榷》又付出了太多太多。但有付出，就有收获，最终谈迁凭着厄运打不垮的信念而成就了自我。（出示）这正是"二十余载成巨制，一夕之间化云烟。厄运不改男儿志，泣血丹心垂青史"。

【设计意图】适时补充小诗，既是对教材的延伸，也整体回顾了本篇课文的内容，体现了语文教学过程中"整体—部分—整体"的一般规律。

师：谈迁成功了！我想此时你也会为谈迁感到高兴和欣慰的。现在你一定有许多话要对谈迁或者对自己说，那就说出来吧。（生自由说话：从谈迁的身上学到了永不言弃的精神。）

过渡：千言万语，万语千言，都汇成了一句话（出示）：在漫长的人生旅途中，难免有崎岖和坎坷，但只要有厄运打不垮的信念，希望之光就会驱散绝望之云。

（三）升华总结

师：这也正是谈迁要告诉我们的，让我们把这句话牢记心中。

谈迁不仅留给后人一部不朽的史书《国榷》，更留给我们一种厄运打不垮的信念。同学们，当我们遇到困难的时候，只要像谈迁一样，有厄运打不垮的信念，敢于从头再来，一切就都有希望，我们会最终取得成功！（播放歌曲《从头再来》）。

【设计意图】最后以欣赏歌曲来结束全文，恰是对学生音乐智能的运用与促进，让学生在乐曲中领悟文章给予我们的启示。

（四）好书推荐

师：如果你想更进一步了解谈迁，课后找来《谈迁传》这本书读一读，相信会对你的人生有所启示。

【设计意图】文章虽然学完了，但阅读和积累没有结束，教师可以以课文为引子，推荐学生阅读《谈迁传》，全面了解谈迁坎坷、精彩的人生，进一步丰富学生的阅读，使他们从中汲取更多的营养。这个环节也体现了新课标倡导的“多读书”的理念。

七、教学反思

学完这一课后，谈迁那不屈不挠的意志和坚定的信念深深地感染了我，也感染了每一位学生。课堂上，琅琅的书声和出自内心感受的话语，得以让学生在自己的舞台上尽情地展现自己的风采。

本课的人文性很强，让学生谈谈这些人文性的东西并不难，但是也容易落入对虚幻的人文精神感悟的空洞说教之中。因此，我在教学中力求凸显语言文字的工具性，引导学生关注语言，立足语言，通过语言文字的赏析品位，感悟谈迁的坚强，使这一课上出浓浓的语文味。

（一）目标简明，结构简单

语文课堂该简就简。通过认真研读教材和教学参考，我根据五年级学生的特点，确定了简明的教学目标：让学生通过对语言文字的品味和揣摩，体会人物的高尚精神品质。研究教材后，我没有按照课文的逻辑结构按部就班地展开教学，而是根据学生的实际需要重新组合，设计了更加简洁的课堂结构：质疑，在阅读期待中走进文本——点击词语、揣摩句段，在诵读品味中体悟文本——紧扣信念，在迁移运用中升华文本。清晰的主线，对教师进行主次分明地教和学生脉络分明大有益处。总之，要简简单单教语文，扎扎实实促发展。

（二）关注文本，对话平等

语文课程标准中指出：“阅读教学是学生、教师、文本之间对话的过程。”“阅读是学生的个性化行为。阅读教学应引导学生钻研文本，在主动积极的思维和情感活动中，加深理解和体验，有所感悟和思考，受到情感熏陶，获得思想启迪，享受审美乐趣。要珍视学生独特的感受、体验和理解。”课堂的实质就是对话交流——学生与文本的对话、教师和学生的对话、自我的对话。对话既是目的，也是手段，它既为领悟文本服务，也为发展学生语言服务。对话的过程也是思维碰撞的过程，其间能够闪现出无数的智慧火花和独特的个性。教学中，应让学生深入文本，与文本对话，与师生对话，尊重学生思想，张扬学生个性。

（三）多元智能，多元发展

多元智能理论认为，语言智能、数学—逻辑智能等八大智能对于每个人都是与生俱来的，在学习、生活的过程中，各种智能都在不断地相互促进和发展着。但人的这几大智能并不是平衡发展的，有的人可能语言智能比较突出，有的人可能身体—动觉智能发展比较凸显……因此，在课堂教学中，我们要通过朗读、理解、感悟、欣赏等各种教学手段，充分发挥学生的优势智能，进行学习、体会，并以此来带动和发展学生的弱势智能，使学生的智能获得全面发展。

是“主人”，更应是“读者”

——《高尔基和他的儿子》教学及反思

一、教学内容

国标本苏教版小学语文五年级上册第四单元第14课《高尔基和他的儿子》。

二、教学目标

1. 有感情地朗读课文，背诵课文7～9自然段。

2. 能够代高尔基的儿子给高尔基写一封回信；自读高尔基的散文诗《海燕之歌》。

3. 初步懂得“人生的快乐在于付出”的道理。

三、教学重点

背诵课文7～9自然段；代高尔基的儿子给高尔基写一封回信。

四、教学难点

理解“‘给’，永远比‘拿’愉快”这句话的含义。

五、教具准备

1. 资料搜集：高尔基的生平及散文诗《海燕之歌》。

2. 电化教具：课文7～9自然段的文字投影片。

六、教学过程

（一）听写词语，导入新课

（听写词语，评议。）

师：今天这节课我们再次走进课文《高尔基和他的儿子》，聆听、品味高尔基和他的儿子之间的故事。

（板书课题。）

【设计意图】听写词语，唤醒学生语言智能。开门见山，激发学生学文兴趣。

（二）精读指导，把握精髓

1. 通读全文，紧扣文眼

师：这篇课文短小精悍，共有336个字，15句话，我想请15位同学读读这篇课文。这篇文章是有眼睛的，一个字或一个词都高度概括了文章的中心思想，在朗读的时候同学们要细心找一找。

（15位同学轮流读课文，思考问题）

指名汇报。（高尔基很爱自己的儿子，板书：爱）

【设计意图】教师向学生传递一种思想：要熟识课文。让更多的学生参与到学习活动中。引导学生抓住文章的眼睛，教给学生读书方法。

2. 精读第 2、3 自然段，感受“被爱”

师：是啊，可怜天下父母心，哪一位父母不爱自己的孩子呢？那高尔基的儿子对高尔基怎么样呢？自由朗读课文 2、3 自然段，画出重要的句子，谈谈自己的理解。

（学生汇报句子。）

（来到爸爸身边，顾不上休息，一直忙着栽种各种各样的花草）

师：假如你是那个孩子，在种上花草的一刹那，你在想些什么呢？（引导学生说出一些对爸爸的祝福与爱。如“因为父亲在休养，想让爸爸心情愉快，早日康复……”）

师：是啊，大爱无痕，真爱无言，做往往比说更重要，儿子种下的是花草树木，但其实是对父亲美好的祝福。同学们，你们能把那种深深埋藏在心底的爱通过有声的朗读表达出来吗？试一试吧。

（学生自由练读第三自然段，教师指名读。）

【设计意图】通过引导学生说出对爸爸的祝福，让学生自我认知，自觉反省。然后外化为有声朗读，发展语言智能。

3. 精读课文 4、5 自然段，体会高尔基对儿子的想念

师：春天来了，儿子种的花全都开了，请同学们观看教材 76 页上的图，试着说说花开的景象和高尔基赏花的表情。

（让学生自由练说）

生：我的眼前出现了一幅百花盛开的画面，很美，五颜六色的。也很香，散发着阵阵芳香。

生：我看到高尔基脸上挂着微笑，很高兴。

师：其实欣赏插图也是一种阅读，这是一种“此时无声胜有声”的读书。自由读读第四自然段中描写花开的句子，尽可能读得美一些。

（师评价读书情况。）

再读读第五自然段，除了能看出高尔基赏花时开心的样子，你还有什么发现吗？

（重点导读：瞧，那些盛开的花朵多像儿子红扑扑的脸庞啊！学生读后悟出高尔基对孩子的想念。）

（指名整读第 4、5 自然段。）

【设计意图】欣赏插图也是一种读书，学生的空间智能得以运用。无声的想象能促进有声朗读水平的提高。

4. 精读课文 7～9 自然段，学文明理

师：高尔基欣赏着儿子种的花，心里有种说不出的高兴，也更增加了他对儿子的思念之情。作为一名伟大的作家，写作是他的特长，于是他给儿子写了一封信。信的内容是我们这节课理解的重点，下面请同学们自由朗读课文，找出自认为难以理解的地方。

（学生潜心读文后，质疑问难：文中两个“美好的东西”分别指什么？“给”和“拿”加上了引号，分别是什么意思？）

师：读书要有思考，思考就会有收获。请同学们默读课文，尝试解决刚才提出的问题。

（学生再次走进文本，解决问题，教师指名汇报。）

（第一个“美好的东西”是鲜花，第二个“美好的东西”可以是微笑、帮助、关心，乃至自己失败的教训……“给”就是向别人付出，“拿”就是向别人索取。）

师：“给”为什么比“拿”还愉快呢？高尔基的这句话是想告诉儿子什么？（高尔基希望儿子时时处处想到别人，帮助别人，有益于社会，因为人生的快乐在于付出。谁能结合自己亲历的事情来说一说自己的理解。）

（学生联系生活事例畅谈。）

师：这三段话是一位父亲对儿子的真情表白和谆谆教诲，要读出长辈对晚辈的殷切期望。

（学生自由练读，指名读。）

（背诵练习。）

【设计意图】通过小组合作学习，集中众人智慧，有效突破难点。并且能够让学生联系生活，加深理解。引导学生关注生活，关注社会，关注交往。

（三）书写回信，深化主题

师：作为高尔基儿子的同龄人，我们为他们的互爱精神所打动，我们从高尔基给儿子的信中，读懂了做人的道理，读出了许多文字背后的东

西。下面就请你以高尔基儿子的身份给高尔基写一封回信。

师出示注意事项。(1) 要按照父亲来信的内容，表达对父亲关爱的感激；(2) 要注意书信的格式；(3) 要注意这是代人写回信，署名要符合回信人的身份。

(学生自由书写回信，指名读，评议。)

【设计意图】运用学生的自我认知智能，代高尔基的儿子给高尔基回信，进行角色互换，真正走进文本。

(四) 布置作业，巩固新知

1. 阅读高尔基的《海燕之歌》，将优美的句子摘抄在读写日记本上。

2. 背诵全文。

【设计意图】启智拓展，从一篇文章引导学生阅读的一系列文章，是真正的教语文，而非单纯地教课文。

七、教后反思

简简单单教语文的“外衣”使得一些语文教师为自己的茫然找到了推脱的理由，一句“教语文其实很简单”使得教师往往只停留于对这句话的字面理解，导致在课堂中简单地放手，简单地指导，在注重“以生为本”的同时忽略了自身作为引导者的价值所在，致使课堂上出现忙而无章的低效局面，掩盖了语文教学的“庐山真面目”。下面是我两次执教苏教版小学语文五年级上册第 14 课《高尔基和他的儿子》第七至九自然段（写信教子部分）的教学案例，找到方向后，教学效果较之上一次有了很大改善。

【案例 1】

师：自由朗读七至九自然段，思考问题，在书上做记号：文中有两个“美好的东西”，分别指什么？“‘给’，永远比‘拿’愉快”中的“给”和“拿”分别是什么意思？能不能举一个经历过的事情说说对“‘给’，永远比‘拿’愉快”这句话的理解。

(学生读文后，组内交流学习所得)

(5 分钟后，教师请一组同学来汇报)

此环节的教学固然可以这么安排，充分发挥学生的自主学习能力，教师主动地将问题抛给学生，并且注重对学生读书做记号等学习习惯的培养。但课堂上的实际情况是，放手让学生自由研读，采用小组合作的形式解决问题的同时，学生甚至都没有真正地读过一遍课文，便直接参与了问题的研讨，几分钟过去后，学生甚至连第一个问题都没有解决。“书读百遍，其义自见。”问题的理解与把握应是建立在充分而又深入地读书的基础之上的。脱离文本的思考只能是无源之水，无本之木。这样的教学只是形式上的自主，表面上看似热热闹闹、忙忙碌碌，实际上一连串的问题导致学生的学习盲目无序、乱七八糟，学生始终处于一种低效的学习状态。放手绝不等于放纵，忙碌不等于盲目。

【案例 2】

师：高尔基欣赏着儿子种的花，心里有说不出的高兴，也更加强了他对儿子的思念之情。作为一名伟大的作家，写作是他的特长，于是他给儿子去了一封信。信的内容是我们这节课理解的重点。下面请同学们自由朗读课文，找出自认为难以理解的地方。

（学生潜心读文，质疑问难：文中两个“美好的东西”分别指什么？“给”和“拿”加上了引号，分别是什么意思？）

师：读书要有思考，思考就会有收获。请同学们默读课文，尝试解决刚才提出的问题。

（学生再次走进文本，解决问题。教师指名汇报：第一个“美好的东西”是鲜花，第二个“美好的东西”可以是微笑、帮助、关心，乃至自己失败的教训……“给”就是向别人付出，“拿”就是向别人索取）

师：“给”，为什么比“拿”还愉快呢？谁能结合自己亲历的事情来说一说自己的理解。

（学生联系生活事例畅谈）

师：这三段话是一位父亲对儿子的真情表白和谆谆教诲，同学们要读出长辈对晚辈的殷切期望。

（学生自由练读，指名读）

这个教学案例同样追寻的是一种学生主动学习的理想。强调学生自主并不等于放纵和盲目，而是在教师积极引导下的一种能动的、自觉的、清晰的学习行为。学生是语文学习的主人，须知教师还是学习活动的组织者与引导者。教师引导下的学习较之于盲目的自主学习无疑是高效的。我国当代著名教育家张田若先生说："阅读教学，第一是读，第二是读，第三还是读。"案例中的教师以学生为中心，学生是课堂上真正的"读者"，深刻注重培养学生通过读书自主提出问题、解决问题的思维能力，并且让学生联系生活实际，对其进行情感、态度、价值观的引导，自然地突破了教学的重难点。看似简单的教学环节隐藏着深刻的教学境界，这样的教学是简约、高效的。

整合多种智能，促进语言习得

——《秋姑娘的信》教学及反思

一、教材简析

《秋姑娘的信》是国标本苏教版小学语文上册的课文，这是一篇图文并茂、文质兼美、充满童趣并蕴含自然常识的课文。课文描述了秋姑娘给大雁、青蛙、松鼠和山村孩子写信的事情，展现了一幅秋叶飘落、大雁南飞、青蛙冬眠、松鼠储食、小树穿"冬衣"的秋景图。同时能使人感受到秋姑娘对大雁、青蛙、松鼠、小树的关怀和体贴，由此激发学生热爱大自然，珍惜友谊的情感。

二、教学目标

1. 学会本课出现的生字、生词，并理解其含义；了解几种动物的过冬方式。

2. 培养、训练学生想象能力和口头语言表达能力，能正确、流利、有感情地朗读和背诵课文。

3. 激发学生热爱自然，懂得关心别人的感情，培养学生互相关爱的人文品格。

三、教学重点

1. 学会生字、词语以及朗读、背诵课文。

2. 通过对本文的学习，使学生学会互相关心，懂得珍惜友谊。

四、教学难点

训练学生的发散思维，提高学生的口语表达能力。理解课文内容并内化为学生自己的语言。

五、教学准备

多媒体课件、头饰、图片。

六、教学过程

（一）创设情境，导入新课

（课件演示秋景图：美丽飘逸的秋姑娘，火红的枫叶，南飞的大雁，冬眠的青蛙……）

【设计意图】通过课件再现秋景图，学生如亲临其境。"入境始生情"，对秋天美景的热爱之情会油然而生，同时激发了学生学文的兴趣。

（课件特写枫树：小朋友们，秋天来了，枫树的叶子都变红了，多美呀！）

（师指着光秃秃的树枝）小朋友们，你发现了什么？

（二）学习课文第六、七自然段

（自由读，注意读准字音，读通句子。）

（指名读，相机指导朗读。注意"咦"字要读出惊异、好奇的语气。）

（教师范读，学生模仿、齐读。）

（过渡）是呀，树上的枫叶都到哪儿去了呀？

【设计意图】引发悬念，学生产生好奇心，激发求知欲，使学生尽快地进入阅读状态。

（三）整读课文，感知内容

请小朋友们读读课文的第二至第五自然段，边读边思考：秋姑娘都给哪些好朋友写了信？

（指名回答，教师相机贴大雁、松鼠、青蛙、山村孩子的图片，提示学生把话说完整。）

【设计意图】先让学生整读课文，大体了解课文内容，给学生一个完整的印象和清晰的思路。

（过渡）秋姑娘在信中都给她的好朋友写了什么话呢？你想看看吗？

（四）品读课文二至五自然段

学习第二自然段——给大雁的信

（课件出示一群飞翔的大雁：一封写给南去的大雁的信，让它们路上要小心。）

师：小朋友们，秋天来了，你看，大雁正要飞往南方去过冬。秋姑娘为什么让它们路上要多加小心呢？

【设计意图】这一过程，目的不在于追求正确答案，而在于让学生思维过程得以展开。鼓励学生各抒己见的过程，实际上就是引导学生展开想象的过程，让学生意识到大雁南飞途中遇到的危险，同时也发展和训练了学生的语言智能。

师：如果你是秋姑娘，你会对大雁说些什么呢？

（播放动画课件，生动形象，符合低年级学生的年龄特点，不仅能吸引学生的注意力，而且能使学生进一步体会大雁南飞途中的遥远与艰辛，更深层次地感受秋姑娘对好朋友的关心和体贴）

（指导朗读，引导学生读出大雁飞行旅途的遥远和艰难，以及秋姑娘对朋友的真诚关爱。）

师：让我们一起把秋姑娘的信读给大雁听。

2. 学习第三自然段——给青蛙的信

（课件出示：一封写给冬眠的青蛙的信，让它盖好被子别着凉、生病。）

师：请自由读句子，说说你读懂了什么，还有什么不懂的。

【设计意图】让学生自由阅读，与文本对话，以读促思，提高学生对语言文字的理解能力，同时让学生互相交流，促进学生表达能力的提高。

（理解“冬眠”）

师：小朋友们，你知道什么叫冬眠吗？你能告诉大家吗？

（指名说，然后教师补充解释）

（课件出示）瞧，冬天到了，青蛙躺在洞里不吃也不喝，要睡上整整一个冬天呢！还有哪些动物也和青蛙一样冬眠呢？（生答刺猬、蛇、癞蛤蟆、蚯蚓……）

【设计意图】概念是思维的基础，教给学生正确的概念是教学的基本要求。关于"冬眠"的含义，可能有学生已经从课外学习或其他途径了解过，结合学生的课外知识和生活经验来理解词语，较直观、形象，学生容易懂，并且应该让孩子自己来解释，给他们一个展示自己的平台，鼓励学生进行课外学习。说说其他冬眠的动物，丰富学生的知识积累。

师：指导朗读：秋姑娘多么关心小青蛙呀。嘘，大家小点声，我们不要吵醒了青蛙。

3. 自学第四、五自然段。

交流第四自然段的学习情况。

（指名读课文。）

师：你读懂了什么？其他同学可以随时补充。

（理解"充足"，指导朗读。）

（交流第五自然段的学习情况。指名读课文。）

师：为什么要给小树裹上冬衣？（出示：两棵小树，一棵笑脸，一棵哭脸）哪棵小树穿上冬衣了？他会对山村孩子说什么呢？

（齐读课文。）

【设计意图】在教师帮扶的基础上，放手让学生自学，引导学生进行自主、合作的读书，读中感悟，读中想象，读中生情。在读书实践中培养学生的主动意识和探索精神。

（五）内化语言，朗读表演

1. 自由练读，积累内化

结合课文插图，尝试背诵其中的一封或几封信。

2. 分角色表演

自由组队，找几个喜欢的同伴，戴头饰边表演边读。

【设计意图】在熟读课文的基础上，把读书过程中的感受通过表情、动作等有声语言尽情地表达出来，既可以活跃课堂气氛，又可以培养学生的多种能力。在合作表演的过程中，学生的人际智能在此体现出来，促进了学生学会与他人合作。

（六）拓展延伸

秋姑娘还有许多的好朋友，你想一想，秋姑娘还会给谁写信？会写些什么呢？可以在书上画下来。

（学生在书上画其他的小动物等，并思考交流）

【设计意图】涂鸦、画画是低年级孩子的最爱，让孩子在书上画一画，可以发展学生的空间智能。在画的基础上再去说话，也可以促进学生语言智能的发展。

（出示句型：一封写给________，告诉他________。）

（练习说话）

师：同学们说得真好，真会关心人。老师也想告诉同学们，秋天到了，天气越来越冷了，大家要注意添加衣服，千万别感冒了，好吗？

【设计意图】在学完课文的基础上，启发学生进行发散性思维，让学生动脑、动手、动口，想象秋姑娘还会给谁写信，体会秋姑娘对朋友的关心，同时，教育学生要互相关心和帮助。

（七）齐读全文，升华总结

略。

七、教学反思

乌申斯基说过，“儿童是用形式、声音、色彩和感觉来思维的”。低年级课文的插图较为生动形象，因此，让学生“借助读物中的图画阅读”，充分发挥图画的作用，让学生在鲜明形象的图画中去认知、思考和探索，符合儿童的认知特点。同时，学生通过观察、想象，在脑海中形成模型或图像，然后加以应用，培养和发展了学生的空间智能。

语文课程标准指出，“阅读是学生个性化的行为，不应以教师的分析来代替学生的阅读实践”，倡导“自主、合作、探究”的学习方式。在教学中，我首先帮、扶学生，学习课文的第二和第三两个自然段，然后让学生小组自主学习，再合作探究和理解课文。

语文学科的主要目的是促进学生语言智能的发展。低年级的学生正是学习、积累语言的重要阶段。在教学设计中，应让学生充分与文本对话，朗读、感悟优美丰富的语言，积累运用课文中所学的语言文字，让学生在发展语言智能的同时，联系生活，拓宽视野，发展思维能力和创造能力。

注重培养学生热爱自然、关爱他人的良好品质，这也是语文课程标准提出的第一学段的目标之一。在教学中，由始至终，始终要贯穿关心朋友、珍惜友谊的情感教育，让学生从小形成关心他人的良好品质，同时在潜移默化中培养和发展学生的人际交往智能。

运用身体动觉智能，突破学习重点

——“认识周长”教学及反思

一、教学内容

国标本苏教版小学数学三年级上册第 61 至 62 页的内容。

二、教学目标

1. 让学生在观察和操作活动中初步理解周长的含义，探索测量周长的方法。

2. 通过指一指、描一描、量一量等活动，让学生头脑中逐步建立周长的概念，同时培养学生的探究能力和合作学习的能力。

3. 能利用对周长的认识测量和计算一些平面图形的周长。

4. 在学习过程中体验数学和生活的联系，进一步培养学生的观察和操作能力。

三、教学重难点

理解周长的意义，会测量并计算各种图形的周长。

四、教具准备

多媒体课件，图形画，树叶等可以计算周长的物体。

五、学具准备

三角尺，水彩笔，细线，不同形状的树叶。

六、教学过程

（一）观察操作，认识周长

1. 激发热情，感知周长

师：（出示画有彩色图形的纸）老师画了许多彩色的图形，我打算把它们剪下来送给表现好的同学，要把图形完整地剪下来，你认为应该怎样剪呢？

（生答略）

师：对，沿着图形一周的边线剪。（板书：边线，让学生指一指，师剪下一个图形送给发言的学生）

2. 摸一摸（“想想做做”第 1 题）

师：请同学们拿出数学课本，你能不能指出数学书封面的边线。请大家用手摸一摸课本封面的四条边，并说一说，指一指。

师：同学们都是从左边为起点开始指的，那能不能从右下边为起点指呢？在指边线的时候要注意什么？

（独立指出课桌面和三角尺的边线，在小组和班级中交流。课件动态演示指出这三个物品的边线）

3. 认识周长

（师出示游泳池图）你能指出游泳池池口的边线吗？学生指出后，再用动态画面演示游泳池池口的边线。

谈话：游泳池池口黑色边线的长就是游泳池池口的周长。（板书：周长）周长的周是一周的意思，长是长度的意思。

请学生举例说说一些物体的面的周长。如树叶、文具盒上面、作业本封面等物品的周长。

【设计意图】由实物的边线入手，让学生通过指一指、说一说等活动，充分感知事物和图形的边线，为认识周长做好准备。在学生感知了解周长的概念的同时，发展其逻辑—数学智能。认识周长后再通过生活中的具体实例，让学生去观察、交流，让学生反复体验和理解周长的含义，调动学生的多种感官和学习兴趣，使学生体会到，周长的概念源于生活实际，同时也为求周长做好铺垫。

（二）量量算算，理解周长

1. 量树叶的周长

（谈话）我们已经知道了什么是树叶的周长，那有什么办法知道它的周长是多少吗？（同桌讨论，指名回答）

请小组同学合作动手围一围、量一量，并记录在纸上。然后用课件动态演示测量树叶周长的方法，同时要强调出树叶的形状是不规则的，先用细线围一围，再把绳子拉直了量出的线的长，就是树叶的周长。

2. 计算图形的周长（“试一试”）

（谈话）打开教材第 61 页，看“试一试”，你知道这两个图形的名称吗？你能说说什么叫作三角形和四边形的周长吗？你能想办法求出它们各自的周长吗？（同桌讨论，指名说说自己的办法）

（学生独立测量、计算，然后在全班进行反馈。反馈时用课件演示）

总结：计算平面图形的周长，应先量出图形的各条边的长度，然后把图形的各条边的长度相加，请同学们比比谁算得快、算得准。

3. 练一练

① 做“想想做做”第 4 题。课件出示题目，让学生独立做，并思考有没有不同的方法。指名板演，在订正时鼓励学生说出不同的算法。

② 做“想想做做”第 5 题。课件出示题目，说明题目要求，让学生看教材独立做。做好后让学生在小组中充分交流想法和做法，最后在班级中进行交流，反馈不同学生不同的计算方法，师生共同评析。

【设计意图】让学生动手实践、自主探索，合作交流图形的周长的求法，通过围一围、算一算等活动，巩固学生对周长的认识，并且在交流中感受解决问题的方法和策略的多样化，更重要的是，比较和辨别方法的多样化也是逻辑—数学智能的构成要素。

（三）联系实际，应用拓展

1. 做“想想做做”第 2 题。

出示题目，并说明题目要求是描出图形的边线，让学生说说在描的过程中的注意事项，然后独立完成。最后课件演示描出边线。

2. 实际测量（做“想想做做”第3题）。

学生拿出几片不同形状的树叶，量出它们的周长后，在小组里展开测量活动并互相交流。教师应注意了解学生的操作情况，并有针对性地给予指导。

3. 解决问题（做“想想做做”第6题）。

（谈话）在我们自己的身上也有很多周长，你能找一找吗？（绕腰一周的长度称为腰围，还有胸围、头围）先请一名学生为老师测量腰围，再请同桌互相测量腰围长度，让学生汇报是怎样量的以及腰围是多少。

师：同学们在日常生活中做衣服时会量一量腰围和胸围，买帽子时会用到头围。测量时，我们可以根据不同的物品采取不同的方法。刚才我们测量了很多物品的周长，说一说，你还想测量什么物体的周长？（布置学生课后测量大树树干的周长）

【设计意图】让学生在自主测量的活动中进一步掌握测量不规则图形周长的方法，通过对生活中的实际数学问题的关注，让学生真切感受到数学与生活的密切联系，同时也激发学生利用生活经验主动探索解决问题的方法。这个知识的内化过程，正是数学—逻辑智能的发展过程。

（四）总结归纳

师：今天这节课我们学到什么了？你有哪些收获？

教师小结：在这节课里，大家不仅知道了什么是物体或图形的周长，还在学习过程中探索出了很多重要的数学知识，真不简单！希望你们在以后的学习中能够把自己善于发现、善于探索的能力更充分地发挥出来！

【设计意图】小结生动具体，不仅关注到了本节课的知识重点，更关注了学生的情感体验，有效激励了学生学好数学的信心，体现了多元智能的基本理念——没有差生，只有智能的差异。教师询问同学有哪些收获，实际上也是一个自评的过程，在自我反思中，有助于自我认知智能的发展，同时更是逻辑—数学智能的发展。

七、教学反思

本课以学生的主动探索学习为基本活动形式，整个教学过程是激趣、导学、启智、引评的过程，充分体现了多元智能课堂的理念，具体来说有以下三个特点：

（一）注重了学生的实践操作，突出对学生主要智能的培养

本节课始终贯穿着学生的动手操作与实践，这不仅符合学生好奇、好动的心理特点，也符合初步学习几何知识时直观、操作性强的特点，更体现了以活动促进发展的教学思想。教学过程中学生是学习的主人，要留给学生充分的时间和空间，放手让学生去操作、思考和交流，教师是学习活动的组织者、引导者、合作者。把认识周长的知识设计成摸摸、量量、算算等一连串的数学活动，激发了学生的学习兴趣和学习的主动性。在这样一种宽松、融洽的环境里更有助于对学生多元智能的培养。

（二）在操作交流中，注重小组合作学习

在这节课中，小组合作学习很好地发挥了作用。这种教学形式之所以在实验学校得到了较广泛的运用，就是因为它能较好地贯彻多元智能理论。多元智能理论认为，每个人的智能特点都是独特的，而小组合作的学习形式，让小组成员间能够取长补短，相互启发和学习。同时，小组合作学习还有助于培养学生的人际智能和自我认知等智能。

（三）体现了数学与生活的密切联系，增强学生的应用意识和学习兴趣

课堂上提供给学生的素材都来源于生活实际，使教学内容与生活紧密结合，如量树叶的周长、量腰围等活动都充分调动了学生的学习兴趣，使数学知识成为学生能感知到的现实，提高了数学的应用意识，在应用中更是发展逻辑—数学智能的一个重要环节，即使没有教师的帮助，学生也应能有效调动自己的逻辑—数学智能，因此，放手让学生去解决问题吧。

让说理引领学生思维发展

——“用方向和距离描述物体的位置”教学及反思

一、教学内容

国标本苏教版小学数学六年级下册教材第 54 页的例 1 和练一练部分，

练习十二的第 1、2 题。

二、教学目标

1. 使学生在具体情境中初步理解北偏东（西）、南偏东（西）的含义，会用方向和距离描述物体的位置，初步感受用方向和距离确定物体位置的科学性。

2. 使学生经历描述物体方向和距离的过程，进一步培养观察能力、识图能力和有条理地进行表达的能力，发展空间观念。

3. 体验数学与生活的密切联系，进一步增强用数学眼光观察日常生活现象，解决日常生活问题的意识。

三、教学重难点

初步掌握用方向和距离确定物体位置的方法，能用语言完整、准确、流利地表达。

四、教学准备

教学课件。

五、教学过程

（一）创设情境，引发学习需求

1. 课件出示例 1 的场景图

谈话：这是一艘轮船在大海中航行的场景图，从图中你能知道些什么？请大家仔细观察，并说给同桌听听。谁愿意把你了解到的说给大家听一听？

（学生根据已有知识可能会有不同的回答，根据学生的回答，师适时板书：东北、西北，注意强调完整的描述：灯塔 1 在轮船的东北方向，相机介绍：在平面图上也常用“N”表示方向北）

师（指着东北方向）：这是什么方向？

（再指着几个不同的东北方向）：这是不是东北方向？

谈话：看来东北、西北、东南、西南只是大体的方向，这样并不能准确表示灯塔1和灯塔2的准确位置。今天这节课我们就继续来研究——确定位置。

板书：确定位置

【设计意图】以已有的知识做铺垫，顺势过渡到对新知识的学习中，这样可以拉近学生与知识的距离，增强学生的自信心，激发学生学习新知识的欲望，使学生能够有效地学习。同时，耳目一新的图片及讲解也能够激发学生的学习兴趣，奠定变“要我学”为“我要学”的基础。

(二) 学习描述物体的方向和距离

谈话：其实东北方向、西北方向还有另一种说法：在野外或图上确定位置时，常把东北方向叫作北偏东，西北方向叫作北偏西。

(教师适时板书：北偏东、北偏西)

学习用北偏东若干度、北偏西若干度描述物体的方向。

提问：现在你能用我们刚认识的方向词说说灯塔1和灯塔2在轮船的什么方向吗?

(生自由说，再个别说)

(在课件上出示灯塔3)：灯塔3在什么地方?

生：北偏东。

师：灯塔1和灯塔3都在轮船的北偏东方向，请思考一下，它们的区别在什么地方。(偏离的角度不同) 使学生明确角度指的是什么。

(北与东的夹角)

师：看来要想准确反映出物体的位置跟其与夹角的度数有关。

2. 出示教材例1中的平面图

谈话：这幅平面图正好反映了这艘轮船航行的情景。从这幅图上，你又可以看到一些什么?

启发学生认识到：灯塔1在轮船的北偏东30°方向；灯塔2在轮船的北偏西55°方向等等。

适时补充板书：30°。

追问：这样加上度数来描述物体的方向有什么好处?(更加准确)

3. 学习求图中物体间的实际距离

谈话：是不是知道了灯塔 1 在北偏东 30°方向就能把它具体的位置确定下来。(能吗?)

生：还需要知道灯塔 1 到轮船的距离。

(师指着图引导学生)

师：为了更加精确地表示物体的位置，仅有方向还不够。还需要知道两者之间的距离。

适时板书：距离。

追问：灯塔 1 到轮船的实际距离你能算出来吗？说说你打算怎样计算？

启发学生量出灯塔 1 到轮船的图上距离，并根据比例尺算出灯塔 1 在轮船北偏东 30°方向的多少千米处。

集体交流计算结果。

师：现在你能把灯塔 1 的具体位置说一说吗？(让学生完整地说出“灯塔 1 在轮船北偏东 30°方向的 6 千米处。”)

4. 小结

师：现在你们再来说说看，怎样才能准确描述出物体的位置。

生：要想说清楚方向和距离，方向和距离结合就能准确地描述物体的位置。

【设计意图】在这部分新知识的教学中，我通过让学生观察、交流、计算，启发、引导学生理解：怎样才能确定物体的准确位置，并能够完整、准确、流利地描述物体的准确位置，在数学课堂上训练、发展学生的语言智能——说完整话，说话流利，说话的同时也激发了思维的活跃性，发展了学生的逻辑—数学智能。这也是我不懈追求的目标——将有效课堂与培养学生多元智能有机结合。

5. 巩固练习

第 1 题可以让学生口答。

第 2 题让学生先独立测量计算，再组织交流。最后引导学生完整地说出“灯塔 2 在轮船北偏西 55°方向的 8 千米处。”

（三）联系实际，让学生在应用中进一步掌握方法

1. 做练习十二第1题

先让学生在图上指出北偏东、北偏西，再指出南偏东、南偏西等方向，然后让学生根据“学校到少年宫有500米的距离”，推出图上第一小格表示100米距离，并试着完成填空，最后组织全班交流。

其中第2～4题填方向时，只要求填偏东或偏西方向即可。

注意要让学生完整地说出少年宫、科技馆、新华书店、邮局等场所相对于学校的方向和距离。

2. 做练习十二第2题

让学生独立测量、计算、填表，再集体交流；然后让学生完整地说出荷花池、玉龙潭、飞霞阁与林峰塔相对的方向和距离。

在填方向时，不仅要填出北或南、偏东或偏西，还要填出偏东或偏西多少度。

【设计意图】本环节启迪了学生的智慧，活跃了学生的思维，让学生把刚刚接收到的知识转化为自己内在的能力，并展现了出来，在运用的过程中，学生本身的各项智能会互相协调，互相配合，积极运转。同时也让学生感受了实际生活中的事例，体现了数学来源于生活，应用于生活的道理，增强学生的语言表达能力，同时也体验到数学知识的应用价值。

（四）全课小结

师：今天我们学习了什么新的知识？总结一下，你已会用哪些方法确定物体的位置？评价一下自己或其他同学的表现如何？

【设计意图】本环节的安排是为了引导学生进行自我评价或相互评价，学生在评价其他人或反思自己的同时，对知识的理解和把握也会上升一个层次，帮助别人的同时也完善了自己。

六、课后反思

高质量的教学源于有效的课堂，课堂上不仅仅要追求简单的知识掌握效果，更应该关注学生的发展需要。本节课的设计是基于多元智能理论的有效数学课堂的实践与探索，本节课四个环节（激趣、导学、启智、引

评）环环相扣，较好地贯彻了多元智能理论。

首先，课堂引入抓住了学生好奇的心理特点，通过课件演示了一幅轮船在大海上航行的场景图，激发了学生的学习兴趣，为之后的探索学习创设了良好的学习情境。

其次，例题的教学线索，就是在原有方向知识的基础上先建立"北偏东"的概念，再陆续添上偏东的度数和相应的距离，突出"知道了物体的方向和距离，就能确定位置"这一思想方法。为了突破重点，在教学中采取了同桌交流，小组合作，动手操作等基本的学习方法，发展了学生的语言智能，人际智能和逻辑—数学智能。

再次，在练习题的教学中相信学生，放手让学生大胆去自主解决问题。出现问题及时解决，不放弃、不讽刺任何一个学生。了解学生的强项智能，并借此表扬激励学生。

最后，在总结部分引导学生自评和互评，发展学生的自我认知智能，这对新知的巩固也起到了重要的作用。

总之，本节课对学生的逻辑—数学智能起到了很好的锻炼和培养的作用，利用自己的其他强势智能（例如语言智能，人际智能）帮助、带动和发展逻辑—数学智能，并最终体现在解决问题的能力上。同时，在多元智能理论的影响下，教师的关注方向发生了变化，课堂上体现出尊重学生的个性差异，张扬学生个性，相信每一个学生都是人才的特点。教育质量不仅仅应关注分数，还要关注一种精神教育的质量，关注学生的生命状态。每一个学生都能主动愉悦参与的课堂，才是有效的课堂。

动手操作，提高解决问题的能力

——"统计与可能性"教学及反思

一、教学内容

苏教版小学数学三年级上册第 90 页的例题，完成后面的想想做做。

二、教学目标

1. 使学生通过摸球、抛正方体、放铅笔等活动，初步体会某些事件发生的可能性是相等的。

2. 使学生体验根据解决问题的需要去收集、整理、分析数据的过程，学会用画“正字”的方法收集数据，体会统计是研究、解决问题的方法之一。

3. 使学生经历提出猜想、实验验证的过程，感受研究、解决问题的乐趣，进一步增强与他人合作交流的意识和能力。

三、教学重点

学会用画“正字”的方法收集数据，初步了解某些事件发生的可能性是相等的。

四、教学难点

明白从“物体个数一样多”到“摸到次数差不多”之间的联系。

五、教具准备

球、正方体、铅笔等。

六、教学过程

（一）复习引入

（师出示装有3个红球的口袋，并提问：如果从中任意摸一个球，结果会怎样？）

生：一定是红球。

师：还有别的可能吗？那么我们可以怎么说？

（师继续往口袋里放进3个黄球）

师：如果从这样的口袋中任意摸一个球，摸球的结果会怎样？

生：可能是红球，也可能是黄球。

师：我们以前就学过用“一定”“可能”“不可能”等词语来形容事件发生的可能性。今天这节课我们继续来研究有关可能性的知识。（板书课题：统计与可能性）

【设计意图】教师通过展示，有意识地引导学生把注意力转移到数学学习中来，利用旧知打开学生的思维。数理逻辑智能不仅仅是指运算技能，还包括逻辑推理能力及相关的科学能力。

（二）探究新知

1. 摸球活动前的准备

（组织学生继续观察上述装有 3 个红球和 3 个黄球的口袋。）

师：从这个口袋中，每次摸一个求，再放回口袋，像这样一共摸 40 次，估计一下，摸到的红球次数多还是黄球次数多？

（生自由猜测）

师：这仅仅是我们的猜测。大家猜得对不对呢？我们分组来进行摸球实验。请大家回顾一下，在小组里进行摸球实验要注意哪些问题？

生：摸出一个球后，要再把球放回去。

生：每次摸球之前要把口袋里的球搅一搅。

生：要做好记录。

师：可以怎样记录摸球的结果呢？

生：用画“√”的方法，用涂方块的方法记录……

（向学生介绍画“正”字的方法记录数据，出示摸球结果记录表，要求学生摸球时利用这张表画“正”字记录数据。）

摸球结果记录表

红球	
黄球	

2. 组织摸球活动

（学生分组实验，教师巡视了解情况，并相机进行指导。要求学生根据画“正”字记录的结果进行交流，并在交流后填写“摸球结果统计表”。各小组汇报统计结果，教师根据学生的汇报完成下表。）

摸球结果记录表

	红球次数	黄球次数
第 1 组		
第 2 组		
第 3 组		
第 4 组		
第 5 组		
第 6 组		
第 7 组		
第 8 组		

3. 讨论思考

师：之前我估计的结果是什么？现在看来我们统计的结果和你估计的一样吗？如果让你再重新摸 40 次、30 次或者 50 次，也可以说成“若干次”（板书），你打算怎样预测摸到的红球和黄球的次数？

结论：从这样的口袋里摸若干次球，摸到的红球的次数通常会与黄球差不多。

（板书：差不多）

师：大家想一想，为什么从这样的口袋里摸若干次球，摸到的红球的次数会与黄球差不多呢？

小结：因为这个口袋里的红球与黄球的个数相等，从这样的口袋里摸若干次球，摸到的红球的次数通常会与黄球差不多。

【设计意图】本环节通过摸球活动让学生感受到收集、整理、分析数据的过程，在合作时，学生的人际交往智能得到发展，在交流时，学生的语言智能也得到发展，多种智能的相互协调配合，帮助学生突破学习的重点——由一样多到差不多，促进了学生数学—逻辑智能的深入发展。

（三）巩固提升

1. 做“想想做做”第 1 题

（出示小正方体：6 个面中，有 2 个 1，2 个 2，2 个 3）

师：如果把这个小正方体抛 30 次，那么 1、2、3 分别朝上的次数有多少呢？

生：差不多。

（交流抛小正方体时应注意什么？小组活动，收集并整理数据。各小组汇报统计结果）

师：仔细观察统计表，与你之前的估计一样吗？为什么把这个正方体抛若干次后，1、2、3 朝上的次数会差不多呢？

2. 做第 2 题

读题，理解题意后，请学生到讲台前操作。

3. 让学生自己设计游戏

如果只在这个正方体的面上写两个数，并且要求把正方体抛若干次后，两个数朝上的次数差不多，你打算怎么做？

【设计意图】在练习巩固阶段，再次利用两个活动——抛正方体以及放铅笔，进一步巩固新知。在这一环节中，学生的动手能力、人际交往能力都有了一定的发展。学生能够合作解决问题，逻辑—数学智能发挥了很大的作用。

（四）全课小结

师：这节课学习了什么知识？你有哪些收获？对你自己或者是同伴的表现，你有什么评价呢？

【设计意图】对自己的反思和对别人的评价无形之中培养了学生的自我认知智能，在一定程度上也帮助学生内化了新知。

七、课后反思

本节课通过活动的逐步展开一步步把学生带入了数学的殿堂。

通过激趣、导学、启智、引评几个环节自然而然地锻炼了学生的逻辑—数学智能、语言智能、人际智能、身体—动觉智能等，达成了教学目标。

首先，这节课对锻炼和培养学生的逻辑—数学智能起到了很大的作用。逻辑—数学智能蕴含多种因素，诸如数学运算、逻辑推理（辨别、比较、归纳、演绎等），并最终体现在解决问题的能力上。这些在本节课上都有所体现，引申开来，这里需要指出的是：数学课无疑是培养逻辑—数学智能的有效途径，但却不是唯一的途径，其他学科及课余活动也可以有效培养学生的逻辑—数学智能。我认为一节课中可以培养多种智能，同时，每一种智能也可以通过多种课程去培养。但这种运用不能绝对化和机械化，重要的是教师要有这方面的意识。

其次，为了有效地培养逻辑—数学智能，要改变把数学课看成仅仅是培养运算技能的传统观点，而应把它看成是培养解决问题能力、推理能力及找出事物间联系能力的课程，为此要加强课程实施的情境化，培养学生的动手能力。知识的获得主要应通过自己动手动脑，那样学生才会更懂得珍惜，记忆也会比较深刻。

另外，本节课对小组合作学习的运用，也有独到之处。多元智能理论认为，学生无优差生之分，只有各项智能上的差别，每个学生都有他的强势智能和弱势智能，也就是我们平时看到的“偏科”现象。在小组学习中，学生们相互交流，每个孩子都用自己的优势智能去影响着别人，同时也吸收着别人的优势智能，相互配合，取长补短，利用自己的优势智能带动弱势智能的发展。例如：一个孩子语言智能很发达，在交流中他就会听取别人对问题的分析和见解，转化为自己的知识再传达给其他人。

总之，我们打造的多元智能课堂，目的就是：在一种课堂上围绕相应的主要智能来进行培养，发挥其他智能的辅助作用，共同协作，努力把该项主要智能发展得更好。

多感官参与，提高学习效率

——*A Good Idea* 的教学及反思

一、教材分析

本课是《牛津小学英语》3B 第十一单元 A Good Idea B、C 两部分的教学内容。本单元重点学习以下两个句型：

Do you like ...?

Yes, I do. /No, I don't.

What do you like?

I like . . .

这两个句型主要用于描述对一些体育运动项目的喜好。同时学习一批有关体育运动的动词，进一步拓宽学生的语言交际面。

二、教学目标

1. Vocabularies（单词）：rowing，climbing，fishing，jogging，running.（3 skills）

2. Drills 练习：

Do you like……？ Yes，I do. /No，I don't.

What do you like？ I like……（3 skills）

三、教学重、难点

Emphases（重点）：The vocabularies and the drills.

Difficulties（难点）：单词句型的灵活运用。

四、课前准备

多媒体课件。

五、教学过程

Step1：Warming—up

1. Greetings.

Hello，boys and girls. How are you？

2. Sing a song？《*Hello！How Are You？*》

【设计意图】Warm up 是一个热身活动，也是必不可少的活动。它将有助于把学生的注意力吸引到课堂上来，使学生对课堂学习产生兴趣，营造一种英语学习的氛围，活跃课堂学习气氛。这堂课上我先以一首《*Hello！How Are You？*》轻松活泼的旋律，缓解学生紧张的心情，调动他们的学习热情，为下面的进一步学习预热。

Step2：Presentation

1. Teacher（以下简称 T）：同学们，天气一天天地变热，夏天就要来了。你喜欢夏天吗？

Student（以下简称 S）：I like summer. 我喜欢夏天。因为夏天有一个长长的假期，还可以吃清凉的冰淇淋。

T：我们还可以做什么，能感觉到凉爽呢？

S：（游泳）。

T：Ok，that's a good idea.（板书，领读）

2. 课件出示：swimming

T：Oh，I'm very hot.（教师做出很热的样子，脱衣服）

I want to go swimming.（师做动作）

（1）教学 swimming

① 教 swimming 并渗透 swim 的发音拼读。

② 做游泳动作并教学 swimming.

③ Students（以下简称 Ss）read one by one.

【设计意图】肢体语言能帮助学生理解记忆。把枯燥、乏味、机械、抽象的单词学习转化为有形、有趣的动作，手、脚、口、脑并用，使学生记忆变得迅速、牢固。

（2）教学"I like swimming."

① I like swimming. Do you like swimming? Yes，I do. /No，I don't. Let's go swimming. That's a good idea.

② T and Ss make a dialogue.

③ Practice in pairs.

3. 课件出示：刘翔

T：Boys and girls，who's he? Yes，he is Liu Xiang. He likes running. He runs fast!

（出示单词 running）

Read after T. 边做动作边读，示范读 chant："Running，running，I like running."

Do you like running?（Yes，I do. /No，I don' t.）

Let' go running.（That's a good idea.）

4. Chant《两只老虎》

let's go running，let's go running.

Good idea，good idea.

Do you like running? Do you like running?

Yes，I do. Yes，I do.

【设计意图】有节奏的chant容易使学生记住，再加上动作的配合，营造出了轻松愉快的教学氛围，使学生多感官参与到学习中，增加学习的趣味性，提高学习效率，消除学生在学习一段时间后的疲惫心理。

5. 课件出示慢跑图片：What's he doing? Is he running?（他在干什么？他是在奔跑吗?）

No，he isn't. He is jogging.

（出示单词：jogging）

Read after T. 边做动作边读，示范读chant："Jogging，jogging，I like jogging."

（师生对话）

学习句型：What do you like? I like…

6. 课件出示登山图片：Look，What's he doing?（He is climbing.）

出示单词：climbing

Read after T. 边做动作边读，示范读chant："Climbing，climbing，I like climbing."

师生、生生进行句型操练

Step3：Practice

1. 看动作，猜单词。（Now，let's play a game. I act and you guess.）

（1）师做动作，让学生快速地猜出这是哪个单词，并进行对话。

（2）让学生做动作，猜单词，练习句型。

【设计意图】在教学中加入适当的游戏有利于培养学生的兴趣，符合"乐学"原则。游戏中无意注意的特性，有利于激发学生的学习动机，使学生积极参与课堂的教学活动。让学生通过观察教师的动作，快速地说出单词，进行对话，并巩固单词和句型。

2. 课件出示C部分图片，练习对话

(1) What are they saying? Practice with your partner.

(2) Check the dialogues.

Step4：Do a survey

T：Boys and girls，let's do a survey.

（教师示范）

What do you like? I like…

教师总结：Look，most of you like…，few of you like….But we should do more exercise.

【设计意图】在学生学习完课文内容后，不应该仍停留在教材的表面，要注重以此为载体，培养和提高学生对英语语言的驾驭能力。所以在最后环节我给学生设计了两个任务——Do a own dialogue and Do a survey，利用新学的句型询问别人的爱好，最后统计人数。学习语言的目的是运用，所以在学生掌握语言的同时，还要注重为学生提供运用语言、锻炼语言的环境。而且语言的学习不是孤立的，而要融合各种学科，培养学生的各种能力。最后的任务活动我把学生的学习提到了更高的层次上。

Step 5：Write the new words

1. Read the new words together.

2. Spell the new words by yourself.

3. Copy the new words four times.

Step6：Homework

1. Read the words after class，and Teach your father and mother the new words.

2. Practice part C in pairs.

六、教学反思

（一）激发兴趣，快速进入课堂

托尔斯泰说过："成功的教学所必需的不是强制，而是激发学生的兴趣。"兴趣是推动学生学习的强大动力，是学生参与教学活动的基础。激发学生参与学习的兴趣，是新课导入的关键。精彩的课堂开头，往往能给学生带来新意和亲切的感觉，不仅能使学生迅速地兴奋起来，而且还会使学生把学习当成一种自我需要，自然地进入学习新知的情境。因此，在热身的时候，首先应让学生分角色演唱歌曲，这样的导入能很快吸引学生，同时还能营造学生学习英语的良好气氛。自由会话，得以促进语言实际运用能力的提高。

（二）尊重学生，体现公平

在平等尊重的氛围中，学生的思维是放松的，他们会表现得敢于说、敢于参与教学。教师要真诚地把学生当成学习的主人，努力提高“导”的艺术，从而在教学中恰到好处地去启发、点拨，尽可能多地给学生多一点思考的时间，多一点活动的余地，多一点表现自己的机会，这样才能让课堂充满活力。

（三）呈现新知，合作互动

在小学英语课堂中使学生保持一种积极的紧张感，能够激发他们学习的外部动机，引发他们的一系列自主活动，促进外部动机转化为内部动机。在呈现新知时，尤其要注意小学生形象思维优于抽象思维的特点，通过观察图片、看动作等不同的方式引出新词，给学生以深刻的第一印象。

游戏所带来的乐趣会使每一位参与者保持一种积极的心态。游戏是儿童学习的一种重要途径，也是激发学生学习兴趣的最佳方法。正如苏霍姆林斯基所说：“如果用思考、情感、创造、游戏的光芒来照亮儿童的学习，那么学习对于儿童来说是可以成为一件有趣的事情”。因此，在操练时，我首先组织学生进行了一些机械的练习，如：“Listen，point and repeat.”（听音、指词、跟读），“Look and Guess”（看口形、猜单词）。同时，我更注重抓住小学生好动的特点，辅以全身反应，充分激发学生学习的兴趣。同时在学习生词时感知句型，做到“词不离句，句不离词”，重视对学生思维和观察能力的培养，特别是对学生合作学习能力的培养，让学生们在师生、生生和小组等不同的合作方式中，学会倾听、学会评价，为学生的终身学习奠定基础。

任务驱动，发展多元智能

——*At a Snack Bar* 教学及反思

一、教材依据

本课为《牛津小学英语》4B 第七单元 At a Snack Bar（The first period）Part A&B 部分食品类单词及其话题方面的教学。

二、设计思路

1. 面向全体学生，注重素质教育

在教学中，要关注每个学生的情感发展，激发他们学习英语的兴趣，帮助他们建立学习的成就感和自信心。

2. 采用活动方式，倡导体验参与

采用任务型的教学模式，让学生在教师的指导下，通过感知、体验、实践、参与和合作等方式，实现任务的目标，感受成功。

三、教学目标

1. 三会要求掌握单词：pies，noodles，sweets，biscuits.

2. 四会掌握句型：

What would you like? I'd like…

How much is it? It's…

How much are they? They are…

四、教学重点

食品饮料类单词及交际用语。

五、教学难点

交际用语：

What would you like? I'd like ...

How much is it? It's ...

How much are they? They are ...

Something to drink/ eat? Anything else?

六、教学准备

生词卡片、实物、多媒体等。

七、教学过程

Step1：Preparation

1. Greetings.

2. Sing a song *Apple Song* together.

【设计意图】采用歌曲来缓解学生的紧张情绪，营造轻松、和谐、民主的课堂氛围，并为下一步创设的情境奠定基础。

Step2：Presentation and practice

1. T：I like apples. (Show the sentence) How about you?

S1：I like ... How about you?

S2：I like ... How about you?

……

S6：I like ... How about you?（将问题指向教师）

T：I like pies，biscuits，noodles and sweets.

(Learn the new words)

【设计意图】呈现是教师在教学中将学生引入兴趣大门，产生学习欲望的重要一步。为引出 pies，biscuits，noodles and sweets 等新单词，我运用以前学过的句型 I like ... 作铺垫，以旧带新，使学生更易接受新知识。

2. T：Oh，so many things here. I'd like some sweets. (Show the sentence) And what would you like?

S1：I'd like ...

T：What would you like?

S2：I'd like ...

T：（Show the sentence）what would you like means ...（你想要什么?）

Ss：(Ask the 3rd student together）what would you like?

S3：I'd like ... What would you like?

......

S6：I'd like ... What would you like?（再次将问题抛给老师，生生交流转向师生交流，使交流方式更加多元化）

T：I'd like ... Oh，there's a price on it. How much?（show the sentence）... Yuan.

（Take out something from the students，to practice the sentences：How much is it? It's ... How much are they? They are ...）

T：Now you can use the sentences to make the similar dialogues in groups.

【设计意图】采用"用新句，引新词""用新词，练新词"的方式，体现了教学难度的分层递进。

3. T：This is a supermarket（Show the picture of the supermarket)，Now I'm a shop—assistant，and who wants to be the shopper?（Choose one student to act with me)

T：Good morning. Welcome to our supermarket. Can I help you?

S：I'd like ...

T：Here it is/Here they are.

S：How much is it/are they?

T：It's/ They are ... Yuan.

S：Here you are. Goodbye.

T：Oh，Wait a moment，please. Now you are the shop assistant，and who want to be the shoppers?

(Choose two students to act it out in front of the class. When they stop，I go into the supermarket again)

S：Can I help you?

T：I'm hungry，so I'd like something to eat.（Show the phrase and practice it）

T：Are you hungry?

S1：Yes.

T：So ...

S1：Something to eat. Are you hungry?

S2：Yes.

S1：So something to eat?

S2：OK. Are you hungry?

……

T：Are you hungry?

S6：No.

T：No? What's the matter?

S6：I'm thirsty.

T：So she'd like something to ...

Ss：Drink.（变教师教学生说为学生经过自己的感受说出所要学的知识，让学生印象更加深刻）

T：Yes. Something to Drink.（Show the phrase）

【设计意图】所创设的购物、表演等情境贴近了学生的生活实际，这种“生活化”的活动，“活动化”的教学，使学生身临其境，情绪高涨，为学生创造了运用语言进行交流的机会，发展了学生的语言智能。

4. T：Now I feel hungry and thirsty. Su Hai，Su Yang and their father feel thirsty and hungry，too. They are at a snack bar. What happened to them? Let's listen.

（A. Picture 1—5，listen，retell and check the answer.

B. Retell the text.

C. Open your books and listen to the text.

D. Look at your books and read the text together.）

5. T：OK，From this text，we know the father loves his daughters

and they also love their father. How about you? Do you love your parents? When your mum/dad is hungry, what would you say? And when police/farmers are thirsty, what would you say? (Show the questions)

【设计意图】针对学生所学的知识布置任务，使学生能够将所学的知识很快运用于实际生活中去，做到“即学即用”“活学活用”。

Step3: Production

1. T: All of you are very excellent, so I'll invite you, my best friends to come to my home. Would you like to come? Now I'm the hostess, and all of you are my guests.

H: Welcome to my home. I miss you. You are taller, and you are beautiful. Your sweater is very pretty. Sit down, please. I'll give you some presents. What would you like?

S1、S2、S3: I'd like ... I'd like ... I'd like ...

T: What's the matter, and?

S4、S5: I'd like ... I'd like ...

T: Oh, I'm sorry. We haven't got any ... and ... Now let's go to the shop to buy some, OK?

Ss: Hurray! Let's go!

(Go to the shop to buy things)

2. T: If one day, you want to invite your friends to your home, and then you are the host or hostess, what would you do and what would you say? Now practice together. (Ss practice together)

T: Try to act in the front of the classroom.

【设计意图】在这两个活动中，教师是参与者、帮助者，学生是活动的主体，学生的任务是开放的，在较为真实的语境中锻炼口头交际能力，有利于培养学生的人际智能，也能在合作交流中增进学生之间的友谊。

3. T: All of you really did a good job. Today we learnt something about snack bars. Then what fast food restaurants do you know? (KFC, MOCDONOLD'S, BIZZUT, RICE NOODLES ...) I know some of you like the fast food very much. But you should take measures. So "Good diet, Good

health."(show the sentence)

Step4：Homework

For today's homework：After class，invite your good friends or your classmates to your home or a supermarket，using the sentences we learnt.

八、教学反思

新课程标准倡导任务型教学模式，让学生在教师的指导下，通过感知、体验、实践、参与和合作，感受成功。

（一）采用活动途径，倡导体验参与

英语是一门语言，学习的目的就是为了交流、交际。整个教学设计中我始终遵循以学生为中心，突出语言的实践性和交际性，在实际交往过程中培养创新意识，同时有利于语言的记忆和巩固。我通过设置各种教学活动为学生提供了生动的语言实践机会，注重将教学内容与学生的生活经验相结合，把教室作为学生表演的舞台，将抽象的语言融入生动形象的表演中去，让学生走入生活，在轻松愉快的气氛中进行交流，为自己能够自如地运用所学的语言而感到愉快、自豪，从而愿意继续学习，极大地提高了学生学习的热情，同时在师生互动、生生互动过程中既培养了学生的思维能力和口语表达能力，又锻炼了学生良好的心理素质和交往能力。

（二）创新教学内容，拓展教学空间

我们使用教材不只是教学的全部内容，教材应该是可变、发展和开放的，所以我在认真分析教材内容的基础上选择了恰当的活动作为教学的载体，将活动与教学内容有机结合，充分调动学生的积极性，在"润物细无声"中达到教学的目的，并力求创新。在教学过程中，以学生为主体，在面向全体的同时，注重学生的差异，让每一个孩子都能取得有效的发展。其实每个人内心深处都渴望成功，渴望被赏识，儿童更是如此。因此设计活动时，教师应力求为学生提供一个展示才能的舞台，用成功的快乐激发学生参与活动的积极性，促进学生主动学习，让每个学生在自己的舞台上主动、积极、全面地挖掘自己的潜能，展示自己的生命活力。

方法多元，智能先行

——*A Telephone Call* 教学及反思

一、教学内容

《牛津小学英语》5B 第二单元 A Telephone Call

1. Part B：Look，read and learn
2. Part D：Work in pairs

二、教学目标

1. 能听懂、会读、会说 a toothache，an earache，a backache，a headache，a stomach ache 等单词。

2. 能听懂、会读、会说“What's wrong with you? I've got a/an...”“I'm sorry to hear that”等句型。

三、教学重点

1. 词汇：a toothache，an earache，a backache，a headache，a stomach ache。

2. 日常交际用语：What's wrong with you? I've got a/an ... I'm sorry to hear that.

四、教学难点

对句子 I've got a/an ... 的理解。

五、课前准备

1. 单词、句型卡片及 CAI。
2. 学生准备好课堂练习本。
3. 写好 Unit 2 A Telephone Call。

六、教学过程

Step1：Free talk

1. 用 Hello，hello，how are you? 等日常交际用语进行交谈。

（教师主动与学生进行交流，互相增进了解，营造宽松、和谐的课堂气氛）

2. Sing a song：Wish you happy every day.

【设计意图】上课伊始，教师与学生一起演唱歌曲 *Wish You Happy Every Day*，这有利于激发学生的学习兴致，激活学生原有知识的同时，也发展了学生的音乐智能，并为学习新知识做了必要的准备。

Step2：Presentation and practice

1. 由谈话引出“I've got an ache.”教师边做动作边板书：I've got an ache.（引出各部位疼痛的表达方法）

（学生理解、跟读、做动作）

T：（询问一位做得好的学生）Boy，boy，headache.

（生表演）

T：（问）What's the matter?

S：I've got a headache.

T：Girl，girl，earache.

（生表演）

T：What's wrong?

（师板书 What's wrong? 范读，讲解句子的意思，比较 What's the matter with you? Drill in pairs：What's wrong with you? I've got a headache.）

【设计意图】在轻松的交谈中，运用丰富的肢体语言，很自然地让学生理解“What's wrong with you? I've got a headache.”的意思。让全体学生一起体验头痛的情形，请个别学生再现头痛的表现，使学生在真实的情景中掌握并运用所学句型。

2. 依次出示 backache、toothache、stomachache

T：Look，Can you read them?

T：(Point to the stomach) This is a stomach. I've got a stomachache.

T：(Point to the head) What’s this?

S：That’s a head.

T：What’s wrong with him?

S：(经过教师提示说) A headache.

T：Great! (板书 A headache)

(学生跟读单词，并复习句型。同法学习 A toothache，an earache，a backache. 此处渗透“ache”的读音，并要求学生自己发现并总结疾病类单词的构词方法)

【设计意图】教师在本环节主要采用了暗示法、全身反应法、情景假设法、直观表演法、交际法相结合的方法等进行教学，通过听听、读读、说说的形式，充分调动了学生的口、耳、眼、脑，从而激发了学生的操作热情。

3. Drill

(1) 听口令做动作。

(2) 看动作说句子。

(用游戏代替普通的操练，将知识融入玩乐中，提高学生学习英语的兴趣)

Step3：Consolidation

1. 教师先和一名学生表演D部分的对话。

【设计意图】这一环节的安排，让学生明白了掌握完成任务所必需的知识、能力、技能、信息和情感，是知识教学和技能训练的过程。

2. Work in pairs.

3. Check the answer.

4. Act them out.

5. Do some exercises.

A. 选出你所听到的单词

(B) 1. A. black B. backache C. headache

(C) 2. A. teeth B. whose C. toothache

(C) 3. A. some B. stomach ache C. sorry

(A) 4. A. hear B. earache C. fever

B. 根据所听到的问题选出正确应答句

(B) 1. A. I'm thirsty.

B. I've got an earache.

(Q：What's wrong with you?)

(A) 2. A. I'm sorry，I can't.

B. I'm sorry to hear that.

(Q：Can you read the new words?)

C. 选择正确答案

(C) 1. What's wrong ________ you?

A. for　　B. to　　C. with

(B) 2. I'm sorry ________ hear that.

A. for　　B. to　　C. with

(C) 3. I've got ________ earache.

A. some　　B. a　　C. an

(B) 4. I've ________ a stomach ache.

A. get　　B. got　　C. hot

(B) 5. 你想了解朋友身体状况时应该问：

A. What's your name?　　B. What' wrong with you?

C. Can I help you?

(C) 6. 在学校你感觉头疼你应该这样告诉老师：

A. Go home，please.　　B. How are you?

C. I've got a headache.

(A) 7. 当你听到别人不好的消息，你应该这样对她/他说：

A. I'm sorry to hear that.　　B. Excuse me.

C. Not bad，thank you.

【设计意图】本环节中，用多种形式对所学知识进行高频率的操练，如听音判断，看图说话，看图表演等，学生小组讨论并表演。操练的过程中，不仅充分体现了学生的自主能动性，还培养了他们的团结协作精神。

Step4：Homework

1. Read Part B three times.

2. Preview Part A.

七、教学反思

在多元智能理论的指导下，我从激发学生学习英语的兴趣和调动学生的积极性着手，精心设计各个教学环节，充分重视了学生在学习活动中的主体性，引导学生在学习活动中去探索、发现，培养探索精神和与人合作的意识、态度和习惯，力求“活”“新”“实”，最大限度地提高教学效率，让学生在轻松、愉悦的氛围中学会用英语进行交际。

（一）学生动起来，力求“活”

课堂中，教师努力创设学生主动参与的学习和活动环境。如在教学 a toothache，an earache，a backache，a headache，a stomach ache 单词时，我通过自己生动形象的体态语吸引学生的注意力，帮助学生理解单词。同时鼓励学生也使用体态语学习英语，全班学生都“动”起来，这样可以活跃课堂气氛，加深学生印象，帮助他们记忆并自然地使用英语。

（二）让学生自主探究，力求“新”

在英语课堂教学中，教师是导演，引导学生走向教材，让学生在获得新的发展过程中进行新的开拓，在探索发现中达到一种新的境界。引导学生自主活动，就是教师针对学生的特点，采取灵活的方式，使学生独立进行课堂内外的智力和非智力活动，进而顺利完成教学的全部任务。

（三）面向全体学生，力求“实”

课堂教学应切合学生实际，面向全体。本堂课中，所有学生都参与到了课堂中来，没有被“遗忘的角落”，而且让每一位学生都体验到了学习的快乐和满足。通过小游戏和创设情境给每一位学生提供了结识英语的机会，让全体学生的英语水平都得到了扎实的提高。

第六章

Chapter 6

多元智能课堂的教学方法

多元智能课堂教学方法就是多元智能理论在课堂中的实际应用，多元智能理论博大精深，其应用也必定不会浅尝辄止，因此，在实际课堂中，发掘和培养学生的不同智能时应灵活使用多种教学方法，如练笔、辩论、逻辑游戏、计算推理等，从而充分发挥学生的智能优势。

多元智能课堂可以促进学生脑功能的协调发展，为教师创造教学方法提供了机会。由于每个学生在八种智能方面都有不同的优势，因此任何一种教学方法都有可能对某一组学习起到较成功的影响，而针对其他同学，成功率较低。因为学生间存在个体差异，教师在课堂中要不断地改变学生的智能活动重点，使每一个学生在课堂中都能具有智能发展的活跃点。

美国学者戴维·拉泽尔设计了“多元智能工具箱”，并对每一种工具都进行了详细说明。教师可以利用这个工具箱，从许多概念、策略、方法和技巧中快速找到想融入教学中的东西。尽管这个工具箱并没有把所有可能用到的工具都包含在内，但它确实把不同智能所包括的特征和显著的能力都囊括在内。加德纳把这些能力称作为每种智能运用的“核心动力”，工具箱则简单地提供了快速、实用地利用这些能力的方法。

多元智能工具箱[①]

智能名称	工具	相关说明
语言智能	创造性写作	不受限制地写作新颖的作品。
	正式演讲	向他人作口头报告。
	幽默/笑话	就学术题目创作双关语、5行打油诗和笑话。
	即兴演讲	就当场引出的话题即兴发言。
	记日志/日记	追踪、记录自己的思维脉络。
	诗歌	创作自己的诗歌，阅读、欣赏他人创作的诗歌。
	阅读	就概念、思想、方法等内容研读书面材料。
	讲故事/编故事	就所学的任何题目编写和讲述故事。
	辩论	以令人信服的方式，就一个问题的正反两个方面进行阐述。
	词汇	学习新单词，并在正常的交际中，练习准确使用。

① ［美］戴维·拉泽尔．多元智能教学的艺术［M］．吕良环译．北京：中国轻工业出版社，2004.

续表

智能名称	工具	相关说明
逻辑—数学智能	抽象符号/公式	针对不同的过程和知识内容，设计有意义的归纳符号系统。
	计算	运用具体的步骤、运算过程、方法、公式和方程式解题。
	解码	运用符号语言进行理解和交流。
	建立联系	在不同的观点之间建立有意义的联系。
	图形/认知组织者	运用逻辑思维图进行学习，如蛛网图、（用圆表示集与集之间关系的）维恩图、矩阵分类图、梯形等级图等。
	逻辑/图形游戏	创作谜语，挑战他人的智慧，寻找隐藏的原理和图形。
	数字序列/图形	就某个题目对数据进行调查、搜集和处理。
	概述	就各个要点进行逻辑解释。
	解决问题	列出适当的解决问题的程序。
	演绎推理	就某个题目进行“假如……那么……”的逻辑演绎推理。
空间智能	积极想象	找出视觉图案（或图形）与原先的知识（或经验）之间的联系。
	颜色/构图设计	把颜色、结构与各种概念、观点和方法联系起来。
	绘图	设计图表，表现正在学习的概念、观点和方法(如图解、图示、流程图等)。
	指导性意象/设想	在大脑中就某个概念、观点和方法创作图画或图像（如故事中的人物、一段历史、一个科学项目的研究过程)。
	构建大脑地图	把书面信息转化为视觉蛛网图。
	蒙太奇/拼贴画	设计一组图片，展现某个概念、观点或过程的各个不同的方面或角度。
	绘画	运用颜色或彩色记号笔，表达自己对概念、观点和方法的理解（如创作壁画)。
	图案/图形	创作抽象的图形或图案，体现不同的概念、观点或方法之间的关系。
	假想/奇思妙想	依据事实在大脑中编笑话或创作新剧本。
	雕塑	创作黏土雕塑来展示自己对概念、观点和方法的理解。

续表

智能名称	工具	相关说明
身体—动觉智能	形体语言/身体动作	用身体动作表达概念的意义以及对概念的理解。
	人体雕塑/人体造型	对一组人进行不同的排列组合（或成雕塑状），以表达某个观点、概念或过程。
	戏剧表演	创作小型戏剧，表现不同的概念、观点与方法之间动态的相互作用。
	民间/创作舞蹈	设计舞蹈动作，演示概念、观点与方法。
	体操常规动作	精心设计、编排一连串的动作，体现它们与某个题目之间的关系和联系。
	人体图表	站在一个序列的不同点上，表达你是否赞成或理解某个概念、观点或过程。
	动手创作	动手制作模型等，以体现某个概念、观点或过程（如制作展示工作原理的模型）。
	体操/武术	设计常规的体操动作，帮助人们从中学习一些概念、观点和方法。
	角色扮演/哑剧表演	表演小品或动作哑谜，以展示对概念、观点或方法的理解。
	体育游戏	依据概念、观点或方法的具体知识设计竞赛项目或游戏。
音乐智能	环境声音	利用与所学的物体、概念或方法有关的大自然的声音（如天气条件、地理位置、动物等）。
	乐器声音	运用乐器为教学配上音乐（如背景音乐伴奏，以改善教学）。
	音乐创作	谱曲或创作乐曲，以表达对概念、观点和过程的理解（如细胞分裂的过程）。
	音乐演奏	音乐和节拍在编写报告或进行陈述的过程中起核心作用。
	打击乐共鸣	利用节拍向他人或自己解释概念、观点或过程。
	敲击声	利用敲击的声音帮助自己解释或记忆某些概念、观点和方法。
	节奏形式	通过节奏和节拍表达一个概念、观点或过程的各个方面。
	演唱/哼唱	就所学的题目创作歌曲或找出与所学题目匹配的现存的歌曲进行演唱或哼唱。
	音调形式	识别音调的特点（如电脑发出的声音）。
	嗓音/音调	运用自己的嗓音发出不同的音调，说明某个概念、观点和方法。

续表

智能名称	工具	相关说明
人际智能	合作技能教学 合作学习策略 移情训练 提供反馈 小组课题 凭知觉感知他人情感 拼接式学习 人际交流 接受反馈 察觉他人动机	认可并学习处理人与人之间有效关系的社交技能。 运用有组织的小组活动进行学习。 从他人的角度或生活体验表达自己的理解。 对他人的表现和观点提出真诚的看法。 在小组中与他人共同研究一个课题。 对他人在某个特定的情景中的情感或体验进行预测。 把一个题目分成几部分让学生探讨，以便他们互教互学。 关注人与人之间的关系以及如何改善这种关系。 接受他人的观点或对他人的表现、观点作出反应。 通过发现他人做事或做决定的缘由对某个题目进行探讨。
自我认知智能	改变意识状态的训练 情感加工 集中注意力/专注技能 高级推理 独立研究/课题 自我了解程序 元认知技巧 警觉性训练 沉默反思 思维策略	学会把自己的情绪和意识调节到一种理想状态。 意识到自己学习的情感因素（我学习这一课有什么感受?）。 掌握把自己的注意力集中到一个观点或任务上的能力。 从对事实的记忆转到分析、综合和运用上。 独立地就某个题目表达个人的情感和思想。 为自己的个人生活寻找课堂学习的个人意义和用途。 对自己的思维过程进行思考（如探索各种思维过程以及所采用的步骤）。 对生活体验进行有意注意（“警觉性”的反义词是自动化）。 学会运用反思工具进行反思，如反思日志、思维活动记录、学习日记等。 学会运用不同的思维方法解决不同的问题。

续表

智能名称	工具	相关说明
博物学家智能	识别典型图形 植物/动物管理 保护自然环境 环境反馈 动手实验室 接触大自然/实地考察学习 观察大自然 模拟大自然 物种分类（有机物/无机物） 感觉刺激练习	发现宇宙中重复出现的、标准的自然图形和图案。 完成照料和/或培训动物、昆虫和其他微生物的项目；完成种植植物的项目。 参加照管和保护自然环境（包括动物）的项目。 了解和热爱环境，倾听来自自然环境的反馈。 运用自然物体进行实验。 到户外亲身体验大自然，或通过录像、实物、动物和植物拉近与大自然的距离。 参加观察活动（如观察鸟类）、地质探察，写自然日志等。 用某种形式再现大自然（如标本展出、画面剪辑、照片、绘画和自然拓印等）。 运用分类图表帮助自己理解自然物的特点。 通过视、听、嗅、尝和触摸让感觉器官接触大自然。

除此之外，关于多元智能理论在课堂中的运用，曾和加德纳一起工作多年的美国学者托马斯·阿姆斯特朗还为我们详细介绍了“多元智能计划单”。下面是一个关于“标点符号”学习的例子。[①]

关于标点符号的多元智能计划单

智能类型	教师的思考	教学策略
语言智能	我怎样利用口头语言或书面语言？	口头解释、无标点的课文、讨论标点的用处、写自己的句子、讨论标点符号的使用。
逻辑—数学智能	我怎样引入数字、计算、逻辑、分类，或是批判性思维的技能？	分类任务、用符号代替数字。

① ［美］托马斯·阿姆斯特朗．课堂中的多元智能［M］．张咏梅，王振强等译．北京：中国轻工业出版社，2003.

续表

智能类型	教师的思考	教学策略
空间智能	我怎样利用视觉辅助教材、想象、色彩、艺术或图表?	颜色编码、制成图片。
音乐智能	我怎样引入音乐或背景声音,或把教学重点放在旋律的框架内?	音乐式的标点符号、为标点作音乐助记符。
身体—动觉智能	我怎样能涉及整个身体或者利用动手练习?	关于标点的课堂剧、标点符号拼贴材料、扮演标点符号、在同学背上跟踪标点符号。
人际智能	我怎样让学生从事于同伴分享、合作学习或是团体模拟?	同伴 FLASH 卡片、按课堂剧角色设计标点符号、社交游戏。
自我认知智能	我怎样唤起个人感受、记忆,或给学生选择的空间?	“如果你是一个标点……”
博物学家智能	我怎样合并生物体、自然现象,或生态意识?	用标点符号配动物的声音、用标点符号作植物标记。

前面已经谈到,对于学生来讲,虽然每种智能都是独立存在的,但在课堂上不可能纯粹地只运用一种智能,也不可能仅仅促进单一智能的发展,要是八种智都能容纳进课堂,也是不现实的,所以我们强调“倾向”一词。在课堂中,可以通过整体教学设计或某一环节的教学设计倾向于某个目标智能(主导智能),再结合运用辅助智能(支持智能),共同达到促进学生有效学习的目的。

第一节　倾向于语言智能培养的教学方法

培养学生语言智能的方法有很多,如,多种形式的阅读,利用讲故事的形式进行讲解,开展讨论,展开想象续写、改写、编(神话、传奇故事、短剧)、写新闻稿,制作脱口秀节目、访谈,制作简报,为解决一个问题写信给别人等等。语文、英语等以语言训练为主的课堂,应将语言智能作为主导智能，这需要教师针对学习内容选择合理的教学策略，从而提升学生学习的质量。

一、通过“练笔”加强语言训练

案例：苏教版小学语文一年级上册练习 4“读读背背”《古朗月行》

师：小时候不知道圆圆的月亮是什么，把它叫作白玉盘，有时又以为它是梳妆用的镜子，飞到蓝蓝的天上去了。多美的景色啊！让我们看着图画来读读古诗。

（学生齐读，教师范读，自由读，指名读）

师：小朋友们，你们看到天上的月亮，觉得它是什么呢？

生：我也不认识，是妈妈告诉我那是月亮，我就知道了。

生：我小时候曾经以为是大珍珠。

生：我感觉像是大西瓜。

生：我感觉像是圆圆的烧饼。

……

师：同学们的想象力还真丰富，都可以做小诗人了，愿意试试吗？

出示：小时不识月，
呼作________。
又疑________，
飞在青云端。

（学生积极性很高，纷纷举手吟诗）

生：

小时不识月，
呼作<u>大珍珠。</u>
又疑<u>圆烧饼，</u>
飞在青云端。

小时不识月，
呼作<u>大皮球。</u>
又疑<u>大柚子，</u>

飞在青云端。

小时不识月，
呼作氢气球。
又疑玻璃球，
飞在青云端。
……

师：小朋友们太厉害了，才用了几分钟的时间就写出了一首诗，这是你们的劳动成果，老师会把这些作品打出来，下面写上你们这些小诗人的名字，贴在教室的“我是辛勤的小蜜蜂”展板上，好不好？

（学生们一阵欢呼）

在《古朗月行》这首古诗教学中，教师结合插图让学生从直观上感知古诗描绘的情境美，以引起学生的学习兴趣。接着顺其思维，发挥想象引导学生说出自己心目中的月亮像什么，接着把零散的语言组织起来，孩子们就成了小诗人，从而使学生置身于愉悦、自主、创造性的语文学习活动中去。让学生“乐学、善学、博学、美学”，经历丰富的情感体验，真切感受到读书的快乐，在感受快乐的过程中孩子们的语言智能得到了发展。

艺术家的创作手法都讲究“留白”，即在作品中不透彻表达，以给读者留下思考和想象的空间，达到“此时无声胜有声”的效果。多元智能课堂特别强调教师抓住“练笔”的契机，把“练笔”当作语言智能培养的重要手段。如《我们爱你啊，中国》，可以仿照课文现代诗歌的格式续写一小节；《狼和小羊》最后写道：“狼嗤着牙，向小羊扑去。”结果怎么样呢？教材中没写，这时就可以让学生发挥想象，孩子的回答一定是千奇百怪的；《真情的回报》里有这样一个场景：由于文中的邮递员“我”平时对订户很真诚，所以圣诞节前夕，订户们自发送给“我”一辆崭新的自行车和一篮子贺卡。课堂结尾安排学生代订户给“我”写一张贺卡，学生既学会了写贺卡，而且也考查了学生对课题“真情的回报”的理解；学习《高尔基和他的儿子》时，在精读高尔基“写信教子”部分后，课堂结尾可以安排学生代高尔基的儿子给高尔基写一封回信，学生对本课教学难点“‘给’，永远比‘拿’愉快”这句话的理解也就会自然地体现在回信内容之中了；再如，学习《石榴》一课，教师引导学生紧扣关键词语、写作特点去品味语言，在迁移练笔的指导上，让学生结合范文示例去练写“西瓜”，先是形状，再是果实，最后写味道，尽可能用上文中类似的拟人化的语言，引导学生掌握写水果的一般方法……

学生需要通过“练笔”进行语言的模仿，其实有许多课文都可以作为“练笔”的素材，可以模仿结构（总分、总分总、时间转移、地点转移），可以是想象补白，还可以是词语的移植……“我口说我心，我手写我口”，写作是思考的再加工和再表达。

二、通过“说理”引领思维发展

案例1：苏教版小学数学三年级上册“千克和克”

师（课件出示）：一台天平，左边放着3个菠萝和1个苹果，右边放着1个菠萝和7个苹果，这时天平平衡，每个菠萝一样重，每个苹果也一样重。

问：一个菠萝的重量是一个苹果的几倍？在正确的答案下面画“√”

5倍	4倍	3倍	2倍	相等

（指导学生读题、审题后，教师拿出事先准备的实物教具——4个菠萝、8个苹果，学生们都瞪大好奇的双眼，个个跃跃欲试）

师：同学们，有人要拿4个苹果来换我的一个菠萝，你们能帮助老师算一算，我应该跟他换吗？

（“能”、“不能”、“不给他换”台下叫声一片。只听小A嘟囔着：“我猜是3倍。”接着就有学生嚷嚷着，2倍、3倍、4倍……还有人说是相等的）

师：同学们，学习知识光靠猜是不行的，开动你的脑筋分析分析，你给出的结论要有说服力。下面就给大家一些时间，你可以在本子上写写画画，也可以在小组内讨论讨论，一会儿每组推选一个代表，告诉老师你们这组的想法，好吗？

生：好。

（在学生们合作交流时，教师走到学生中间倾听，引导学生用画图的

方法改变天平两边物品的数量，从而发现两者之间的重量关系）

师：说说你们交流的结果。

（请学生上台，边讲解，边摆放实物教具）

生：我们先是猜的1个菠萝等于3个苹果，拿左边一个菠萝和右边的3个苹果交换一下位置，这样两边都变成了2个菠萝和4个苹果了。所以一个菠萝的重量是一个苹果的3倍。

生：我们组是从左右两边同时拿掉一个菠萝和一个苹果，结果发现左边剩下2个菠萝，右边剩下6个苹果，2个菠萝与6个苹果，所以一个菠萝的重量是一个苹果的3倍。

……

（课堂上开始沸腾，出现一片积极热烈的讨论场面，还有学生要从家里带来水果，亲身感受一下）

案例2：苏教版小学数学五年级上册“小数的大小比较”

（师在进行“小数的大小比较”复习时，让学生对0.36和0.63进行比较，很快学生就得出：0.36<0.63）

师：能不能告诉大家你是怎样比较出来的？

生：先看整数部分，两个数整数部分相同，再看十分位：0.36的十分位是3，0.63的十分位是6，3小于6，所以0.36<0.63。

生：把单位1平均分成100份，0.36有36份，0.63有63份，36份少于63份，所以0.36<0.63。

生：0.36是由3个十分之一和6个百分之一组成的，0.63是由6个十分之一和3个百分之一组成的，所以0.36<0.63。

生：0.36里有36个百分之一，0.63里有63个百分之一，所以0.36<0.63。

生：0.36里有360个千分之一，0.63里有630个千分之一，所以0.36<0.63。

生：我把0.36看成3毛6，0.63看成6毛3，3毛6比6毛3少，所以0.36<0.63。

通过这两个案例可以看出，说理也可以如此轻松。枯燥乏味的说理训练，在实物情境的带动下，在良好学习氛围的熏陶中顺利地完成了。作为学习活动的指导者和参与者，教师充分发挥了个人影响力，并且利用一定的教育机智，把学生的注意力吸引到知识上面来，调动多种因素让学生自主探究、合作互动，努力创设充满活力、富有情趣的多元智能课堂。特别是最后一个案例，学生的发言积极踊跃，在练习的过程中，他们开动思维，大胆探索，敢于发表自己的见解。他们运用小数比较大小的方法，从数的组成分析，结合小数的意义，联系生活实际等多种方法进行比较，拓展了学生的思维，学生从不同的角度，进行全方位思考，在说理的过程中，加深了对概念的理解，从而提高了知识运用的水平。

小学阶段学生以具体形象思维为主，并逐步向抽象思维过渡，这是借助于外在的动作技能、显性活动为基础的思维，而数学学科本身的重要特点是其具有抽象性。因此，我们在教学过程中要让学生通过动眼看、动口说、动手做、动脑想，使外部的操作过程与内部的智力活动紧密结合，课堂上应该积极为学生创设良好的说理环境，不歧视、不怀疑、不打击，使学生养成爱说理，爱追根究底的好习惯，从而更好地了解算理，明确算法，培养他们的语言智能，并有效促进其思维的活跃和发展。学生通过理解和分析，找到新旧知识的内在联系，找准新旧知识的联结处，把重点放在培养学生对问题的分析和表达能力方面，特别是在分析应用题的数量关系上，用准确的数学语言说出解题思路是提高应用题解题能力的关键所在。在整个说理过程中，学生说理越清楚，逻辑思维能力也就越强。说算理对于学生计算方法的掌握、逻辑思维能力的培养具有积极的作用。

例如，二年级教材中的应用题主要由图画应用题、表格应用题、半图文应用题、文字应用题构成，这其中包括“求和”、“求剩余”两类应用题。在教学过程中，教师为了进一步明确题目的数量关系，帮助学生正确解答应用题，刻意训练学生用清楚、简洁、准确、流畅的语言说出自己分析、解答题目的思维过程和相应的道理。学生通过说理，有力地促进了思维能力的发展。在教学图画应用题时，让学生按顺序说出图中所给出的两个已知条件，一是先告诉了什么？二是又告诉了什么？三是要求的是什么？通过观察、述说，让学生了解应用题的基本结构，再列式计算，说出算式中各部分所代表的含义，这其中要求学生表达完整、条理清晰，用语言的发展带动思维的发展。

三、通过“辩论”强化智能培养

真正精彩的课堂不是异口同声的课堂，而是时有争论与辩论发生的课堂。在争论与辩论中，师生的思想与观点在交锋中融合，学生之间的认识与想法在交锋中彼此影响，最终达到对知识的正确理解，提高学生的语言智能。

案例：苏教版小学数学五年级下册“分数、小数的互化”

“分数、小数互化”一课，学生对于“一个最简分数，如果分母中除了2和5以外不再含有其他质因数，那么它就能化成有限小数”中的“最简”两字存有异议。如何在学生迷失方向的关键处引导学生自主纠正思维方向？教师在课堂上引入了“辩论”。先是让学生经过短暂的辩前准备(学生按正方、反方分组讨论)，然后辩论正式开始：

正方：如果它不是最简分数，那么它的分母中可能会含有其他质因数，因而就不能化成有限小数。

(正方紧紧抓住“最简分数”这个关键词)

反方立即反驳：比如3/6，它的分母中已经含有其他质因数了，但它却能化成有限小数，该怎么解释呢？

(反方巧妙地以具体数据为突破口)

(一个回合下来，未见胜负，于是进入下一轮，这次先由反方发言)

反方：不管这个分数是不是最简分数，只要它的分母中除了2和5以外不再含有其他质因数，它就能化成有限小数。

(局势似乎已经明朗，但正方依然提出了问题)

正方：既然加不加“最简”无所谓，那么为什么还要加呢？

一波未平，一波又起，这样的课堂真似波涛起伏！而学生才是真正的水手和弄潮儿。通过辩论学生能够明白：如果一个分数的分母除了2和5之外不再含有其他质因数，那么这个分数不管是不是最简分数，都能化成有限小数。但如果一个分数的分母中含有2和5以外的质因数，则必须化成最简分数之后才能判断，所以“最简”两字不能少。学生不仅理解了“最简”的深刻内涵，而且对于像12/32这样非“最简”的分数，不必化简，就可以依据32不含有2和5以外的质因数而判断出它能化成有限小数。

案例 1：苏教版小学数学一年级上册“认识物体”

在教学“认识物体”这一课时，孩子们对于长方体、正方体、圆柱体和球体的基本特征能大致说出来，但是要真正地实现理解和应用还是有一定的难度的。

于是在课堂上，教师提问道：上下两个面是圆形的就是圆柱体吗？

（班内学生除了两个学生以外其他都认同，教师组织双方进行辩论）

“认同”方说：因为圆柱体上下两个面都是圆形。

“否定”方说：如果上下两个圆不一样大呢？

（学生们马上就明白：上下两个面是圆形的，不一定是圆柱体）

这时，一个学生站起来说：“我明白了，老师，上下两个一样大的圆面才是圆柱体。”

突然又有一个同学站起来说：“那也不一定呀，如果两条边线不是直的呢？它们往外凸，或者是向内凹呢？那怎么是圆柱体呢？”

（通过辩论，全班的同学都深深地理解了圆柱体的特征）

案例 2：苏教版小学数学一年级下册“思维拓展”

习题：一班有 19 个学生去春游，他们应该坐哪辆车比较合适？

(1) 15 座　(2) 20 座　(3) 25 座

教师让学生先想一想，然后再回答。一部分学生选 (2)，一部分学生选 (3)，没有人选 (1)。接着，教师让选 (2) 和 (3) 的同学进行辩论。

甲方说：因为只有 19 个同学去春游，我们选 20 座的，是因为不浪费座位，也不会浪费钱。

乙方说：我们选 25，是因为如果我们去春游的话，老师肯定要带我们去，我们不可能自己去呀，我们有这么多的老师呀，如果不多几个座位的话，那怎么能坐得下呢？

（听了学生的辩论，我们不能不惊叹孩子们考虑得很全面周到，思路也很开阔）

学习的过程是一种分享、一种肯定的过程，是通过同学之间的相互讨论、辩论、澄清而构建出自己的知识体系的过程。数学教学的本质是数学活动的教学，在教学过程中师生之间、生生之间互动式的语言交流、情感外溢以及行为的展示都是数学活动，学生是活动中不可替代的主体。每个学生都是一个独立思考的个体，学习中往往会存在着“仁者见仁、智者见智”的现象，有一些观点需要集体智慧的交锋方能明辨是非。辩论则是人们交流时经常用到的方式，更是提高学生语言智能的重要方法。如教学“落花生”时，课尾安排学生辩论：是做落花生一样的人好？还是做石榴那样的人好？在辩论中学生明白了，要做务实有用的人，不要做只讲体面而对别人没有好处的人。再如教学“神奇的克隆”，课后引导学生辩论：克隆技术是福音，还是祸患？引导学生用一分为二的观点看待“克隆技术”，只要把此项技术运用于有利于人民生活幸福指数上升的领域，比如它可以培育出优质高产的粮食、蔬菜新品种，也可以培育大量品质优良的家畜，还可以挽救一些濒危物种等等，那么“克隆技术”当然是福音了。所有这些，不需要教师直接告诉学生，而应让学生经历一次思维的洗礼，经历一次自我的认知，真正体现自主学习的乐趣。

第二节　倾向于逻辑—数学智能培养的教学方法

培养学生逻辑—数学智能的方法主要有逻辑游戏、计算推理、解决问题等。如何利用这些方法在日常教学中培养学生的逻辑—数学智能呢？现截取一些案例进行说明。

一、逻辑游戏

案例 1：苏教版小学数学二年级下册第一单元“有余数除法”

为了建立“有余数除法”的概念，教师为每个学生准备了 9 个纸盘和苹果，课上做分苹果游戏。

第一步，让学生把 9 个苹果都放在盘子里，每盘放几个由自己决定。要求每盘里放的苹果要同样多，看可以分几盘。学生顺利地分完了，有分 9 盘，每盘放 1 个的，有分 3 盘，每盘放 3 个的，还有个别学生把 9 个苹果都放在一个盘子里的。

第二步，分组进行每盘放 2 个，4 个，5 个和 6 个几种不同的分法。在游戏过程中，学生产生了许多新的想法和新的问题，思维非常活跃。

当苹果出现剩余时，有的同学把剩余的苹果放在一边，有的不知如何处理，拿着剩下的苹果瞧着老师，希望老师出个主意；有个别学生索性把剩下的苹果放在了一个盘子里。这时，教师抓住时机组织大家讨论，先请一位学生到前面演示：有 9 个苹果，每盘放 2 个，这位学生放了 4 盘，还剩下 1 个。

师：为什么剩下 1 个呢？

生：您要求每盘放 2 个，这 1 个不够放一盘了，应该剩下。

师：在日常生活和生产中，平均分一些东西，不一定能分完，分不完的情况是大量存在的。

（板书课题，激发学生学习“有余数除法”的欲望，为后面的学习讨论做铺垫）

案例 2：苏教版小学数学一年级下册：100 以内数的加减法。（扑克牌游戏）

师：100 以内进位加和退位减最容易出错，我教你们用一种熟悉的东西来练习计算。这个游戏，大家可以在座位上和同桌的小朋友一起玩。

如：1 个人拿 1 位数 1～9

1 个人拿 2 位数 10～99

每人出 1 张，算一道加法题，谁先算出来这两张牌就归谁。如果算错了，裁判要帮助你纠正，可把 J、Q、K 改造成两位数。

（学生自由活动）

案例 3：苏教版小学数学一年级上册：分与合。（算式找朋友）

师（出示“＝”）：这是什么符号？在算式中表示什么？（算式两边都相等）

师：如 2＋4＝6。除了用 6 表示，还可以用什么形式来表示。还可以用2＋4＝7－1 来表示。为什么呢？

生 1：因为 2＋4＝6，7－1＝6。6 和 6 同样多，所以 2＋4＝7－1 同样多，我们就说 2＋4 和 7－1 都是 6 的好朋友。

师：下面我们就来做一个找朋友的游戏，5＋3＝4＋4。

生 2：在哪里，在哪里，我的朋友在哪里？

生 3：在这里，在这里，你的朋友在这里。

生 2：5+3=8。

生 3：4+4=8。

生 2、生 3：对对！我们俩是好朋友。

……

一方面，小学生的身体正处在生长发育的时期，尤其是神经系统还不够成熟。对于抽象、枯燥无味的数学知识，他们往往更加难以集中注意力，对数学学习的兴趣也不高，而逻辑游戏能够弥补这方面的不足。游戏教学法具有趣味性和娱乐性，通过游戏教学，能够给孩子们带来乐趣，启迪学生的智慧，让学生们能够在愉悦的氛围中学习数学，从而对数学产生兴趣，摆脱心中的抗拒，完成教学目标。另外，儿童的天性需要游戏，特别是低年级的孩子，游戏能给孩子即将活跃起来的心理机能提供自由表现的机会。

另一方面，数学游戏教学法能够培养学生的数学意识。逻辑游戏可以涉及许多方面的知识，很多普普通通的事物都可以组合成数学问题，也能运用数学知识去解决。通过游戏，让小学生能逐渐地多从数学的角度去考虑周围的事物，从而培养自身的数学意识，形成自己的数学思想，发展学生的逻辑—数学智能。

二、计算推理

小学数学教学中，对学生计算能力培养的目的，不仅仅在于提高学生的计算能力，更重要的在于促进学生的逻辑—数学智能的发展，在于为学生的后续学习和数学素养的整体提高打好基础。学生计算能力的训练与培养，有明确的目标和统一的基本要求，要采取科学、灵活且有一定力度的训练方式，并要明确计算的原理，关注个体的不同发展，既要注重个性化学习优势的发挥，又要体现统一的训练意志，这样才能收到良好的效果。

案例：苏教版小学数学二年级下册“有余数的除法”

师：请小朋友们观察生成的算式：7÷3 和 10÷4，并说说与以前学过的除法算式有什么不同？

生：这个除法算式算起来还有多 1 个数的。

生：找不到乘法口诀。

生：不能直接算的。

师：大家觉得在我们的生活中，什么时候会用 7÷3 这个算式去计算？

生：妈妈买了 7 个苹果平均分给 3 个人。

生：有 7 个本子平均分给 3 个同学。

生：有 7 元钱，买 3 元一本的本子，可以买几本？……

师：同学们能不能用你喜欢的方式表示出 7÷3 这个算式呢？

（学生找出的方法有：摆学具、画图、编数学问题……）

师：像这样有余数的除法算式还有很多，谁还能再来说几个？

（生说）

师：刚才说的这些算式你会计算吗？我们来选择一个，试着算一算，在小组里交流一下，看谁的方法又好又多。

（学生独立思考，研究算法，在小组内交流。全班交流各种算法，并对各种算法进行评价）

师：刚才我们用画图、想乘法、想口诀……计算出了这道题。其实我们还可以用竖式来进行计算呢，谁会写除法的竖式？

（指名说，教师板书，并加以说明）

计算是一个很好的方法，也是教学中最常见的教学手段，要想提高学生的计算能力，发展学生的逻辑—数学智能，须从算理入手，使学生真正明白为什么“这样算”，这样比教师直接告诉学生计算方法好得多，做题的正确率也会大大提高。

让孩子们静静地观察，独立地思考有余数除法与以前学习的除法的不同；让孩子们静静地倾听，认真地分析其他孩子说的计算方法；让孩子们静静地尝试，体验有余数除法的最优算法。课堂中少了小组合作的热闹，更少了一些激动人心的游戏或生活场景，但给每位孩子提供了思考的空间，孩子们在观察思考中有了自己的发现，在安静倾听中分享了别人的学习成果，在默默感悟中体验了算法最优化，每个孩子都有自己的收获，每个孩子都有自己的成功，而孩子们的观察、概括、分析等能力也在计算题的教学中得以孕育、发芽和成长。

三、解决问题

现实生活中遇到的实际问题常常是整合各类信息而综合显现出来的，我们可以将其引入课堂，让学生在接近实际情景的实践活动中去解决数学中的问题，提高学习兴趣和学习效率，发展学生的逻辑—数学智能。

案例 1：苏教版小学数学六年级下册“比和比例”

学生学习了“比和比例”后，教师有意把学生带到操场上，让学生测量计算操场边的树的高度。树木高参天，如何测量？有人提议拿绳子，先用绳子量树，然后再量绳子。这可是个好办法，但是无枝可攀，如何上去呢？教师适时取来一根长 2 米的竹竿，笔直插在操场上。这时阳光正灿烂，马上出现了竹竿的影子，量得影子长为 1 米。教师启发学生思考：从竿长是影子的 2 倍，你能想出测树高的办法吗？学生想出：树高也是它的影子长的 2 倍。（教师补充“在同一时间内”）这个想法得到肯定后，学生们很快从测量树影的长，算出了树高。接着，教师又说：“你们能用比例写出一个求树高的公式吗？”于是得出：

竿长：竿影长＝树高：树影长；

树高：竿长＝树影长：竿影长。

在这个活动中，学生增长了知识，也锻炼了能力。

案例 2：苏教版小学数学三年级上册：用乘法解决实际问题。

（教师事先把学生分成八个小组，选出小组组长，由组长组织学生带几件商品构建一个虚拟商店。上课伊始，教师首先走到第一个小组前）

师：我想买 3 支铅笔，每支 8 角，还想买 5 个本子，每个本子一元 2 角，你能提出什么数学问题？

生：老师一共用了多少钱？

生：买本子比买铅笔多用多少钱？

生：买铅笔比买本子少用多少钱？

生：买本子的价钱是买铅笔的价钱的几倍？

（教师有选择地把前三个问题板书在黑板上）

师：在我们的生活中，经常会碰到这些问题，同学们自己能解决吗？请同学们小组合作完成，写出解题计划并列式解答。

……

师：哪组小朋友愿意上来把你们组的合作成果展示给大家，并和同学们进行交流？

（教师指明几个小组交流解题计划并列式）

师（走到第二组）：你们的丫丫奶糖多少钱一斤？

生：我们的丫丫奶糖15元一斤。

师：你们的大白兔奶糖多少钱一斤？

生：大白兔奶糖13元一斤。

师：我要买大白兔奶糖和丫丫奶糖各五斤，算一算，你们应收取老师多少钱？

（学生小组合作完成后，教师请各小组汇报交流学习成果）

（这时一名学生站起来）

生：我先算出一斤大白兔奶糖和一斤丫丫奶糖的总价钱，然后再算出五斤大白兔奶糖和五斤丫丫奶糖的总价钱。

师：请同学们讨论并评价一下，他这种方法怎么样？

通过交流评价，学生了解到这种方法比前一种方法简便，从而感受到同一问题的不同解答方式。接下来教师请学生在数学商店里，任意购买自己喜欢的商品并提出问题，解决问题。学生开始在虚拟的数学商店里进行数学活动，从而内化所学知识，构建自己的知识结构。

通过日常生活中的简单事例，让学生尝试从优化的角度在解决问题的多种方案中寻找最优的方案，初步体会数学思想在实际生活中的应用，以及在解决问题中的运用，发展学生的逻辑—数学智能。

学生理解应用题往往是从题目提供的情节中，联系自己已有的生活经验开始的。如果题目脱离儿童的生活实际，就会造成理解和解答困难，所以教师就重组教材，重组学生的学习材料，虚拟一个“数学商店”，让学生在这样的情景中提出问题、解决问题。这样的重组贴近学生所关注的现实生活，学生会倍感亲切并愿意探究，这样的设计不仅有助于理解和掌握知识，巩固和应用知识，更有利于培养学生的逻辑思维能力、创新意识及分析问题和解决问题的能力。

另外，购物这种情境，学生在生活中经常接触到，如果教师简单地出示文字式的应用题让学生解答，也许能够明白这些知识，但是学生探索知识的过程及其精神就会被忽略。课堂中教师只是整个教学过程的组织者，更多的是为学生提供大量感性的学习材料，引导学生经历探索知识的全过程，并在这个过程中感受同一问题的不同解决方法，体验算法的最优化。尤其是在最后，教师设计了学生相互购物，并提出问题、解决问题的学习情景，让学生既巩固、应用了所学知识，又培养了学生探索问题、解决问题的能力。

第三节　倾向于身体—动觉智能培养的教学方法

培养学生身体—动觉智能的方法主要有：表演、模仿、体育游戏、舞蹈、操作等。在多元智能课堂中，让倾向于身体—动觉智能的学生通过做一做，演一演等方式，发挥其强项智能，可以大大提高教学的有效性。

一、表演

表演作为发展学生身体—动觉智能的常用方法，深受学生欢迎。美国表演艺术学者约翰·马丁认为，我们都具备一个第六运动觉——也就是我们都具备进行适度的表演，直接领悟他人或其他物体的行为或动作的能力。这一过程是自然发生的，所以，当我们拿出一个以前没有拿过的物体时，我们所凭借的，是我们在抓取相同大小与密度的物体时的肌肉记忆，我们将这种记忆当作预感身体运作方式的一种自然模式。这种动作语言不需要任何其他符号的介入，能直接为身体所利用。[①] 在课堂中，教师还应适当地营造表演的机会，促进学生快乐轻松地学习。下面我们看一看表演在多元智能课堂中的运用。

案例：苏教版小学语文二年级下册《蜗牛的奖杯》

师：现在小朋友们就是一只只得意洋洋的蜗牛，老师非常想看到你们得意的样子，愿意表演给大家看吗？

---

① ［美］霍华德·加德纳．智能的结构［M］．沈致隆译．北京：中国人民大学出版社，2008.

（学生自由练演后，指名表演，师生评议表演过程中，学生佩戴“蜗牛”头饰，课件相机出示“白天”“晚上”的背景，并配上乐曲）

师：蜗牛是那样弱小，而奖杯却又大又重。日复一日，年复一年，结果怎么样呢？

引读：“可是，这奖杯又大又重，蜗牛背上它，再也飞不动了。”

（学生读得速度快、声音高）

师：从大家的读书声中老师觉得蜗牛现在很轻松，可是蜗牛轻松吗？

生：不——轻——松。

师：你是怎么知道的？

生：我从“再也飞不动了”这句话知道的。

师：那应该怎样读呢？

（指导学生读慢些、轻些、有气无力些，学生有了很大进步）

师：小朋友们，原本的飞行冠军如今再也飞不动了，此时你们有什么心里话要对蜗牛说吗？

（师采访学生，引导学生自由说）

生：小蜗牛，取得成绩千万不要骄傲，看你退步了吧！

生：小蜗牛不仅退步了，连飞行的本领都没有了，太可惜了。

生：小蜗牛，你曾经是飞行冠军，别整天背着奖杯了，赶快练习飞行本领吧，你看，能飞多好啊！

……

师：是啊，骄傲使人落后，谦虚使人进步。小朋友们，成绩只能代表过去，我们只有不断努力，才能取得更大的成功。

案例中，教师抓住语文课程的最大特点，即工具性与人文性的统一，基于教材、超越教材。可以说，如果教师没有组织学生进行有效的表演，就不会有后来学生那么精彩的朗读讨论。教师立足于本课的发展性教学目标，运用身体—动觉智能发展了学生的语言智能和人际智能等智能，不仅仅注重知识的达成，更关注学生个体的可持续发展，从而加强了课堂教学的有效性。

再如，《三袋麦子》是一篇孩子喜爱的童话，小朋友们绘声绘色地朗读完课文之后，一种想要表演的欲望支配着学生兴奋的心理。于是，教师出示了小猪、小猴和小牛这三个可爱的卡通头饰，孩子们更加激动了，似乎达到了"箭在弦上，不得不发"的程度。教师将头饰放下，请小朋友再次读一读课文，自己设计好动作，记住要说的话，想象当时的情景，加入一些合理的"台词"。这个要求暂时抑制住了"群情激昂"的场面，但却是在酝酿又一个高潮的到来。果然，练习后学生更加自信了，积蓄的情感急需抒发。①

执教《黄山奇松》最后一个自然段"黄山松千姿百态。它们或屹立，或斜出，或弯曲；或仰，或俯，或卧；有的状如黑虎，有的形似孔雀……"时，教师为加深学生对黄山松树众多形态的理解，让学生边朗读文字，边做出动作，学生在一读一动中让黄山松的千姿百态映入脑海，恍如身临其境，读得声情并茂，并且有效地促进了学生身体—动觉智能的发展。

执教《林冲棒打洪教头》时，教师摒弃了传统、单纯的读、说、悟等方式，而是在此基础上大胆地让学生根据课文创造性地编写剧本，通过小组合作、集思广益，学生进行了有效的尝试，总结了"时地人写在前，幕起幕落想周全。人物语言要精练，动作表情括号边"的编写独幕剧的技巧，从而让学生更好地理解文本内容，把握人物特点，促进学生语言智能、身体—动觉智能、人际智能的发展。此外，教学《黄鹤楼送别》中李白与孟浩然依依惜别的场景时，在学生熟读的基础上安排了表演，那种"依依惜别"的感情溢于言表。对于动觉倾向型的学习者，情景表演、小品表演是其喜爱且有效的学习方法。如果教师能根据学习内容，创设生动有趣的情境，通过情景表演或小品表演，把教学内容的呈现与表演融为一体，则可以更好地从中激发情感，增长知识，提高能力。

二、模仿

案例：《牛津小学英语六》A 第九单元：What's the Matter?（The First Period）

1. 教学单词 cold，教学句型 What's the matter? 及答语 I'm...

（1）T：Boys and girls，what a sunny day! Are you hot?（师用手做热状）

① 曹璟．多元智能理论在语文教学中的运用［J］．上海教育科研，2010（1）．

S：No. / Yes.

T：Oh. It's cold. I'm cold. （搓手，做寒冷状）

（师出示卡片"cold"）

T：Do like me，say like me. I'm cold. （搓手，做寒冷状）

Ss：I'm cold. （模仿老师，做动作）

T：相机板书：cold

（2） T：What's the matter with you?

Ss：I'm cold. （师引导学生回答）

T：出示句型 What's the matter?（范读，指名读，板书句型）

T：I'm cold. （出示句型：I'm... 领读，相机板书）

（3） Work in pairs

T：One ask，the other answer.

Ss：操练，反馈。

2. 教学单词 hot，tired，thirsty，hungry

（1） T：I'm cold too. Let's do some exercise.

Follow me，please. （师边做动作边说，学生学做）

（生做相应动作）

T：Oh，I'm not cold. I'm hot. （用手当扇子，做热的动作）

T：出示"hot"卡片，领读，指名读 I'm hot ...

S：I'm hot. （模仿）

T：What's the matter?（手指黑板）

Ss：I'm hot. （相机板书）

T：Boys ask and girls answer. （Change）

（2） 同法教学单词 tired，thirsty.

（3） 教学单词 hungry

T：What's the time? Let me see. Oh，It's ...

I didn't have breakfast this morning.

T：I'm hungry. （做饥饿状）I'd like some cakes.

（师出示卡片"hungry"，领读，拼读）

S：I'm hungry. （生模仿表演）

T：Here's an apple for you.

S：Thank you.

T：Not at all.

T：Boys and girls. If I'm thirsty. What can you do?

S：Here's some cakes for you.

T：If you are thirsty. We can say "Here's some ... for you."（师领读，相机板书）

在小学英语学习中，流畅自如的表达，标准地道的语音是衡量学习者运用英语能力的高低，检验英语学习是否成功的标准。在实际教学中，许多教师为了达到这个目标，采用了各种教学手段和方法，但往往欲速而不达。在语言学习的过程中，有相当一部分的学习者存在着缺乏语感、语音模糊、语调不自然的现象。听音、辨音和仿说能力的缺乏都直接影响了学习目标的实现，使学生无法在真实的情境中自如地表达，这对学生素质的提高造成了一定的障碍。其实，问题的症结在于教师忽视了模仿学习在小学英语教学中的地位和作用。也许有人会提出异议，在大力倡导素质教育的今天，为何还要提倡模仿学习呢？因为，在语言学习中，模仿和创造并不存在矛盾，模仿学习并不排斥创造能力的培养，与此相反，大量的模仿能为创造性地运用语言提供前期积累和准备，模仿是创造必备的基础和前提。

活动：

(1) 教师边示范边念出含有所学词的句子或短语，单独重复强调句中或短语中的动词、名词和形容词：

I'm having breakfast.（假装坐在桌前，做吃饭状）

Listen!（把手搭在耳朵上，做听话状）

Open the door.（假装开门）

There is a little dog.（模仿小狗叫）

It's hungry.（拍着肚皮，做饥饿状）

Get your sausage.（拿起香肠）

Take a bite.（咬一口香肠）

Give the rest to the dog.（把剩余的香肠给小狗）

(2) 教师发出指令和学生一起做

Good，let's do it together.（教师和学生一起按上面的示范做动作）

I'm having breakfast.

Listen!

Open the door.

There is a little dog.

It's hungry.

Get your sausage.

Take a bite.

Give the rest to the dog.

(3) 教师发出指令（若干次）学生做动作，边做边低声重复，逐渐加快语速。

……

小学生的各种身体器官发育较迅速，尤其在大脑和高级神经系统方面，听、看等感知觉的能力十分强，对语言有很强的敏感性，辨音能力强，言语模仿的准确度高，语言模仿的效果比其他年龄阶段的学生好。小学生的这一生理特征也决定了模仿学习是他们学习英语最主要和最基本的方法。模仿在动觉思维中举足轻重，模仿教学与模仿训练是这一领域传授技能最恰当的方法。因此，在小学英语课堂教学过程中应充分重视模仿学习的作用和意义，把它作为落实素质教育的一个切入口，切实提高学生在交际中初步运用英语的能力。

三、游戏

案例：《牛津小学英语》3B 第十一单元 A Good Idea

T：Now，let's play a game，I do and you guess.（以游戏激发学生学习英语的兴趣）

（师表演跑步、慢跑）

（生猜并说出单词）：running，jogging.

T：Now I say，you do，and the other ones guess.

（由老师做动作学生猜单词转变为老师耳语说单词，指令个别学生做

动作，再由其他学生猜单词，游戏过程中既考验了个别学生的听力，也检测了大部分学生对单词的理解程度）

（师在指定的一个同学耳边轻声说出“fishing”“swimming”等单词，由他表演出动作，其他学生根据该生的动作说出单词）

活动：用 parrots 游戏练习现在进行时

（1）教师提出要求，并示范一次游戏规则：学生站起来，教师用要求掌握的语法点 be（am，is，are）+doing 说 true 或 false 句子。学生跟着重复，是 true 句子，而在听到 false 句子时保持沉默，出了错的学生则坐下来，然后要注意听。

（2）游戏开始

T：I'm a teacher. I'm teaching.

Ss：You are a teacher. You are teaching.

T：（Good）You are students. You are standing and we are listening.

Ss：（变换人称）We are students. We are standing and we are listening.

T：（Excellent，指着两个站着的学生）They are sitting and they are reading.

（生保持沉默，有几个学生重复，教师请这几个学生坐下，注意听）

T：（指着一个坐下的穿红衣服的女同学）She is sitting and she is wearing a red coat.

（生重复）

T：（指着一个穿黄衣服的男同学）He is wearing a red coat and he is having breakfast.

（生保持沉默）

……

艾金斯（Egging）1979 年对 MBTI 的研究表明，直接经验为动觉倾向型学习者所喜爱，“‘做中学’或通过直接经验而学习是荣格提出的偏爱感觉的学习者的一种典型特征。”根据美国教育家杜威提出的“做中学”的教育思想，教师把对单词的复习放在一则游戏中，既避免了单词复习的枯燥乏味，也让学生在游戏中消除了对英语的恐惧心理，从而能够轻松自如地将所学的单词一一说出来。当然，并不是任何一个游戏都可以使用，合适的才是最好的，由于本单元所涉及的单词属于运动类，因此教师安排了“do and guess”环节，在这个游戏中，学生既发展了身体—动觉智能，同时又借助身体语言对所学单词有了更深刻、更形象的理解和记忆。

根据小学生活泼好动的生理特点，教师还经常在字母教学过程中穿插一些趣味性游戏，让学生亲身体验与实践，从而发展学生的身体—动觉智能。例如，在26个字母的复习课上，教师让学生做“Do as I say”的游戏，教师说出一个字母，一个或几个学生上台根据字母的形状合作出“人体字母”，如，有的学生把字母T做成了两手侧平举立正，有的把字母Y做成了两手侧上举立正，把字母M做成两人面对大家握手等等。同时也可以做“Guessing Game”，一个或几个学生上台做出字母形状，其余的学生猜字母。学生在游戏中容易兴致高涨，会积极主动参与，有些学生虽然不善言辞，但有着非常强的身体表现力，进而在学习的过程中培养其自主、合作、探究能力。另外，教师在课堂上还可以开展“Simon says”“Fast motion”等游戏，让学生多方面进行思维训练，形成各种思维之间的联系，教学效果会十分显著。

四、操作

案例：苏教版小学数学三年级上册“认识几分之一”

师：拿出课前准备的圆片，比较一下，这三张纸的大小怎么样？

生：大小相等。

师：请你用两个同样大的圆，涂色表示出它的1/2和1/4，根据涂色部分比较它们的大小。

（展示一个学生的涂色纸片，贴在黑板上，引导学生说说是怎样比较的）

师：用同样大小的圆形纸表示出它的1/8并涂上颜色，猜一猜1/2和1/4相比，大小会怎么样？

（学生猜测后，再结合学生自己的作品，验证猜想）

（师板书：1/2>1/8　1/4>1/8）

师：你能想到一个比1/8小的分数吗？三张纸条的长度怎样？第一张纸条全部涂色，可以用整数“1”表示。下面两张纸条中的涂色部分各用几分之一表示呢？请做在课本上。

（指名说说填写的分数，教师用电脑演示）

师：谁能根据这三张纸条的涂色部分，比较这三个数的大小？

（板书：1>1/3>1/6，初步渗透“几分之一”和“1”的联系）

师：如果继续往下平均分，还可能出现几分之一？平均分的份数越多，表示每份的分数将会怎样？

师：（出示“想想做做”第5题）先按照分数涂上颜色，再比较分数的大小。

（学生读题后，打开书动手涂，并比较大小。集体交流，师指名说说为什么这样涂）

师：（出示“想想做做”第4题）你还想认识几分之一？

（生众说纷纭）

师：再拿出一张长方形的纸，折出你最喜欢的几分之一。学生自主动手折纸、涂色，表示出图形的几分之一。

（同位交流：你表示出了几分之一？你是怎么表示的？）

师：要得到一个图形的几分之一，只要把它平均分成几份，选其中的一份。

……

在分数里最简单的就是1/2，通过直观演示，学生比较深刻地认识了1/2，明确了它的读法和写法，知道1/2是分数，感受了分数与整数的联系，初步理解了1/2的实际意义。学生自己用不同的方法把一张长方形和正方形纸折一折，折出纸的1/2和1/4，涂一涂，在动手操作中经历学习的过程，进一步体会“几分之一”的含义。这样学生有了较多的从“分”的角度认识分数的体会和经验，然后通过课件的直观演示加深学生对平均分的认识，为进一步学习分数的意义奠定基础。

案例：苏教版《劳动与技术》四年级上册“缝沙包”

师：看来，同学们已经知道了手缝的三种基本方法。接下来，我们拿出针线和小布练习一下，看看谁缝得又快又好。

练习要求：1. 每种针法各练5～6针；2. 针脚要紧密，针距要匀称。

（放音乐，学生开始练习，教师巡视指导。教师展示、评议学生练习作品）

师：是啊，分别用这三种针法进行缝合的话，缲针是最结实的，其次是回针，最后才是平针。同学们，通过刚才的练习，大家已经学会了这几种针法。下面，我们就运用这几种针法来缝制一个沙包，好吗？请大家自学课文并思考：缝制沙包需要哪几个步骤呢？

（学生自学，汇报。教师相机板书：裁剪、对折、缝合（留口）、翻面、装沙、封口）

师：同学们概括得很好。其实，要想缝制好一个沙包，只记住这六个步骤是不够的，我们还要注意许多细节。老师呢，也做了一个沙包，请同学们仔细看，我是怎么做的，我们还要注意些什么呢？

（学生观看录像，看后学生回答应注意的点）

注意点：

裁剪：大小适中

对折：正面朝里

缝合（留口）：紧密、匀称

翻面：完全

装沙：适量

封口：不留毛边

师：（课件出示各种精美的沙包）其实，沙包不仅仅有方形的。你们看，这些沙包漂亮吗？待会儿大家也要动动脑筋，发挥想象，设计一个自己喜欢的形状，做一个沙包。我们来比一比，看谁做得最美观。组员之间可以互相帮助，相互合作。我们还要评选最佳沙包呢！特别提醒，大家一定注意针脚要紧密，针距要匀称哦。好了，现在就请大家动手吧。

（学生以小组为单位每人动手制作，小组内互帮互教，教师巡视指导解答）

在本节课的教学中，教师给学生提供了许多参与的机会，如说一说、演一演、练一练、做一做、玩一玩，让学生在动口、动手、动脑的实践中，自我感知、自我体验、自我发展。教学中，不指定针法、不规定样式，让学生在自主选择中培养创新意识，体会劳动乐趣，在操作中较好地运用和发展了身体—动觉智能。

第四节　倾向于空间智能培养的教学方法

空间智能就是对图片作出反应的能力，不仅包括人们头脑内部的想象，也包括外部世界的一些图像，如照片、幻灯片、电影、图画、绘画符号等。培养学生空间智能的主要方法有：想象、绘画、雕塑、画图等。下面是一位教师在小学语文课堂中运用空间智能的几点尝试与体会。

（一）运用空间智能，激发学习兴趣

《北风与小鱼》是一篇寓言故事，讲的是北风吹来，青草枯黄，梧桐叶落，鸟儿躲藏，北风认为自己本领大，不把小鱼看在眼里。课文讽刺了北风妄自尊大的特点。在教学中，可以借助课件学习第一自然段，让学生直观地领略北风的厉害。

教学《冰花》时，首先引导学生观察教室玻璃窗上的冰花，学生一看到冰花立刻产生了浓厚的兴趣，不住地发出惊奇的赞叹："啊，真漂亮!""多好看呀!""真奇怪，昨天还没有，怎么一夜就开满了花?"观察使学生既领略到了冰花的美丽，又引发了他们对冰花的无比喜爱之情，于是教师借机揭示课题，学生立刻兴趣盎然地投入到对课文的学习中去。

古罗马教育家普鲁塔克说："儿童的心灵不是一个需要填满的容器，而是一颗需要点燃的火种。"作为知识的传承者，教学的组织者，学习的引导者，教师应在课堂上尽可能地采用适宜的教学手段，激发学生学习的兴趣，点燃学生求知的火种，并使其在知识的殿堂中得以充分地燃烧。认知心理学认为，兴趣是学生最积极的学习动机，教学必须以学生的兴趣为起点。因此，教师应以学生的兴趣为抓手引入学习，发展学生的空间智能，创设丰富多彩的教学情景，从而创造出真正寓教于乐的课堂。

（二）运用空间智能，深化学生认知

《美丽的丹顶鹤》是二年级的一篇课文，第二段写了丹顶鹤外形的美丽。由于学生大多没见过丹顶鹤，仅凭朗读课文很难感受到丹顶鹤的美丽，鉴于小学生长于形象思维的特点，教师安排了给丹顶鹤穿外衣的教学

环节，让学生边回忆课文内容进行想象，边动手给丹顶鹤涂色，不一会儿，一只只丹顶鹤就穿上了漂亮的外衣，这样，学生不仅饶有兴致地掌握了课文内容，而且发展了空间智能，在绘画中悟出了情趣，悟出了形象，从而产生了愉悦的审美体验。

在教学《东方明珠》一课时，由于小学生的认知经验较少，很难通过朗读体会出上海广播电视塔的高大的特点，此时可以利用课件来展示，引导学生观察上海广播电视塔，并与周围的摩天大楼对比，使学生能够直观感受到上海广播电视塔直插云霄的高大形象，这比教师苍白的语言描述更容易被学生理解和接受。

夸美纽斯说过，“可以为教师定下一则金科玉律，在可能的范围内，一切事物都应该尽量地放在感官的面前。”小学生思维的特点是直观性强，语文情趣很重要的一个方面要有所依托方能显现出来。在阅读教学中，如果能充分发挥学生空间智能的优势，以实物演示情景，以图画再现情景等，从生动直观的形象思维入手，把抽象的语言形象化，并唤醒学生的生活经验，有助于激发学生对文本的兴趣，使学生对文本的认识更加深刻、更加丰富，自然会“情动而辞发”，达到良好的教学效果。

（三）运用空间智能，增强学生记忆

《望洞庭》是唐代诗人刘禹锡所作，诗中描写了洞庭的月夜美景。诗人对美的感觉是敏锐的，语言是精美绝伦的。但是古诗的语言与现代语言有巨大的差异，学生对古诗的记忆背诵会产生畏难情绪。所以在背诵这首诗时，首先要引导学生初读、细读、品读、美读；然后再欣赏古诗插图理解记忆，最后边欣赏画面边回忆诗句，此时再引导学生背诵，一切困难都会迎刃而解。

低年级的“识字”大多以词串的形式出现，在理解记忆时，由于词语间缺乏连贯性，所以对学生来说很困难。以一年级下册的“识字 1”为例，内容主要是描述春天景色的花草树木和小鸟等。在指导学生背诵记忆时可以适时地出示教学挂图，引导学生观察画面，对词语进行归类记忆，学生很快就能通过看图把词串轻松地背诵出来，而且几乎不会产生错误。

由于年龄特征，小学生具有以形象思维、实物的感觉为主，易于接受直观生动的事物，注意力不能持久等特点。而小学阶段语文的教学不仅要

学习大量的汉字，而且要积累较多的诗词文章。如果教师在组织教学中不注重教学方式的多样化，会使学生感到记忆是一种负担，产生厌烦心理。所以我们应在诵读的教学环节中，发挥学生的优势智能，创设丰富的教学情境，提高学生的记忆效果，增强学生的记忆能力。

下面阐述一下空间智能在课堂中的教学方法。

（一）想象

低年级的“识字”配有大量色彩鲜艳、生动有趣的插图，加上教师的引导，自然能激发学生的学习兴趣。另外，我们还可以利用它来搭建学生想象理解汉字的桥梁，使其发挥更大的作用。教师要根据学生思维的特点，先让学生看清字形，拼对字音，再“回”到图上，引导学生想象，引导学生把抽象的符号形象化，提高学生的识字能力。如教学“休”字时，可出示图片（一个人靠在大树旁休息）对学生说：“瞧，这个人累了，正靠着树干上休息呢!”（边说边写出“休”字）学生马上能从画面中想象到这个字所表达的情景，并能记住这个字。

《我不是最弱小的》是四年级下册的一篇课文，写的是小姑娘萨沙在大雨中保护野蔷薇的故事。为了表现萨沙不甘为弱者，自觉保护弱小者的意识，教师首先要抓住“滂沱大雨”“大雨如注”等词让学生体会到，当时雨下得很大。如果学生仍无法准确体会出当时的情景，可以利用挂图或者课件让学生结合画面回忆课文，这样不仅能感受到大雨对蔷薇花的摧残，而且学生很容易就能走进萨沙的世界，体会到萨沙不甘心当弱者以及保护弱小的心情。

想象力是读书最重要的能力，没有想象，就不会有任何创造。所以在教学中，我们要在洞悉小学生智能特征的情况下设计教学，珍视学生独特的感受、体验与理解。其中，空间智能在教学中的有效运用，会使学生置身于有生机的体验式课堂，在放飞想象的同时加深对文本的理解和感悟。

（二）绘画

绘画正是培养孩子空间智能的良好渠道之一。空间智能是指能准确地看到周围影像，并留意细节的能力，同时也是一种审美的能力，表现在绘画中尤为突出。教学《白鹭》时，教师布置了一项作业：结合课文的学习，画一幅“白鹭图”。这不是一幅简单而为的图，它融合了学生对课文的理解：白鹭是什么样子？是怎样的神韵？文中展示了“钓鱼图”“瞭望图”和“飞行图”，学生要依据自我喜好有所选择，在依据课文内容把握好白鹭外形特点的基础上，着力表现其中的一幅图画，这也是一种个性的创作。

俗话说：“诗中有画，画中有诗。”古诗的教学往往会为学生空间智能的发展提供广阔的平台，在学生熟读成诵，体会意境与感情后，不妨布置学生“画一画”的作业，特别是诸如《山行》《绝句》《江雪》《竹石》等借景抒情或托物言志的古诗，其实在画出古诗所表现的景象的同时，学生的多种感官都在活动，多种智力的潜能都在释放，这是一种更有效的学习，也是更深层次、更全方位的学习。

绘画在小学英语课堂中的运用也十分广泛。如在教学单词“eye”时，用字母“y”构成鼻子，两侧用字母“e”组成双眼，整个图案表形“eye”，也表意“眼睛”；再如教学单词“cap”时，用字母“c”构成帽檐，用字母“a”和“p”构成帽边，整个图形表形“cap”，也表意帽子。再如教师先在黑板上画一个“○”，边画边问：“What is it?”学生接着说出下列词汇：an apple，an egg，a face，a glass，a sun，a cake，a candle，最后教师根据学生的猜词，边重复，边添加几笔特征线条，勾勒出学生所说的词汇图。此外，教师先画一个面部头像 Li Ming，再画一面部头像，旁边结合 's 表 Li Ming's，最后画一个面部头像 Li Hua，然后将三个头像用单词连成一句话：Li Hua is Li Ming's sister。还有的教师用“人形”简笔画教学英语歌谣：My hail is on my head. My head is on my neck. My neck is on my body. My body is on my legs. My legs are on my feet. My feet are on the ground.

对于刚接触英语的小学生来说，字母是十分抽象、枯燥的。教师如果不想方设法帮助学生在头脑中建立抽象符号与具体事情之间的桥梁，那么要熟悉掌握 26 个英语字母也将成为一件难事，这对于学生以后的学习兴趣、学习自信心的发展是极为不利的。所以，教师运用猜字母谜的方法很好地帮助学生记住了字母。例如，山连着山（M），双峰倒影（W），钓鱼钩（J），不倒翁（O），弯弯的月儿（D），一把椅子（h），独脚台（T），红苗初绽（Y），日出江花红似火（Q），拓荒者的锄头（L），不倒的旗（P）等等，这些谜语把抽象的字母转化为生活中的具体事物，有利于学生记忆。另外，在学生刚刚接触英语字母时，教师让学生自己画出自己独特的字母象形图，有的学生将字母 H 画成两棵大树之间绑了一张床，有的将字母 F 画成一把梳子，有的将字母 Y 画成一只小虾等等，学生空间思维的巧妙性竟超过了书本上原有的图片，在记住字母的同时更好地发展了学生的空间智能。

（三）图示

历史上许多著名的人物，如达尔文、爱迪生等，在著作中都表明了能用简单的图示来表明其强大的观点。在学习中，运用图示的策略同样可以使学生清楚地理解他们的主题材料，常见的图示有：维恩图、知识树、鱼骨图、蛛网图、矩阵分类图等，也有根据学习内容而自创的图示，这些都可以将复杂的内容简单化、条理化，起到很好的概括和梳理的作用，从而化解学习的难度，帮助学生快速记忆，促进知识的理解与积累。

案例：苏教版小学语文六年级上册《詹天佑》

（课文 4～6 自然段是读、悟的重点。教师要求学生默读课文 4～6 自然段，划出最能表现詹天佑“杰出性”的语句并做批注，引导学生品味第 4 自然段重点语句后，过渡到第 5、6 自然段的教学）

师：其实从 5、6 自然段最能看出詹天佑的才能，课文处处充满着智慧，请同学们默读 5、6 自然段，根据课文内容给居庸关、八达岭画一张施工图，并用箭头来表示。

（学生默读课文，自行画图，教师巡视指导）

师：哪位同学勇敢地到黑板上来画呢？

（两名学生分别到黑板上画第五自然段“中部凿进法”和第六自然段“‘人’字形线路”的图示）

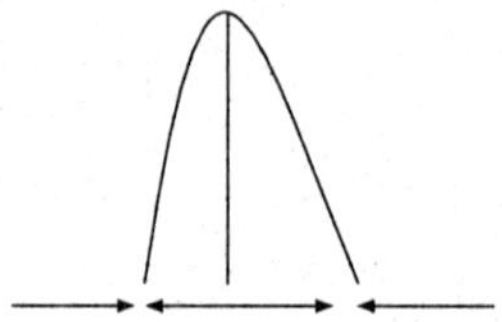

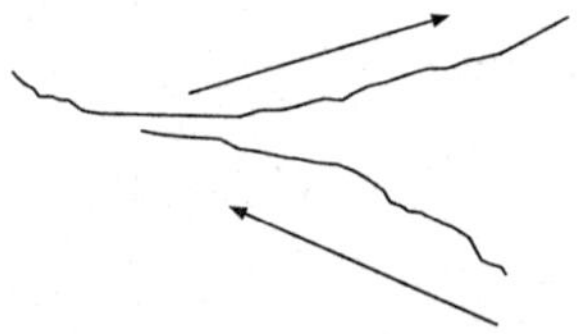

“简简单单教语文，本本分分为学生，扎扎实实求发展”是这个教学片段的鲜明特色。这里的简简单单并不是单纯地简单化，它是一种教学的方法，看似寻常无奇，却融合着教者的智慧，“看山不见山”，正是理想课堂所追求的简约化状态。布鲁纳的认知理论认为：任何学科的内容都可以用更为经济、富有活力的简约方式表达出来，从而使学习者易于掌握。汪潮教授也说：“简约不是简单，它是课堂感受；简约不是随意，它是精湛设计；简约不是低能，它是高效整合；简约不是无为，它是教学境界。”本片段的教学环节的设计追求的是一种“大写意”，给学生留下了一个自由纯净的阅读空间，简约的设计背后透析的是博大的智慧，是丰盈的思考，是能力的锻炼，是学生多元智能的开发。

本片段中第5、6自然段的教学没有讲解，没有倾注，更没有教学媒体的介入，完全是学生的一种能动、自主的探究行为，学生成为真正的“读者”。学生可以通过“读、画、说、演”等形式的学习，将文本的语言内化为自觉的积累，外化为一种能力的迁移，这样的形式虽古老但实用，用于这部分的教学显得扎实而有效。这里包含一种创新，这种创新主要体现在“读”上。以读引思，将抽象的内容形象化，将复杂的内容简单化，循象明意，深入浅出，读悟一体，在读中呈现“施工图”，促进了学生思维品质的发展；读以致用，行有余力，这才是学语文，用语文，后期还可以把语言文字的训练嫁接于对“施工图”的解说，搁置于“采访”的生活场景中，这是一种对表达能力与社会体验的迁移。

第五节　倾向于音乐智能培养的教学方法

在人类可能拥有的所有才能中，音乐天赋是最早出现的。提到培养学生的音乐智能，大家很容易想到音乐课堂，然而音乐课堂并不是全部。因为每门课程之间是相互联系，不可割离的关系。事实证明，在很多非音乐课堂中融入音乐可以达到锦上添花的效果。培养学生音乐智能的方法主要有：为展示的作品设计背景音乐，打节拍、唱歌、欣赏音乐、感受音乐、配乐朗读、写抒情诗、分辨音乐的节奏范式、制作乐器，用乐器或恰当的音乐来表达自己的思想感情……

教师可以从以下几个方面进行努力。

一、渲染气氛，帮助解读文本

音乐具有渲染气氛、调动情感的作用，何况很多课文内容本身就与音乐有关。如《二泉映月》这篇课文，主要写了二胡名曲《二泉映月》的创作背景与乐曲意境。在教学时，教师要学生闭上眼睛，跟随二胡曲和教师的感情朗读在脑子里“放电影”，学生情不自禁地进入了意境：大雪像鹅毛似的飘下来，对门的公园被碎石乱玉堆得面目全非。凄凉哀怨的二胡声，从街头传来……只见一个蓬头垢面的老媪用一根小竹竿牵着一个瞎子走在公园路上自东向西而来，在惨淡的灯光下，作者依稀认得就是阿炳夫妇俩。阿炳用右腋夹着小竹竿，背着一把琵琶，在肆虐的飞雪中，手中的二胡发出凄厉欲绝的袅袅之音。在这样的学习氛围中，学生的心紧跟着阿炳，伴着阿炳的音乐一同跳跃，从而很容易体会到乐曲创作的背景。在教学结束时，教师再次让学生欣赏这首二胡曲，使学生加深对文本的理解以及对名曲的体悟，让学生切切实实感受到阿炳的满腔悲恨与爱。这时的乐曲欣赏不仅仅是停留在表面上，而是一种专注、专业、专家似的鉴赏。

下面是一位教师教学《二泉映月》后的反思：

《二泉映月》是一首不朽的世界名曲，著名二胡演奏家阿炳将满腔的悲、恨和爱都倾注在了优美的旋律之中。1978 年，小泽征尔应邀担任中央乐团的首席指挥，席间他指挥演奏了弦乐合奏《二泉映月》，他感动得热泪盈眶，曾呢喃地说：“这种音乐只应跪下来听。”

面对一篇解读《二泉映月》的课文，我把教学的重点放在了文与曲的相辅相成、品读鉴赏上，尝试在语文课堂上发展学生的音乐智能。课堂上追求这样一种境界：书声琅琅、乐曲绵绵、情意切切。教学的重点章节是课文的第五自然段：听着，听着，阿炳的心颤抖起来。他禁不住拿起二胡，他要通过琴声把积淀已久的情怀，倾吐给这茫茫夜色。他的手指在琴弦上不停地滑动着，流水、月光都变成了一个个动人的音符，从琴弦上流泻出来。起初，琴声委婉连绵，有如山泉从幽谷中蜿蜒而来，缓缓流淌。这似乎是阿炳在赞叹惠山二泉的优美景色，在怀念对他恩重如山的师父，在思索自己走过的人生道路。随着旋律的升腾跌宕，步步高昂，乐曲进入了高潮。它以势不可挡的力量，表达出对命运的抗争，抒发了对美好未来的无限向往。月光照水，水波映月，乐曲久久地在二泉池畔回响，舒缓而又起伏，恬静而又激荡。阿炳用这动人心弦的琴声告诉人们，他爱那支撑他度过苦难一生的音乐，他爱那美丽富饶的家乡，他爱那惠山的清泉，他爱那照耀清泉的月光……

教学中我引导学生思考：《二泉映月》这首二胡名曲主要表现了阿炳当时怎样的一种心境呢？学生自由朗读课文找出相关的句子：(1) 这似乎是阿炳在赞叹惠山二泉的优美景色，在怀念对他恩重如山的师父，在思索自己走过的人生道路。(2) 它以势不可挡的力量，表达出对命运的抗争，抒发了对美好未来的无限向往。(3) 阿炳用这动人心弦的琴声告诉人们，他爱那支撑他度过苦难一生的音乐，他爱那美丽富饶的家乡，他爱那惠山的清泉，他爱那照耀清泉的月光……第一句引领学生感知“二泉”的美景、阿炳对师父（也就是他的父亲）的怀念及其人生的悲惨（结合第三自然段：4 岁母亲去世，23 岁丧父，35 岁双目失明，靠街头卖艺为生，生活穷困潦倒），可是阿炳心底从未泯灭对音乐的热爱，这是《二泉映月》的“悲”；在此基础上，第二句的理解就水到渠成，这主要是《二泉映月》的“恨”，表达阿炳对命运的抗争；第三句主要是阿炳在《二泉映月》中的爱，表达了他对美好生活的向往。接下来，我播放了《二泉映月》二胡曲，让学生凝神谛听，文曲对照鉴赏。至今仍清楚地记得，比起第一课时初读课文之前我播放这首名曲的效果简直是天壤之别。初读课文时，仅有一少部分学生能够感受到这首曲子的“悲”，而现在学生知道了这首曲子原来蕴含了这么丰富的感情，听得是那样的专注、那样的专业、那样的透彻，因为他们理解了曲子的内涵。欣赏完乐曲后，学生都情不自禁地投入到第五自然段的朗读之中，抑扬顿挫，一会儿委婉连绵，一会儿升腾跌宕，完全应着乐曲的旋律。

二、配乐朗读，唤醒情感体验

有人说，音乐是“美丽的画”，是“流动的诗”。恰当的音乐可以激发学生的阅读灵感，唤醒学生的情感体验。如学习《夕阳真美》，课文除了写自然界中夕阳的美丽，还有一层寓意就是通过文末爷爷说的话“夕阳真美呀!”体会爷爷当时的心境，那就是“夕阳无限好，只是近黄昏”，爷爷已近黄昏的年龄却是无比幸福的。这时教师在课尾适时地播放歌曲《夕阳红》，学生沉浸在优美的旋律中，头脑中加深了对“夕阳真美”的理解，此时的“声教”更胜于“言教”。再如学习《草原》时，指导学生朗读蒙古族男女老少跨骑骏马从几十里外的地方迎接远道而来的客人时的热烈场面，配上了欢腾的二胡曲《赛马》，无疑会激发学生的朗读欲望，升华学生的朗读情感。

柯普兰曾说：“聪明的音乐鉴赏者，必然会时刻准备提高自己对音乐素材及其变化的认识。他必须更加有意识地倾听旋律、节奏、和声以及音调的色彩。”因着课文内容的不同，选用乐曲的不同，配乐朗读还有许多不同的作用。值得注意的是，要收到良好的教学效果，选用乐曲时要注意选取与课文的情感、意境能高度融合的乐曲，否则可能弄巧成拙。

如教学《二泉映月》第五自然段时，教师特意节选了与这段内容相符的一段乐曲，请一位音乐智能较强的孩子配乐展示朗读，在乐曲的伴奏下，只见这位同学的泪水不由自主地夺眶而出，声音哽咽，发自内心地开始哭泣。再看看其他孩子，有几个眼圈早已红了，泪水在眼眶里打转，全班同学都不由自主地跟着小声地读了起来。在这样的场景下，我想这篇课文和这首曲子一定会在孩子们的心目中留下不可磨灭的印象。

三、巧打节拍

语文教材各单元练习中的“读读背背”通常有很多脍炙人口的成语，编者在编写的时候注重了成语组合的韵律美，读起来朗朗上口。为了帮助学生读出祖国语言文字的美感，以便于速记，一些教师在教学时就采用了打拍子的方法，取得了良好的效果。如苏教版四年级上册练习 1 的“读读背背”：

文思敏捷　聪明过人

青出于蓝　一鸣惊人

桃李争妍　后继有人

十年树木　百年树人

教师就以“XXXX　XXX·X”的节奏引导学生兴趣盎然地读背这些成语。这种创新的形式充分调动了学生的学习积极性。

俗话说，熟能生巧。节奏教学主要是通过选择一些适合于节奏练习的听音材料和朗读材料，反复操练，学生就不难掌握节奏的基本要求了，要说的英语就会具有较强的节奏感。如英语课堂上，教师让学生识记单词时，学生普遍感到枯燥乏味。教师可以让学生通过边打拍子边朗读的形式识记，比起单调的领读、自由读、指名读等形式，打拍子识记单词的形式更乐于让学生接受。

如教学“数数字”时，教师要求学生用手打出节奏及语调。

One two three four five

●↗　●↗　●↗　●↗　●↓

Six seven eight nine ten

●↗　●↗　●↗　●↗　●↓

也可采用下列节奏练习：

One two three four

●↗　●↗　●↗　●↓

Five six seven

●↗　●↗　●↓

Eight nine ten

●↗　●↗　●↓

再比如说唱儿歌：

In winter I get up at night,

●　●　●　●　●　●　●　●

And dress by yellow candle light.

●　●　●　●　●　●　●

In summer quite the other day.

●　●　●　●　●　●　●　●

I have to go to bed by day.

●　●　●　●　●　●　●　●

四、欣赏音乐

音乐可以启迪思维，开发人的多种智能。各科教学都可以用音乐创设情境，让学生置身于情境之中，产生强烈的情感效果。

案例：《牛津小学英语》3B 第十一单元 A Good Idea

T：Well done! Can you make a sentence with the word “swimming”?（给学生指定一个单词，要求组词或造句。此环节可以使学生记忆起相关的英语知识并应用于口语中）

S1：I like swimming.

S2：Do you like swimming，Miss Peng?

T：Yes，I do. I like swimming.（此处学生不仅能表达自己的喜好，同时能跟教师进行交流，询问教师的爱好，真正将英语运用于口语交流中）

T：It’s summer now，and today is very hot. So what can we do?（结合当天的天气情况，引导学生联系实际运用英语进行交流）

Ss：Let’s go swimming!

T：Good idea!

T：Please look at the blackboard，can you sing these sentences with the Children’s song “Two tigers”? Try，please.

（生用“两只老虎”的曲调练唱，板书（即课文）：Do you like swimming?）

S：Yes，I do. Let’s go swimming. Good idea.

（学生对于儿歌“两只老虎”非常熟悉，将课文用此调唱出来，调动学生的兴趣，学生都愿意参与到“唱课文”的活动中来）

（T&Ss sing together）

1 2 3 1 | 1 2 3 1 |

Do you like swimming? Do you like swimming?

3 4 5— | 3 4 5— |

Yes，I do. Yes，I do.

5.6 5.4 3 1 | 5.6 5.4 3 1 |

Let's go swimming. Let's go swimming.

1 5 1— | 2 5 1— ‖

Good idea! Good idea!

T：Good job! Let's ask and answer with the song.

（师生、生生用对歌的形式来对话，进一步巩固所学内容）

活动：

歌唱“Head，Shoulders，Knees and Toes”

Head，Shoulders，Knees and Toes

1=C 2/4

5 —— | 6 5 4 5 | 3 5 5 | 5 0 |

Head shoulders knees and toes knees—and toes

5 —— | 6 5 4 5 | 2 5 5 | 5 4 3 2 |

Head shoulders knees and toes knees—and toes and

1 3 | 5 1 | 2 i 7 i | 6 · 1 |

Eyes and ears and mouth and nose oh

7 —— | 7 5 6 7 | i i i | i o ‖

Head shoulders knees and toes knees—and toes

活动：

歌唱“How do you do ”和“Hello”

How do you do?

3/4

5 3 1 | 5 3 1 | 5 6 4 | 6 5— |

How do—you—do? How do—you—do? How do—you—do. Uncle?

How do—you—do? How do—you—do? How do—you—do. Aunt?

5 3 1 | 5 3 1 | 3 4 3 | 2 1— ‖

How do—you—do? How do—you—do? How do—you—do. MiMi?

How do—you—do? How do—you—do? How do—you—do. Tony?

Hello

2/4

i i· | 5 5· | 3 3· | 1 1· |

Hello, hello, hello, hello,

2 2 5 5 | 3 2 2 | 2 2 5 5 | 3 1 |

How are you this morning? Fine, how are you?

i i· | 5 5· | 3 3· | 1 1· ‖

hello, hello, hello, hello.

“唱”在小学英语课堂教学中占有相当重要的位置。学生爱听、爱唱英语歌曲，并且会为能唱一首英语歌曲而感到自豪。在学唱英语歌曲的过程中，音乐智能可以得到一定程度的发展。另外，创编歌曲也能有效地起到发展音乐智能的作用。本案例中，借助孩子耳熟能详的“两只老虎”的调子唱出所学的句子，学生非常感兴趣，那些音乐智能较发达的孩子能够很快掌握并唱出句子。一些音乐智能不太发达但语言智能发达的学生此时能说出句子，也会为自己能唱出句子而感到自豪。重点句型套上这首歌曲使学生易说易记，在欢快的节奏中发展了音乐智能，又操练了句型，让学生对知识掌握得更牢固，同时，提高了教学效果。

如，教学《安塞腰鼓》一课，可用多媒体展示轰隆隆的安塞腰鼓的节奏与气势，以此引入课文，结合文字描述引领学生感受炽烈奔放、豪迈激越的感情，体会恢弘的气势、铿锵的节奏，让心灵随之激荡；学习《水调歌头·明月几时有》时，播放王菲的流行歌曲《明月几时有》，边唱边记，从歌声中感受诗词所表达的思想感情。

再如，教学“9的乘法口诀”，教师课前先是播放了动画片《西游记》的主题歌《白龙马》，在听的过程中，教师让学生找出歌词中“9的倍数”，如“八十一”“七十二”等，巧妙地将音乐和学习结合起来，通过音乐智能成功唤醒学生的逻辑—数学智能。

在非音乐课堂中，音乐智能更多时候是以一种辅助的角色促进学生有效的学习。音乐是美的，学生的心灵也是美的，课堂中，教师努力让音乐走进学生的心灵，相信学习也是最美的。总之，音乐智能促进学生学习的作用是不可估量的。

第六节　倾向于人际智能培养的教学方法

人际智能是孩子最复杂的智能之一，它包括孩子对自己和他人各种心理活动的体察与判断，例如情绪、愿望、意图等等，并以此决定如何采取适宜的方式与他人交往，最终获得相应心智的成长。我们要重视孩子与人交往中的各种现象和问题，并根据孩子的年龄特点和个性特点采取适宜的教育方法，帮助孩子提升才气指数、人气指数和幸福指数，让人际交往既是孩子智慧的源泉，又是孩子快乐的源泉。培养孩子人际智能的方法主要有：合作学习、小组课题、采访、冲突处理等。那么，如何把这些方法应用在日常的课堂教学中，以培养学生的人际智能呢？现摘取一些案例供大家品析。

1. 小组合作学习

案例：苏教版小学数学三年级上册“统计与可能性”第 90 页的例题，完成后面的想想做做。

师（出示主题图）：大家请看，小朋友们在干什么？

生：摸球。

（教师拿出 3 个红球和 3 个黄球，放入袋子）

师：如果从这个袋子中任意摸一个球，摸球的结果会怎样？

生：可能是红球，也可能是黄球。

师：从这个口袋中，每次摸一个球，再放回口袋，像这样一共摸 40 次，估计一下，摸到的红球次数多还是黄球次数多？

（生自由猜测）

师：但是光有猜测还不行，我们还需要去验证，下面我们就分组来进行摸球实验。老师也给大家带来了袋子和球，小组长打开袋子让大家看看里面都有些什么颜色的球吧！

生：有 3 个红球 3 个黄球。

（板书：3 个红球　3 个黄球）

师（出示摸球实验的规则）：在摸球之前我们还要弄清楚摸球的规则。

摸球规则： (1) 组长摸球，并报出颜色和次数。 (2) 摸出一个球后，要再把球放回去，搅一搅，一共摸 40 次。 (3) 其余学生用画“正”字的方法记录摸到的红球和黄球的次数。

（指名让学生读，弄清摸球活动的规则）

师：把你们的摸球结果填在这张记录表中，并完成下面的统计表。

摸球结果记录表

红球	
黄球	

摸球结果统计表

	合计	红球	黄球
次数			

（教师发表格，小组内交流记录表和统计表后，教师挑一组进行讲评）

师：说说你是怎样把记录单中的数据整理到统计表中的。那么你发现用画“正”字的方法来收集数据，好处有哪些呢？

（师指名学生说，其他学生自由补充）

师：老师收集了四个小组的统计结果，大家来观察一下这些结果和你原来估计的一样吗？你有什么发现？在小组里交流一下。

生：摸到的可能是红色，也可能是黄色。

生：可能红色的多一些，也可能黄色的多一些。

生：次数差不多。

生：次数一样多。

师：大家都发现了统计结果中存在三种情况：有时摸到红球和黄球的次数一样多，有时红球的次数多一些，有时黄球的次数多一些，来看看这些次数之间差的多吗？因此我们可以把这三种情况概括为一句话那就是：摸到的红球次数与黄球次数差不多。

（板书：摸到的黄球次数与红球次数差不多）

师：大家想一想：为什么从这样的口袋里摸若干次球，摸到的红球的次数会与黄球差不多呢?

生：因为袋子里红球的个数与黄球的个数一样多。

(板书：一样多)

师：哦，因为袋子里红球与黄球的个数一样多，所以摸到的黄球次数与红球次数差不多。大家的这个发现很有价值，在小组里说说。

(生在小组内练说)

师（小结）：在袋子里红、黄球个数相同的情况下，如果摸若干次，那么摸到红黄球的次数是差不多的，也就是说摸到红黄球的可能性是相等的。

师：下面有几个小朋友也在做游戏，我们一起来看一看。出示“想想做做”第1题。

(指名学生读题)

师：大家注意抛的方法。强调组长抛，其余学生用画“正”字的方法做好记录，并填写完整统计表。

(教师演示抛法)

师：抛之前大家再来猜一猜，1、2、3朝上的次数会怎样呢?

生：差不多。

(小组活动，教师巡视)

师：下面请每组派一名代表汇报一下组内统计结果，有计算器的同学帮忙算一下。仔细观察统计表，统计的结果和我们估计的一样吗？你发现了什么？先在小组里说一说。

(教师完成统计表后，指名汇报)

师：为什么把这个正方体抛若干次后，1、2、3朝上的次数会差不多呢?

生：1、2、3的个数相等。

师：在这种情况下，抛的次数越多，数字1、2、3朝上的次数越接近，这三种情况的可能性是相等的。

师（出示想想做做2）：刚才我们做了两个游戏，不知道你们会不会用学过的知识动手摆一摆?

出示题目：在布袋里放 4 支铅笔，应该怎样放？

（1）任意摸一支，不可能是红铅笔。

（2）任意摸一支，可能是红铅笔。

（3）每次任意摸一支，摸 50 次，摸到的红铅笔和蓝铅笔的次数差不多。

（学生分组活动，汇报）

师：老师有一个袋子里面有红和绿两种颜色的球共 6 个。大家能不能运用今天学过的知识，通过活动来发现袋子中有几个红球，几个绿球？

（生汇报方法）

……

这节课是小组合作学习的成功范例。合作学习是新课程改革背景下积极倡导的学习方式，小学生喜欢在一起交流和讨论问题，用共同的视角观察事物，用共同的方式探究新知。合作学习有利于学生及时交流与讨论，学生的参与度较高，便于发展学生的人际智能，形成课堂民主的气氛，使每个学生都能有自己的活动空间。在合作中获得知识和技能，在合作中培养情感、态度、价值观，是一种行之有效的学习方式，它促使教学走向民主，走向开放。让师生、生生多边互动，形成真正的学习共同体。小组合作学习是课堂教学中充分发挥学生主体作用的一种有效方法，也是当前引导学生主动学习的重要途径。课堂中利用小组合作学习可以提高单位时间内学生学习、交往、表达的频度与效率，优势互补，有利于培养探究意识和合作精神，也有利于学生口语交际和解决问题能力的发展。

2. 个人课题研究

以小课题为载体的研究性学习，要求学生间的分工与合作。下面以《徐州的烙馍》的汇报课为例谈谈具体的操作过程。

第一环节，交流信息，加工整理，确定汇报程序。

上课伊始，教师这样导入：同学们，一个月前我们共同围绕“徐州的烙馍”这一主题，依据自己的兴趣和特长选择了相应的研究专题，并且各组均制订了科学合理、行之有效的研究计划。经过近一个月的时间，研究已经接近尾声了。自从活动开展以来，大家就快乐地忙碌着，找到了自己志同道合的合作伙伴，齐心合作，并有了自己的研究成果，今天我们就来交流分享各自的研究成果。为确保万无一失、引人注目，同学们先在小组内进行准备吧。

合作需要默契，汇报需要精彩，“不打无准备之仗”，教师再次引导各课题组对成果进行整理，确定汇报程序，其实这是一种对信息的深加工，同时教给学生一种严谨治学的科学研究态度。

第二环节，自主踊跃，形式多样，汇报研究成果。

在选题课上，将本课题划分为烙馍的历史背景、制作原料、制作过程、经济价值、食用方法五个专题进行研究，分别由欢乐组、爱心组、超女组、奥运组、友爱组承担。

（1）欢乐组（烙馍的历史背景）

学生主要采用口头表达的方式当众讲述烙馍的悠久历史，调查的方法有访谈、上网、课外阅读等，展现的成果形式为摘抄卡片。在活动中，学生了解到烙馍作为徐州的民间面点，历史悠久，通过一些在民间流传的烙馍故事的聆听与揣摩，对烙馍产生一种徐州人民应有的喜爱之情。

（2）爱心组（烙馍的制作原料）

有的学生把生活搬到了课堂，兴趣盎然地为同学们展示着带来的烙馍的制作原料，如面粉、铁鏊子、擀面杖、扁竹劈子。联系生活、回归生活世界是综合实践活动的核心理念之一，这里就是让学生回归到完整的生活世界，真正关注自身的生活。

（3）超女组（烙馍的制作过程）

名曰超女组，顾名思义，组内成员清一色是女孩子，心灵手巧自不必说，这也是她们选此课题的原因所在。她们展示的方式最为丰富，有的带来了自己在家亲手烙制的烙馍，特地送给大家品尝；有的将烙馍的制作过程录了下来，给大家观看，较之单纯解说更加直观形象。活动结果的有效表达是体现活动效率与价值的关键。学生是否真正参与到研究活动中来，是否真正通过研究活动学有所获，能力有所提高，从活动结果的表达上便可一目了然。

（4）奥运组（烙馍的经济价值）

学生通过一个烙馍制作点的近一个月的连续跟踪调查，详细记录下一天的销售情况及盈利情况，自制了统计图表。将销售单价、每日销售额、成本、利润进行统计分析，最后汇总出近一个月一个烙馍制作点的盈利情况，进而推算出烙馍的经济价值，完成了调查报告。

(5) 友爱组（烙馍的食用方法）

学生设计了一张简单的调查问卷，随意调查周围的人，主要了解他们是否喜欢吃烙馍，喜欢怎样吃？然后进行汇总：徐州人大多喜欢吃烙馍，并且吃法也是多种多样的，如卷荤裹素、做菜合、做油饼、做芝麻叶等。

第三环节，反思自我，真实评价，畅谈活动收获。

研究性学习的评价关注学生在探究过程中亲自参与探索性活动、人际交往以及解决实际问题中所获得的感悟和体验。教师引导学生客观公正地填写《研究活动综合评价表》，具体内容包括：我完成了承担的研究任务，得一颗星；我主动与组员或其他同学合作，得一颗星；我愿意与他人分享我的研究成果，得一颗星。采用个人自评与组内互评相结合的方式，以得星数的多少来衡量学生的活动表现。最后让学生抓住在整个研究活动中感触最深的收获说给组内同学听。

通过本节综合实践活动课，孩子们的观察能力，发现问题、解决问题的能力，社会交往能力、合作能力、语言表达能力等方面都有了较明显的进步。当然，各科学习都提倡“综合性学习”，“综合性学习”和“研究性学习”都需要以专题研究为载体。如教学六年级上册口语交际《介绍我国的一个民族》时，教师传统的做法是告诉学生我国56个民族的名称，然后让学生自行选择一个民族去搜集材料，学生的选择往往是比较熟悉的对象，存在重复现象，最后的结果通常是少数学生做得比较好，他们的材料成为了抄袭的“标本”，学生汇报时说来说去还是那么几句话，总是局限于对几个民族的介绍。有时学生完成任务不理想，教师为了赶进度就包办代替，为学生准备好现成的材料，让学生照本宣科，为“口语”而“口语”。而多元智能课堂上的教师在口语交际的教学中绝不急于求成，越俎代庖，而是抓住每一个训练的契机，力争促进每一位学生语文综合学习能力的提升。前期先让学生收集56个民族的名称，然后每个学生以抽签的方式确定要研究的民族，这样每个学生都有事可做且乐此不疲。

再如，教学五年级下册口语交际《介绍世界名城》时，教师也采用了同样的方法，引导学生研究不同的城市，寻求不同的视角，在这个过程中，学生使出浑身解数，从名城历史、人口素质、名人典故、特色建筑、名胜古迹等方面展开研究，网络、书籍、家长、信息技术教师等等媒介参与其中，汇报时一反以往课堂中拘泥的现象，学生因胸有成竹而跃跃欲试，在这种积极的表面背后，完全可以想象出他们经历了怎样的磨砺与成长，这些研究的经历是他们从书本上难以学到的。

再如，在教学四年级上册的习作 3《给远方的朋友介绍自己的家乡》和六年级上册的习作 5《介绍家乡的一种产品》时，为了保证习作的质量，教师让学生做一番研究。教学前者时，引导学生确立课题《家乡风俗的研究》，涵盖婚丧嫁娶，礼尚往来等方面；教学后者时，引导学生确立课题《家乡的产品研究》，学生选取了农副产品、水产品、工业产品中的任意一种产品加以细致研究。通过类似的“小课题研究”，学生真实地经历了学习与积累的过程，从而切实地体会到了作文的乐趣与真谛。

3. 模拟真实采访

采访也是一种交流。采访对于发展学生的人际智能具有重要的作用。比如一位教师教学六年级语文上册练习 2 口语交际《学会采访》时，写了如下教学反思：

一大早，我骑着摩托车匆匆来到了学校。一群男孩子，足有七八个，见我来了，慌忙迎了上来，逮着我的摩托车看来看去，问我在哪儿买的？我还以为是谁家要买这样的摩托车，赶忙下车介绍。末了，我才弄清是怎么回事，原来他们是在完成采访任务。没有采访提纲，没有记录，问题也没有什么价值，因此这帮孩子被我教训了一顿。于是我让学生回到教室认真做好采访提纲，这也算拉开了采访的序幕。

当我 10 余分钟后来到教室时，看到教室空荡荡的，到校长室一看，着实吓了一跳，黑压压的一片，全是采访校长的学生。只见校长神采飞扬，满怀激情地回答着学生的问题，同学们正在认真地记着。也有一些同学采访了邻班的老师，其他的任课老师，当然还有一些同学采访了我。我没有想到学生会对这项学习任务如此感兴趣，确实，通过当小记者做采访活动，可以锻炼学生的多种能力，诸如语言表达能力、人际交往能力等。

课堂上我组织学生进行了汇报，学生采访校长的话题大致如下：(1) 校长，您对我校未来的发展有什么规划？(2) 在您心目中，好学生的标准是怎样的？(3) 您对一些老师占用副科的现象是怎么看的？……

学生采访我的问题大致如下：(1) 刘老师，今天是您教我们的最后一年，你会舍不得我们吗？(2) 您心目中的好学生标准是怎样的？(3) 您对我们的成绩满意吗？(4) 您对同学们的表现满意吗？(5) 您平时除了教我们语文，还兼顾着学校的工作，您觉得累吗？……

可以看出，学生的问题还是比较有价值的，可以说是经过深思熟虑的。所有被采访的老师都做了认真的回答，也正是通过实际的操作，所以学生在课堂上汇报时，也显得非常踊跃。但我也清醒地看到，有一些学生仍然游离于课堂之外，做着无效的学习，所以，课堂上我又给了他们一些机会，让他们就自己关心的问题现场对我进行采访，尽可能多的让他们有一些感知，有一些体验，让他们学习得更有效些，更快乐些。

案例：苏教版小学语文六年级上册《詹天佑》第五、六自然段

（学生通过读书理解画出“中部凿井法”和“‘人’字形线路”图示）

师：一位外国报纸的记者看到詹天佑的设计图示，决定要采访詹天佑。老师就是那位记者，同学们就是“詹总”，让我们的记忆回到 100 年前，再现当时的情景。

（师采访，上述两名学生看自己的图示分别复述 5、6 自然段的重点句子）

生 1：居庸关山势高，岩层厚，“我”决定采用从两端同时向中间凿进的办法。八达岭隧道长 1100 多米，决定采用中部凿井法。先从山顶往下打一口竖井，再分别向两头开凿，两头也同时施工。

生 2：顺着山势，我设计了一种“人”字形线路。北上的列车到了南口就用两个火车头，一个在前边拉，一个在后边推。过青龙桥，列车向东北前进，过了“人”字形线路的岔道口就倒过来，原先推的火车头拉，原先拉的火车头推，使列车折向西北前进。这样一来，火车上山就容易得多了。

（同桌间相互练习采访）

……

成功的采访使学生获得了交流的体验、交流的技巧和采访的能力，也使他们从别人身上获得了人生的启迪与成长的感悟，更使其经历了情感的涤荡与身心的愉悦。人际智能的发展，只能在身临其境的交流场景中学

得，只能在民主平等和谐的交流氛围中实现。交流之中学交流，无论是课内还是课外，学习都应该以符合学生交流意愿的交流为出发点，这样，文明和谐的交际素养和善于倾听、长于表达的综合交际能力才能培养起来。

第七节　倾向于自我认知智能培养的教学方法

每个教学班一般有30～50个学生不等，这些学生每天在同一个教室里学习。对于那些自我认知智能高度发达的学生来说，在这种紧张的社会氛围中多少会令人有一点恐惧。因此，学生在学校学习期间，教师必须给学生们创造机会使他们成为一个有独特生活经历和较强的自我意识的自主的人。加德纳认为，在每一个社会中，至少都会存在一种人的意识或者自我感。这两种感觉都来源于个人的知识与情感，然而自我感不可避免地，由人与周围人的关系和人对他人的认识来解释，并且可能被这种关系和认识改造。更普遍地说，自我感可能被文化环境提供的解释方法所改造。倾向于自我认知智能的方法主要有：元认知、他人评价、记日记或周记、一分钟反省或总结、确立目标等。在进行学科教学时，这些方法相辅相成，穿插运用，能有效地培养学生的自我认知智能。

一、元认知

元认知是对自我认知的认知，其实质是个人对认知加工过程的自我觉察、自我评价、自我调节。元认知在实际教学中会经常被用到，如语文课，可以在教学结尾时让学生谈谈学完一篇课文的感受和收获，或评价学习行为的对错；数学课中，可以让学生总结一下本节课自己学到了什么，有什么收获等。

案例：苏教版小学语文三年级下册《“你必须把这条鱼放掉”！》

［文本］

“他只好慢吞吞地从大鲈鱼的嘴唇上取下鱼钩，把鱼放回水中。”

师：同学们，你们说要不要把这条鲈鱼放掉，为什么？

（学生们分小组讨论，气氛热烈）

生：我们小组认为应该把这条鲈鱼放掉。因为既然有规定，我们就要遵守，不管有没有别人看见。

生：假如我是汤姆的话，我是不会把这条鲈鱼放掉的。因为现实生活中，很多人在无人知晓的情况下是不会遵守这样的规定的。请问老师，您会放吗？

师：你们认为这位同学说得对吗？谁来发表自己的观点！

生：老师，我认为他说得不对。要是换了我的话，我肯定会把这条鲈鱼放掉的，因为老师以前告诉过我们，在任何时候，我们都要遵守规定。

生：对，我也这么认为。比如，我们在任何时候都不能随地扔垃圾，这是我们的行为准则。

生：我也认为他说得不对……

师（小结）：刚才同学们说得都很好。的确，在我们周围存在着许多不守公德的人和事，但只要我们从自己做起，从小事做起，随时随地自觉遵守社会规定，我们的社会肯定会越来越美好。（出示爸爸说的话："不管有没有人看见，我们都应该遵守规定。"）请大家读一读，把它牢牢记住！……

围绕着"该不该把这条鲈鱼放掉"这一简单问题，却道出了现实生活中丑陋的一面。课文的主旨不仅仅在于一条鱼，更在于整个社会公德和社会规范，所以，通过学生的讨论交流和教师的引导，使学生树立起正确的社会价值观，对他人和自己有一个正确的认识和评价，并且在以后的生活中能够进行自我约束和调节。在这个案例中，学生的思维得到了锻炼，思想得到了交流，认识得到了提高，促进了他们自我认知智能的发展。

二、他人评价

他人评价就是除自己以外的教师、同学和其他人对自身的评价方式。他人评价能有效促进学生自我认知智能的发展，使学生能够清楚地认识到自己在他人心目中的形象和印象，形成正确、客观的自我认知，促进良好人格的形成和发展。

案例描述：

这几天，我一直在教学分数应用题。今天正好是一堂练习课，我出了一道题目：小明看一本240页的故事书，第一天看了全书的1/5，第二天看了全书的3/8。请同学们自己提出问题，自己列式解决。像这种半开放题目，我预设了几个问题：第一天看了多少页？第二天看了多少页？第一天比第二天少看多少页？第二天比第一天多看多少页？两天一共看了多少页？还剩下多少页等。

没想到同学们兴致都很高，不仅提出了上述问题，还提出了如“第一天比第二天少看几分之几?”“第二天比第一天多看几分之几?”“两天一共看了几分之几?”“还剩下几分之几?”等问题。我看已经超出了原本的统计数量，所以决定鼓励一下学生，提前布置作业。但正当我布置作业时，又有一位学生举手了，而且是一个平时不大举手发言，成绩也不大好的学生，他提了这样一个问题：第三天，小明应该从第几页看起？我脑子里第一个反应就是“我怎么没有想到呢?”其实这类题型在本册第二单元测试中出现过。我马上说：“好，经典，鼓掌!”我接着说道：“同学们，这样的问题我们是不是见过?”这时不断有同学想起来了。在该同学的提醒下，我们又很好地巩固了这类题目，而且效果变得更好。

案例描述：

当学到“阿炳再次来到二泉边，聆听着二泉淙淙的流水声，内心波澜起伏”这一部分时，学生分别展示自己朗读的成果，我指导学生也像刚才老师那样评一评同学读书的情况。经过一番指导，学生也不再用模糊性的语言“很好”“不太好，声音有点低”等对读的学生进行概括性评价了，学生的评价开始变得具体、贴切起来。有的同学说：“你读得真不错，我听了真想哭。”“你就差一点，阿炳内心的呐喊没读出来。”“听了你的朗读，我仿佛看到了二泉那优美的夜色，听到了阿炳倔强的呐喊，感受到他悲愤的心情了。”……慢慢地，我觉得学生由拿着放大镜给同学找缺点逐步地向客观的评价甚至是欣赏同学方面转变了。

案例1中，在课堂教学上，教师的评价是最经常性的评价，对学生的影响也很深刻。所以，教师要尽可能挖掘学生的优点，进行肯定式评价。新课程改革也强调：“评价要激励学生的学习热情。”“评价要充分关注学生的个体差异，发挥评价的激励作用，保护学生的自尊心和自信心。”充分发挥评价的激励作用和引导作用，通过对学生的充分尊重以及对学生自信心的培养，激发学生的学习兴趣，强化其学习动机，促使学生积极主动地学习。

案例2中，学生互评在课堂教学中的运用也非常频繁，学生的评价语言要适当、合理、明确、有针对性。在这一点上，需要教师耐心地指导，逐步培养学生的是非判断能力和评价水平，而不能急于求成，要求学生一步到位。还应该注意的是，学生评价时不是面对着老师，而是应对着被评价的同学，用第二人称“你”而不用“他（她）”，因为学生彼此之间是平等、互动的主体，而不只对着教师谈自己的感受。被评的同学在评价之后也有所表示（道谢或坚持自己的看法），教师再从孩子的参与度方面给孩子一个评价。这样的评价才真正体现出学生是学习的主体，关注到每个孩子的个体差异，爱护了每个孩子的好奇心和求知欲。

总之，以上两个案例，无论是教师对学生的评价，还是学生之间的评价，都是从他人的角度来对自身的评价，这样可以使学生对自己有一个客观正确的认识，提高自我认知水平。

三、记日记或周记

“言为心声”，当心中的想法和意念需要表达的时候，不妨用语言文字记录下来，以后翻看，也是对自己的一种提醒和鞭策，从而发展自我认知智能。记日记或周记就是一种非常好的方法，请看一位同学的日记。

城市生活——让我欢喜让我忧

我是一个土生土长的农村孩子。每当看到那些趾高气扬的城市人，我都羡慕得不得了。

虽然，在乡下可以在宽阔的田野里追逐奔跑，呼吸新鲜的空气，享受春的明媚、夏的浪漫、秋的丰收、冬的闲适，但我还是向往城市的生活：一条条宽阔的马路纵横交错，一座座高楼大厦鳞次栉比；广场上，溜冰的、喂鸟儿的、滑滑板的……休闲娱乐的人们真是悠闲快活；夏天，可以在家里享受着空调的凉爽，看着电视，再从冰箱里拿出冰棍吃上几口，那生活多美好！有时在网上冲冲浪，玩玩游戏，多爽啊！多么希望有一天，我也能成为一个城市人。

就像做梦一样，那天，我真的住进了城市，成了名副其实的城市人。

暑假开始不久，我们搬进了装修一新的新房。哇塞！好漂亮啊！一进门，铺在地上的木地板就把我带进了一个自然的世界。客厅里，鲜艳夺目的布艺沙发整齐地靠在墙边，坐在上面，软软的，舒服极了，而且还足足可以睡开2、3个人呢！柜式空调立在沙发旁，送来了凉爽的风。对面的墙壁上挂着37寸的液晶电视，看上去美观大方、清新自然，那感觉就像是家庭影院，一个字儿“爽”！卧室里，摆放着一张宽大的席梦思。我忍不住在上面翻了几个跟头……哈哈，现在我是城里人了！

搬到城里以后，我觉得自己高了一个档次。在别人面前，可以昂首挺胸、大步流星地往前走，仿佛像立了大功一样，开心得合不拢嘴，不时地放声歌唱。那天晚上，我就像吃了兴奋剂，高兴得一个晚上都没睡着。每天我都是笑容满面、喜气洋洋，有时真想赶快开学，回到乡下，向同学们说说住在城市的感觉。

可一段时间后，我却怎么也高兴不起来了。我没有一位朋友，我很孤独、寂寞，每天陪伴我的只有那台大大的电视。我开始思念乡下，思念我的小伙伴。我还发现自己变白了，也变胖了。正如妈妈说的：“安逸的环境使人懒惰，艰苦的环境使人勤劳。”看来，老住在城里也没有多大好处，整天闷在屋里，虽然可以变得皮肤白皙，但是也变得懒惰臃肿了，还是得多锻炼锻炼啊！所以，我决定，回乡下住几天。

回到乡下后，我约上小伙伴，快乐地游戏，开心的笑容又开始在我脸上绽放。从那以后，每隔一段时间，我们就回乡下小住几天，和小伙伴一起疯狂、一起游戏，让太阳尽情地晒在我的身上，让野风尽情地吹在我的脸上，我重又找回了以前的感觉。

唉，城市生活啊，真是让我欢喜让我忧！

这是一位六年级的同学的日记。在日记中，我们能够明显地感受到这位同学对城市生活的渴望与向往。终于有一天，她真的搬到了城里，成了城里人，一开始她也是兴高采烈。可是住了一段时间，突然发现城市的生活也不尽完美，她开始怀念乡下的生活，并期待回乡下小住。这位同学用日记表达了自己的心声，并发现了任何事物都有好坏两面，提高了自己的认识水平，对自我认知智能的发展起到了促进作用。

四、一分钟反省或总结

在各类学习活动中，学生应该有足够的用于自我反省和深入思考的“时间输出”。教师应给学生提供一分钟自我反省或总结的时间，用来消化展示给他们的信息，或把这些信息与他们自己生活中的事情联系起来。一分钟自我反省或总结可以安排在学校学习的任何时间内，特别是在课程内容中具有挑战性或是对核心内容介绍之后，使用起来效果更佳。比如多元智能课堂专门有一个“引评”环节，可以更好地为运用和发展自我认知智能服务。在这一分钟反省或总结时间内，学生只是简单地思考他们所喜欢的任何方式所表达的信息，而不是去和别人交流。安静通常是自我反省的最好的环境，课堂有时需要静悄悄的氛围，但这种安静是丰富的安静。

比如香港天主教石钟山纪念小学王衍菁老师执教的《月光启蒙》一课，就很有特色。这节课是由三个老师完成的，其中一个施教老师就是王衍菁老师，另外还有两个助教。助教的任务就是帮助板书、操作课件、派发工作纸。课始，王老师给同学们介绍了一种学习模式—kwl，k 就是你知道了什么？w 就是你想知道什么？l 就是我学会了什么？学生四人一小组坐在一起。王老师先带领学生完成了“k”和“w”任务，并请学生到黑板相应的横线上将其写出来。紧接着进入对课文的学习，下面是教学片段：

片段 1：

（师配乐，让学生速读课文两分钟）

师：请同学把眼睛闭起来，听老师读每一个自然段，大家能在脑海中想象出一幅怎样的画面呢？

（学生听完后，汇报在头脑中想象出的画面，其他同学掌声鼓励）

师：下面请同学们听听母亲唱的两段歌谣，听了歌谣，你有什么感受呢？

（学生听唱歌谣，汇报听后感受）

师：母亲是怎么唱的呢？

（出示：她用甜甜的嗓音深情地为我吟唱，轻轻的，像三月的和风，小溪的流水。小院立即飘满她那芳香的音韵）

（指名读，自由读，齐读，要求读出深情）

师（放一幅模糊的画面）：清楚吗？

生：不清楚。

（画面清晰了）

师：清楚吗？

生：清楚了。

师：课文中哪句话写出了从模糊到清晰的？

（指名读：母亲用歌谣把故乡的爱，伴着月光给了我，让一颗混沌的童心豁然开朗）

（师指名读：母亲唱累了就给我讲嫦娥奔月的故事，讲牛郎织女天河相会的故事……高深莫测的夜空竟是个神话的世界。此时明月已至中天，母亲沉浸在如水的月色里，像一尊玉石雕像）

师：《嫦娥奔月》《牛郎织女》……都是真实的吗？

生：不是的。

师：想象可以更真实。

（师出示童谣："小红孩，上南山，割荆草，编箔篮，筛大米，做干饭。小狗吃，小猫看，急得老鼠啃锅沿。"

"小老鼠，上灯台，偷油喝，下不来——老鼠老鼠你别急，抱个狸猫来哄你。"

"毛娃哭，住瓦屋，毛娃笑，坐花轿。毛娃醒，吃油饼。毛娃睡，盖花被。毛娃走，唤花狗，花狗伸着花舌头。"）

师：下面我想请没发过言的同学来读，其他同学可以给他一些节奏。

（请几位同学读课文）

片段2：

（助教发工作纸）

师：下面我们来完成鱼骨图上的作业，请每组的2号同学做记录。

（说明：鱼骨图主要是为了理清文章脉络的。鱼头是启蒙，鱼尾是童年，鱼身子分为四块，依次是唱歌谣、讲故事、唱童谣和猜谜语。本次作业是依次写出每一部分对"我"的作用）

（学生小组合作完成，两名助教当堂协助指导学生。师点组号让学生汇报，每组都照顾到）

师：各位同学有没有唱过歌谣给妈妈听呢？

（出示两首童谣《好妈妈》和《妈妈的童谣》，让学生自由读）

（助教派发创作纸）

师：请每位同学都创作一首童谣，写给妈妈。

（师巡视指导，指名配乐汇报）

（助教派发月亮形纸）

师：下面请各位同学在月亮纸上写“1”，即我这节课学会了什么？

（学生汇报）

这样的课堂是清爽的课堂，最可贵的是教师教得很轻松，看似静悄悄的课堂却蕴含着无穷的活力。较之闹哄哄的课堂，静悄悄的课堂才是真正有生命涌动的课堂。这里有学生的思考，有学生自主学习的时间，学习真正地面向了全体，尊重了学生之间的差异。王衔菁老师是位女教师，却没有很多女教师那样故作的神气，整整一节课，王老师就像聊家常一样，语言亲切而不繁琐，在桌与桌的来回穿梭中不知不觉课就到了尾声。本节课她有效运用了小组合作学习的形式，带来了新型的“KWL”教学模式，带来了新型的理清课文脉络的方法——鱼骨图。但给我最印象最深刻的是，王老师的课堂注重了学生的自我反省与深思，比如片段1的“听歌谣谈感受”，片段2的“让学生在月亮纸上写这节课学会了什么”等等，都是学生自我认知智能的体现。当然，这节课也可以看作是多元智能课堂的经典案例，该课特色比较明显，对想象画面、配乐朗读、小组合作、创作童谣、鱼骨图等形式的运用，无疑都促进了学生多种智能的运用与发展。

五、确定学习目标

自我认知发达的学生的特征之一就是他们有能力为自己确定可以实现的目标。给学生机会确立目标时，教师应该努力帮助学生进行生活准备，这些目标可以是短期的（如课堂学习目标），例如，教学《石榴》第一课时，教师最初提出的预习目标是：（1）正确认读课后词语；（2）标出自然段序号，画出生字新词，在不懂的词语旁打问号，能理解的自己尝试解决；（3）读通读顺课文；（4）春、夏、秋三个季节分别写了石榴的什么特点？不难发现，这个预习目标对于三年级的孩子来说有些难度，应该再简化一些，只需保留其中的两个即可，于是改成：（1）认读生词，试着读通顺句子；（2）本课主要写了石榴树春天的叶子，夏天的（　　），秋天的（　　），冬天的（　　）。当然，学习目标也可以是长期的，这时就需要教师进行引导。引导学生确立一个合适的目标，可以促进学生向好的方向转变。

案例描述：约定

晚上洗漱完毕正想撰写一篇博客，意外接到了康（化名）的父亲的电话，电话那头说康晚上一回到家饭也没吃，话也不说，倒头就睡，任谁招呼他也不理睬。康的父亲知道期中考试的事情，他说："康的数学成绩还行，他说考了80多分，语文成绩不知怎么样？"我是康的语文老师，说实话，我对康始终隐存着一丝愧疚，已经和康相处到第四个年头了，刚开始和他同一起跑线的学生成绩均有了不同程度的提高，而康却仍在原地踏步，保持着原有的水平。我实事求是地说："康的语文考了62.5分。"康的父亲又说了一大堆诸如严加管教、多劳费心之类的客套话，便挂掉了电话。

第二天一早，科代表向我反映康的试卷丢了，直觉告诉我这其中肯定有原因，或许是康故意隐藏，试卷根本就没有带回家给家长看，或许是讲过的题目没有认真修改，怕挨老师批评……我在猜测的同时也掂量着：是严厉批评还是循循善诱呢？想到康的父亲前一天晚上打的电话，我动了恻隐之心，决定走进康的心灵深处，去寻找真正的原因，以求解决问题的途径，因为我相信康的本质是向善的，他的隐瞒肯定有他的理由。中午，我找到了康，很关切地询问了他昨晚的表现，问他为什么？他蓦得哭了，且哭得很伤心，这是我始料未及的。在我的印象中，从来没有见到他哭过，纵然我也曾狠狠地批评过他，并且有时是当着全班同学的面，他也没有这样伤心，更没有这样哭过。我让他坐下，并用纸巾帮他拭去涌出的泪水，示意他冷静一下。过了许久，他嚅嚅地说道："这次考试没考好，都已经六年级了。"其实，他昨天晚上还撒了谎，虚报了各门课程的考试分数，就是怕家长批评，试卷自然没有带回家，没有家长的签字他不敢交，所以就说试卷丢了。可见，这次考试给康带来了巨大的心理压力，在重压之下，不仅让康原本快乐的生活变得黑暗，同时逼迫他去撒谎以逃避来自家长和教师等方方面面的压力，并且让他陷入深深的自责之中，这些都不是他这个年龄阶段的孩子所应该承受的，他应该是快乐的才对。

第三天，我又抽出一些时间和他聊天。首先让他放下心理的负担，告诉他："老师只是想了解你内心的真实想法，我知道你是一个要求上进的孩子，也是个喜欢学习的孩子，关键是老师要了解你，只有了解你了，老师才能更好地辅导你，老师期待着你期末的进步，这是我们之间的约定。"他听了，将信将疑，但几秒钟的等待之后，他还是愉快地点了点头。接着，我拿出了一本《鲁滨逊漂流记》，在扉页上郑重地写下了几个字"坚定地成长"，并写上了我的名字，作为礼物送给了他。那一刻，我分明看到了他那掩饰不住的感动，颤颤地双手接过书后，愤愤地而且很较真的说了一句："老师，我一定好好努力，一定认真读这本书。"我说："这是一本男孩子必读的书，鲁滨逊会教给你坚强。光有这些还不够，学习要想进步，还要坚持，有韧劲。在学习上，你打算怎么做?"他认真地思考了片刻："我要每天都做详实的学习计划，认真完成学习目标，每天的学习任务做到日日清。不懂的地方要主动和同学交流或向老师请教。要养成读课外书的习惯，认真写读书笔记和日记。"他还说："老师，你能给我加强些辅导吗?"我心里正想着呢，没想到他"反客为主"了，我心中一阵窃喜。此刻我好像已经见到了一个成绩优异、表现出色的康。

通过康的事例，我真正地意识到，其实每个孩子都有学习的愿望，每个孩子都渴望成功。对于康，我对他缺少发现与了解，没有真正地走进他的心灵，惯性的思维把他定格在差生的行列，认为他不思进取，顽固不化，无药可救，虽然不忍抛弃却也无计可施，只能破罐子破摔。而这一次，他的表现让我震撼。他有了自尊，他对学习有了全新的认识，他对自己的学习行为有了深刻的思考。到六年级了，他成绩不理想心急如焚，哭了；他成绩不理想觉得丢人，哭了；他成绩不理想压力太大，哭了……在他那伤心的哭泣声中，让我觉悟：平时对他关心太少，班级里还有几个和他程度相当的学生，他们的内心想法是否和他一样呢？杜威说过："每个人内心最强烈的渴望就是被看重。"我想学生亦如此。不抛弃、不放弃任何一个学生应该真正成为我工作的信条，相信每一个学生都会给我感动的瞬间。

目前，我和康正在为实现我们的约定而努力着，相信我们会做好的。

第八节　倾向于博物学家智能培养的教学方法

如今，在钢筋混凝土里居住的孩子们更向往外面的世界，大自然中的一草一木、一虫一鱼都深深地吸引着孩子的目光和心灵。多元智能理论中的博物学家智能提醒我们，要培养和发展孩子的这一智能，就要放孩子出去，让他们走进自然界，去接触自然、观察自然，用视觉、听觉、感觉等多种感官去感受自然界的美丽和魅力。

在平时的教学中，常用的倾向于博物学家智能的教学方式主要有：观察自然、模拟自然等。

1. 观察自然

案例 1：苏教版小学语文五年级上册《去打开大自然绿色的课本》

（导学后，进行启智）

师总结：同学们，“读万卷书，行万里路”说的就是既要向课本学习，还要向自然学习，大自然是一本无字的书，知识无处不在，关键是要有一双善于发现的眼睛和一颗勇于探索的心灵。课后，同学们要在家长的陪同下，走进大自然，把自己看到、学到的，用自己喜爱的方式表现出来，可以是画画，也可以是写一篇习作，还可以用相机等设备记录下来。

案例 2：苏教版小学语文五年级上册《习作 3》

要求写一篇以“秋天的树叶”为题的习作，这篇文章不太好写，那么单调的几片叶子，如果仅仅从颜色、形状等方面落笔，学生也许会觉得无话可说，也会写得枯燥无味。那么，只有让学生获得亲身经历和丰富的感性认识，才能让学生印象深刻、津津乐道。所以，在课前我带领学生走遍校园，寻找秋天树木的变化。孩子们在校园里尽情地感受着秋天的气息，手里拿着各种各样、色彩斑斓的树叶，翻来覆去地观察着、比较着、思考着……我们时而近观枯焦的芭蕉，回忆四季的不同景象；时而远眺火红的枫叶，思考自然的神秘莫测……同学们一路洒满欢笑，叽叽喳喳，难得这么开心，这么投入，即使是几片普普通通的树叶，在孩子们的眼里也飘逸成一道风景。美丽，超然，充满想象，富有诗意。

案例 3：苏教版小学《科学》三年级下册第一单元《土壤与生命》

活动主题：实地考察土壤并采集土壤样品

(1) 根据实际情况分小组活动。学生挖开土层，观察在土层下看到了什么，并记录。

(2) 小组交流：描述自己看到了什么。

(3) 注意观察土壤中“居民”的生活，它们都在干什么？

(4) 在观察的基础上学生提出自己的问题。

案例 2 是一位教师指导学生进行习作的一个案例。习作要求写树叶，而且是秋天的树叶，这就要求学生要抓住秋季树叶的特点进行描写。案例中教师也意识到，如果像以往一样，教师讲解写法，学生按顺序去写，写出来的文章一定是干干巴巴、千篇一律的。所以，教师带领学生走出教室，走进自然，让学生亲身去感受，亲眼去观察、验证、比较。在这个过程中，学生得到的不仅是一篇篇优美的习作，更是对学生的博物学家智能的培养和发展，为以后学生去认识自然、感受自然、改造自然打下了良好的基础。

案例 3 和案例 2 的共同之处都是教师带领学生进行实地考察，采集标本，并提出问题，这同样是在培养和发展学生的博物学家智能，这在科学学科中表现得更为突出。

一提到学习，人们首先想到的是教室。的确，在教室中，教师传道、授业、解惑，学生可以间接、快速地学到很多知识。但广袤无垠、丰富多彩的大自然更是他们学习的广阔天地，接触大自然，亲近大自然，在自然中观察学习，可以引发很多深刻的问题。如著名的昆虫学家法布尔，正是从小对昆虫的喜爱、痴迷和细心观察，才使得他在昆虫研究中取得了巨大的成就。因此，接触自然、亲近自然是博物学家独特的学习形式。同样，在我们进行课堂教学的同时，应尽可能地组织安排学生走出教室，走进大自然的怀抱，去观察、学习、思考、研究，开发学生的博物学家智能。也许，在你的班级中就会有更多的法布尔、达尔文、华莱士……

在英语字母教学中，教师也可以利用字母与日常生活的联系，不失时机而恰到好处地教授英语字母，经常让学生联系生活留心观察，然后在课堂上与学生交流：在我们的实际生活中你注意到了哪些字母？它们又分别代表什么？这些与生活较贴近的话题学生会非常欢迎。例如：在大街上，学生注意到了表示方向的字母E（东），S（南），W（西），N（北），停车的标志P；在服装上，学生注意到了表示号码的字母，XL（特大号），L（大号），M（中号），S（小号）；在教学中，学生注意到了表示重量的字母g，kg，t，表示长度的字母m，cm，mm，km，另外还有s（面积），l（长度），w（宽），h（高），x（未知数），r（半径），KFC（肯德基），ABC（基础知识）等。学生在教师的指导下，把生活常识和字母学习进行紧密结合，明白了许多知识来源于生活，这样逐步学习和积累，不但记住了字母，而且还具有一定的学习成就感和自信心，学生的博物学家智能也很好地得到了开发。

2. 模拟自然

走出教室，亲近自然，进行户外学习是必要的，但也不是能够随时、经常性进行的，所以，在教室里模拟自然，建立教室博物馆是非常有效的措施。

具有博物学家智能的学生很容易就能从大自然中观察到自然界的形态和各种食物，也会对周围的生活环境具有高度的敏感性，喜欢野营、远足，观察自然界的各种变化等。因此，为了更好地发展学生与自然界的互动，教师可以鼓励学生把各种感兴趣的东西，如岩石、蝴蝶标本、花草、羽毛、贝壳等个人收藏品带到教室里，建立教室博物馆。

建立教室博物馆的目的在于鼓励学生运用博物学家智能来制作个人收藏品。那么，在制作的过程中，实际上就是在运用和发展学生的博物学家智能。例如，如何进行观察和处理信息，把课堂所学的知识拓展到课外，以各自独特的方式展示自己对自然的理解等。

第七章 Chapter 7

多元智能课堂的教学评价

多元智能理论指导下的评价方式摒弃了传统教学评价将考试作为唯一的评价手段的弊端，多元智能课堂的评价更注重多元化、发展性和渐进性，更关注学生个体及其不同方面的发展，重视评估胜于考试，同时，注重将多种测试方法组合运用，评估自然、简单，其主要目的在于帮助学生。

教育者习惯向学生和社会清楚地传达这样一个具有双重意义的信息："八个方面的学习是充满乐趣的，但是当它接近我们的底线——评价学生的进步时——我们又开始严肃起来，并采用我们通常所采用的测验方式评价他们。"于是，多元智能理论为教育者提供了一些基本原则，去重新建构评价学生学业进步的方式。它所提出的评价体系较少地依赖于正规的标准化或常模参照测验，而更多地依赖于真实的标准参照或自我参照的测量。加德纳本人就非常重视对评价的研究，他认为评估是多元智能教育的组成要素，在教育中扮演了中心者的角色，他说，"只有设计出能够公平地评估每一种智能的方法，多元智能理论才能真正受到重视。"多元智能课堂上，评价和教学是真正的伙伴关系，评价学生学习的方式也是多种多样的。

第一节　多元智能发展的基点与级点

一、传统评价方法的偏差

评价具有巨大的导向作用，学习过程中的评价，能够引导学生开阔思维，有利于教师及时把握学生思维的动向，从而实施行之有效的教学手段；评价具有明显的激励作用，心理学研究告诉我们，人的认知活动是与人的情绪情感联系在一起的，积极的评价能够使学生获得鼓舞和鞭策，调动起他们学习的积极性、主动性，激发创造性思维，使教学过程知情相融；评价具有积极的互相启发的作用，学生在评价过程中可以相互了解，取长补短，便于发现、补充新的信息，从而达到共同进步的目的；评价还具有有效的调控作用，通过评价，学生进行相互交流，从而对学习过程进行有效调控，提高学习效率。

长期以来，我国传统教育总是把考试作为衡量教学质量的唯一方式，以一次考试、一张试卷的成绩作为尺子来衡量教学质量，甚至以此来决定学生的命运。这种评价方式对学生而言是不公平的，它带有局限性和片面性。教育活动主要是脑力劳动，评价其质量和效益的主要途径应是对培养出来的人——这一精神成品进行价值判断，而人的思想、情感、意志和态度的形成因素非常复杂，具有高度的内在性、模糊性等特点，很难对其进行完全把握并进行精确度量。

以多元智能理论为指导的教学评价，与传统的教学评价相比有着很大的区别，它是在对传统的教学评价进行批判和改造后建立起来的。学生的智能是一个不断发展的过程，评价要体现出发展性、渐进性。我们不能预想所有的学生都能将多元智能发展到很高的水平，但在促进人的全面发展的理念下，弱势智能的发展应该有一个基点，优势智能的发展则应该达到更高的水平。

二、多元智能发展的基点

多元智能发展的基点，实际上就是八种智能单个发展的合格点。人与人之间的差异，主要在于具有不同的智能组合。我们所认为的“差生”，只是出于其语言智能或逻辑—数学智能表现不够好，但他（她）在其他几项智能的表现上却可能很出色。在具体的课堂教学中，我们也希望每个学生的八种智能的发展都达到基本的合格，也就是通常所说的初级水平，这对于促进人的全面发展具有重要意义。下面的表格把每一项智能的合格指标都一一列举了出来，并附上了相应的评价方式。

课堂上多元智能发展的基点

智能名称	综合水平	合格指标	评价方式
语言智能	能够通过听、说、读、写等能力有效学习，掌握并运用语言、文字。	1. 熟练阅读。 2. 语言表达口齿清楚、条理清晰，具备基本的交流能力。 3. 作文文通字顺，会简单句，缺乏句法。	课堂演说，即时读文或读题，记日记，每天“三个一”（诵读一首古诗、铭记一句名言、课前一分钟演讲），文字游戏，辩论，记课堂笔记，记人名、地名、日期或小事等。

续表

智能名称	综合水平	合格指标	评价方式
逻辑—数学智能	能够进行逻辑推理、数学运算以及科学分析。	1. 熟练口算或心算。 2. 完全根据给定的初始信息，进行直接、线性的推理。 3. 具有问题意识。	口算、做需要推理的思考题、策略游戏、提出问题、自行解决、计算数学题等。
身体—动觉智能	运用全身或身体的某一部分，包括嘴和手，解决问题或创造产品。	1. 能按步骤成功完成实验，但对它的意义没有什么反思和想法。 2. 完全逐字照搬地加以扮演。 3. 体育活动或游戏中对各种概念、事实和想法加以简单而预期地运用。	科学实验、模仿、表演、触摸等。
空间智能	针对所观察的实物，在脑海中形成一个模型或图像，从而加以运用。	1. 能用简单绘画表达对文章的理解。 2. 对运用图表的内容记得最牢。 3. 喜欢玩与形状有关的游戏。	画画、画图、拼图、折纸、想象等。
音乐智能	能够感觉、欣赏、演奏、歌唱、创作音乐。	1. 准确模仿与一个特定概念有关的声音。 2. 将简单的、一般性的节拍与它们明显的对应部分联系起来。 3. 记住音乐或节奏的能力强（听一两遍就会唱或哼出旋律）。	朗诵诗歌或童谣、欣赏音乐、配乐朗诵。
人际智能	能够了解他人，与他人合作。	1. 能准确复述出同伴的答案或回答，包括他认为答案是正确或错误的原因。 2. 向别人解释的方式是“XX，事实就是事实”或“这就是书中所说的!” 3. 完全按教师的要求参与合作小组。	小组合作、研究性学习、综艺活动等。

续表

智能名称	综合水平	合格指标	评价方式
自我认知智能	能够深入并理解自己内心世界并用以指导自己的行为。	1. 能够为自己确立恰当的学习目标。 2. 能从成功或失败中总结教训。 3. 经常对自己做过的事情进行反省。	课后小结、制订目标、写读后感、自我反思等。
博物学家智能	能够对动植物进行研究和分类。	1. 能够辨别和认识非常明显的物种类别（如动物、植物）。 2. 喜欢学习与自然有关的知识。 3. 注意到被探索的自然情境中那些最显著的、最表层的方面。	物体分类、观察作文等。

我们姑且认为，如果学生的每项智能达到以上标准即为合格，那么可以认为该学生基本符合学习的需求和成长的需要。教师要依据具体的教学内容选择适合的评价方式，规避单一与片面的评价方式，关键是要看到学生的进步与全面发展。

三、多元智能发展的级点

每种智能的发展程度都不同，因此在评价学生的智能时应注重评价的层次性和多元性。多元智能的发展必须有一套贴合学生发展的本土化和科学化的评价标准，我们期待每个学生在多元化的评价下，都有一个个性化的称号。初级水平一般强调相对简单、直接、线性的一种表现。这种表现包括了对智能肤浅的或表面的运用，主要以一种预期的、有把握的方式运用评价手段；中级水平反映了多元维度的表现。这种表现中糅合了智能的各个方面，并展示了对某个具体的评价方法有趣和不同寻常的运用；高级水平描绘的一种表现是，它展示了智能的发展程度和创造性地运用评价方法，传达学习活动中运用、传递、综合和整合知识的过程。

课堂上多元智能发展的级点

级别 智能名称	初级水平	中级水平	高级水平
语言智能	1. 熟练阅读。 2. 语言表达口齿清楚、条理清晰，具备基本的交流能力。 3. 作文文通字顺，会简单句，缺乏句法。	1. 深度阅读，有独特的理解。 2. 准确表达自己的观点，有理有据，学习正式交流和非正式交流，具有幽默感。 3. 作文水平高于一般，具有扩大的词汇量。	1. 痴迷阅读，具备良好的阅读素养。 2. 精于口语表达，演说或讲故事能引人入胜，在多种情境中适当地交流。 3. 创造性的写作和富有表现力的写作，能发表或出版文字作品。
逻辑—数学智能	1. 熟练口算或心算。 2. 完全根据给定的初始信息，进行直接、线性的推理。 3. 具有问题意识。	1. 口算正确率达100%。 2. 能提出比较有价值的问题，并运用演绎或归纳推理，创造性地运用学过的问题解决策略。 3. 喜欢一些策略性游戏（如棋类）。	1. 数学测试绝大多数情况下都是优秀。 2. 提问有价值，能运用学过的策略或新的策略解决实际生活问题。 3. 喜欢做一些需要推理的思考题。
身体—动觉智能	1. 能按步骤成功完成实验，但对它的意义没有什么反思和想法。 2. 完全逐字照搬地加以扮演。 3. 体育活动或游戏中对各种概念、事实和想法加以简单而预期地运用。	1. 成功完成实验，表达自己的想法、感受和有关实验问题。 2. 能够添加创造性的思想和感情进行表演。 3. 体育活动或游戏中对各种概念、事实和想法创造性地、意想不到地加以组合和运用。	1. 擅长科学操作和实验，超越实验本身来建立联系、质疑、思考和反馈。 2. 逼真地刻画人物形象，包括相同时代的人的显著特征。 3. 创造性地运用各种概念、事实和想法，使它们成为游戏和运动本身的一个整合部分。

续表

级别 智能名称	初级水平	中级水平	高级水平
空间智能	1. 能用简单绘画表达对文章的理解。 2. 对运用图表的内容记得最牢。 3. 喜欢玩与形状有关的游戏。	1. 具有较强的想象力。能读文画图或看图写话。 2. 能运用图示解决一般问题（如知识树、维恩图、鱼骨图）。 3. 能偶尔运用拼图等游戏帮助学习。	1. 读文画图或看图写话的水平高于一般。 2. 能运用图示解决较复杂问题（如创作出自己的图例表达空间关系和方向）。 3. 能经常运用拼图、走迷宫、折纸等游戏帮助学习。
音乐智能	1. 准确模仿与一个特定概念有关的声音。 2. 将简单的、一般性的节拍与它们明显的对应部分联系起来。 3. 记住音乐或节奏的能力强（听一两遍就会唱或哼出旋律）。	1. 通过补充自己所理解的装饰音对声音加以模仿。 2. 运用不寻常的、令人惊奇的节拍以创造性的方式展示所理解的内容。 3. 听一段音乐旋律，能说出作曲家通过音乐想传达的内容和感情。	1. 一个主题的适当声音导致它与另一主题或学科中的声音之间产生联系。 2. 运用节拍来表达概念、方法和观念的实质。 3. 能够自创乐曲或用乐器演奏呈现学习内容的意境。
人际智能	1. 能准确复述出同伴的答案或回答，包括他认为答案是正确或错误的原因。 2. 向别人解释的方式是“XX，事实就是事实”或“这就是书中所说的!” 3. 完全按教师的要求参与合作小组。	1. 表达出同伴的答案或回答的意思，包括一些与答案准确性相关的同伴情感反应。 2. 解释的内容包括说明所给定的信息正确与否的理由和过程。 3. 参与团队并超越了教师的最初指导。	1. 完全从同伴的角度讲述，设法证明、修正或扩展同伴的回答。 2. 解释的内容包括信息或答案的可应用性和迁移方法。 3. 课堂中，对团队尽职尽责，与老师、与同学关系融洽、和谐，且能主动帮助他人学习。

续表

级别 智能名称	初级水平	中级水平	高级水平
自我认知智能	1. 能够为自己确立恰当的学习目标。 2. 能从成功或失败中总结教训。 3. 经常对自己做过的事情进行反省。	1. 很好地实现既定学习目标。 2. 能勇于接受他人对自己的评价。 3. 自我评价客观真实。	1. 总是能明晰下一步或短期的学习目标，且能基本实现。 2. 有主见，有思想，敢于表达自己的观点。 3. 听取他人评价，正视自我评价，不断完善自我。
博物学家智能	1. 能够辨别和认识非常明显的物种类别(如动物、植物)。 2. 喜欢学习与自然有关的知识。 3. 注意到被探索的自然情境中那些最显著的、最表层的方面。	1. 能对物体进行准确分类或归类，对不明显的，创造显示种群细微差别的分类。 2. 能够与同学分享读到的有关自然的知识。 3. 超越表层现象进行观察，针对所观察到的内容提出问题。	1. 洞悉自然世界和人造世界的关系，能主动搜集动物或植物的资料或照片，找机会在课堂上展示。 2. 习惯于做观察记录。 3. 在得出观察结果和结论过程中，有创造性的飞跃。

多元智能教学旨在挖掘每一位学生的发展潜能，实现学生发展的最大化与最优化。本着“因‘智’施教”的原则，在正视学生差异的前提下，我们还要优化学生的差异，即让每个学生都能达到智能发展的“沸点”，实行等级制，就像书法、器乐升级考试一样，让学生在一个又一个新的起点上，再努力向更高处攀登，让他们前进的脚步永不停息。当然，我们的实践还处于摸索阶段，相信随着研究的不断深入，很有可能划分出更多级别，如一至五级，其指标会更细致，会更全面，也更有益于学生的发展。需要指出的是，不仅每一种学科都可以通过智能为媒介进行评价，同时对每一种智能的评价也可以通过各门学科来进行。

第二节　多元智能课堂的评价指标

所谓真实的学习，指将学生在走出学校之后所遇到的各种可能情景尽可能地迁移到课堂上。真实的评价开始于更多的真实的学习，多元智能课堂则能够提供一个活泼而真实的学习环境。与传统的评价方式不同，学生不再是仅仅坐在自己的座位上填一些自己头脑里早已滚瓜烂熟的答案，而是通过多种方式来寻求问题的答案。只有当问题解决成为课程的核心时，这样的课堂效率才是最高的。多元智能课堂强调的是学习过程，学生会把问题解决的能力作为一种重要的认知工具，不管课程内容如何，也不管发展学生的哪一种智能，学生都习惯于运用这种问题解决技能。

多元智能课堂的评价指标依靠多元智能理论的支撑和指导，对全体学生进行因“智”施教，着力于利用学生的优势智能带动其弱势智能的发展，或者是利用某个学生的某一项优势智能去带动周围或小组内学生的该项智能的发展。评价指标主要是评价学生利用多元智能解决问题的能力，充分显示了多元智能理论在课堂中的体现和运用。同时，多元智能课堂的评价也着力体现教师如何利用多元智能理论来教学，把师生对多元智能理论的使用情况作为多元智能课堂评价的主要指标，在这个过程中，既评价了教师的“教”，更重点评价了学生的“学”。综上所述，多元智能课堂的评价指标体现出以下特征。

一、指标特征

1. 向生性

多元智能课堂需要教师具备基本的教师素质和良好的课堂驾驭能力，但课堂绝对不单单是教师的“一言堂”，学生才是课堂的主人，多元智能课堂的评价重在考查学生学的方式、学的结果、学的收获，换句话说，就是考查评价教师是如何有效地组织学生学习的。

2. 益智性

运用智能解决学习中的问题，再反哺智能的发展，是多元智能课堂的显著特点，所以多元智能课堂主要评价的是教师因“智”施教，学生以智促学。是否有益于智能的利用与发展也作为多元智能课堂的指标之一。

3. 合作性

多元智能课堂上学生之间的合作学习体现得尤为突出，要想使某一学生利用其优势智能去带动周围或小组内学生的弱势智能的发展，那么必须采取小组合作学习或互帮互助的学习方法，无形之中使学生间的交流增加了，对问题的认识深入了，主动学习的兴趣在合作学习时也被大大地调动起来了。这就要求学生要具有较强的合作学习意识和能力。

4. 全面性

多元智能课堂以学生活动为主要的呈现形式，更加关注弱势群体的学习状况。多元智能课堂上每一个学生都有相应的学习任务，没有学生会游离于课堂之外或者被动地学习。基于此，多元智能课堂评价应体现全面性。

二、标准内容

多元智能课堂教学评价标准包括教学准备、教学过程和教学结果三个部分，教学理念、教学目标等八个大项，又被细分为二十六个小项。此标准充分体现了多元智能课堂的鲜明特点，那就是要重点考查学生多元智能的运用与发展，最大限度地优化差异，最大限度地关注全体。正如加德纳所说，“对于个体差异的敏感程度，应该成为教师能力的一部分，运用于正常的教学和评估之中”。课堂上，教师不是要考虑“你的智商有多高”“你的学习成绩是多少”之类的问题，而要在心中装着“你的智能特点是什么”“你适合什么样的学习方式”等问题，从关注“学生如何学”提升至“学生如何学得更有效”的高度。如下表：

多元智能课堂教学评价标准（试行）

姓名		学科		班级	
课题				年　月　日	
课型		开课性质		听课人数	

续表

评价项目		评价内容	参考分值	得分
教学准备（20分）	教学理念（5分）	1. 课堂时间管理科学，致力于提高课堂教学效益。 2. 教和学的方法多元，注重学法指导，学而得法。 3. 因“智”施教，促进学生多元智能的全面发展。 4. 推进课堂公平，每一个学生都是主动的学习者。	A. 5分 B. 3～4分 C. 1～2分 D. 0分	
	教学目标（5分）	5. 教学目标简约有效，符合学生发展实际，体现出识记、理解、应用不同层次性。 6. 学生有明晰的课堂学习目标。 7. 体现多元智能的运用，以此促进知识习得与能力提升。	A. 5分 B. 3～4分 C. 1～2分 D. 0分	
	教学设计（10分）	8. 紧扣教学目标，设计有助于开发学生智能的开放性问题和习题。恰当设计学习内容和教学活动，准确把握学习的重点、难点。 9. 关注到不同智能优势学生的学习需求，学习任务有挑战性和可选择性。 10. 思路、环节清晰，体现自主、合作、探究，提倡解决问题策略的多样性。	A. 10分 B. 7～9分 C. 3～6分 D. 1～2分	
教学过程（60分）	激趣（10分）	11. 符合学科特点，紧扣本节课的教学内容。 12. 成功唤醒本节课的主导智能。 13. 为下一步教学作好铺垫，激发学生的学习欲望。	A. 10分 B. 7～9分 C. 3～6分 D. 1～2分	
	导学（25分）	14. 问题的设计具有挑战性，有助于突破教学的重难点。 15. 任务设计有梯度，适合每个学生。 16. 合作学习活动有针对性，目标明确，学生参与度高。小组分工明确，角色定位准确，学习态度积极认真。 17. 项目学习成果显著，运用优势智能较好地完成学习任务。	A. 20～5分 B. 15～24分 C. 5～14分 D. 1～4分	
	启智（15分）	18. 活动设计多样化，每个学生都可以选择。 19. 回归生活或者创设情境，培养学生解决问题和创造的能力。 20. 运用优势智能解决现实生活问题。	A. 12～15分 B. 8～11分 C. 4～10分 D. 1～3分	
	引评（10分）	21. 教师的评价对树立学生的成长自信有积极作用。 22. 对自我的学习状况或本节课的学习收获有清醒的认识。 23. 在评价中，自我认知智能得以发展。	A. 10分 B. 7～9分 C. 3～6分 D. 1～2分	

续表

评价项目		评价内容	参考分值	得分
教学结果（20分）	学习效果（20分）	24. 教学目标达成度高，运用“多元智能工具箱”进行有效学习。 25. 师生关系融洽，学习过程轻松高效。教师讲解时间不超过1/3课时，每一个学生都成功参与阅读思考、操作练习等实践活动。 26. 反馈、矫正面向全体学生，关注差异，形式多样，及时有效。	A. 18～20分 B. 10～17分 C. 5～9分 D. 1～4分	
总体评价			总分	
评课人（签字） 年　月　日				

虽然现在课改正在进行，但不可否认，有些小学的课堂仍然存在着多种弊端：没有很好地面向每一个学生；学生没有充分的学习自主权，从而导致学生自主学习能力偏差；学生缺乏有效的合作，缺少必要的思想交流；学生不知道自己的智能优势，学习低效……所以，有些教师会迷茫：好课的标准到底是什么？课堂该是什么样的？学生在课堂上该是一种什么样的表现？归根结底，还是因为课堂缺少灵魂，缺少特色，缺少标准的指引。此标准充分考虑这些问题，注重理念与行为、学习与活动、分层与全体、教学与评价、智能应用与智能发展的整合，积极推行“效益至上、因‘智’施教、方法多元、推进公平”的课堂理念，践行“激趣—导学—启智—引评”的基本操作流程，充分发挥目标的引领作用，强调以有效的学习活动为载体，培养学生运用智能解决学习和生活问题的能力，课堂上每一名学生都是有效的学习者。

理念与行为的整合：课堂理念的落实情况最终体现在教师的教学行为上。对作为标准之一的“教学理念”如何评判，要看教师课堂的组织、教学的设计以及教学的结果。

学习与活动的整合：多元智能课堂强调合作，规避极少数人主宰课堂的局面。课堂上没有“陪客”或者“看客”，每个人都有可完成的切合实际的学习任务。学习任务的呈现多是以活动的形式，通过合作较好地促进每个学生都能投入到学习中。

分层与全体的整合：多元智能课堂上没有“差生”，只有存在差异的学生，这是我们的共识。多元智能课堂努力开发学生的个性潜能，这就导致课堂上不可能“千人一面”，应让强者更强，以强带弱，实现学生发展的最优化，在关照全体的前提下注重个别化教育。

教学与评价的整合：评价要真实、公平、及时，教学是评价的依据，评价是教学的总结。笔者认为评价时应主要评价教学目标的达成度。通过评价促进教与学，促进教学的有效实施与学生的自我发展。

智能应用与智能发展的整合：智能的应用与发展是多元智能课堂的目标之一。运用多元智能而教，就是运用多元智能理论促进学习，提高解决实际问题的能力，在用多元智能而教的同时，促进学生多元智能的发展，同时也可以实现为多元智能而教的目标。

第三节　多元智能课堂评价的方法

加德纳认为，多元智能评价的方法具有以下一般特征：重视评估胜于考试；简单、自然而且定期的评估；评估效度；“智能公正”的评估手段；多种测试方式的使用；对个体差异、发展阶段和知识形式的敏感度；为帮助学生而实施评估等。对多元智能理论颇有研究的坎贝尔等人指出，基于这一认识的教育评价具有以下特点：评价关注学生不同阶段的成长；评价是多角度的；评价要反映教学信息；正式与非正式评价同等重要；学生是积极的评价者等。所以，多元智能课堂强调真实性的评价。

真实性评价是一种新的评价方式，它试图用接近“真实生活”的方式来评价学生的学习成就水平，它把重点放到了学生对学习内容的理解上，探讨学生在学习过程中的有意义、有价值的经历，展示出学生动手、动脑的过程，让学生通过获得自我满足的机会来提高学习的自信心，诊断出学生的优势与不足，突出学生在学习过程中的责任，从而促进学生获得学习的成功。

真实性评价一般包括表现评价和档案袋评价两个方面。表现评价是指在学生真实生活和学习的情境中，通过对学生完成实际作业表现的观察和专业判断来评价学生成就的评价方式；档案袋评价则是一种内含学生最好作品及对作品优劣进行评价的文件夹，描述了学生成长的过程及取得的成绩（如学生的成就、学习的坚毅性），它是描述和捕捉学生成长的重要工具。两者相辅相成，有效地揭示了学生学习活动的过程和经历。

一、表现评价

（一）表现评价的定义

对表现评价有着不同的定义：有的人认为表现评价指要求学生完成一项活动，或制作一个作品以证明其知识和技能，以此让学生在真实情境中去表现所知与所能；有的人认为表现评价指教师依据专业判断来评量学生的学习表现，学习表现包括题目反应、作品和学习过程；台湾学者余民宁认为，表现评价介于评价认知能力所用的纸笔测验和将学习结果应用于真实情境中的表现二者之间，在模拟各种不同真实程度的测验情境下，给教师提供一种有系统的评价学生表现的方法……细细品味，这些定义实质上都是一样的，只是阐述的角度不同而已。其实，表现评价就是通过观察学生在生活和学习情境中完成各种任务的表现，依靠教师的专业判断，对学生的学业成就和智能发展状况进行判断的教学评价方式。

加德纳强调，“智能置于具体情境之中”，所以表现评价具有情境性，它也是一种过程评价，贯穿于整个教学过程之中，评价过程与教学过程具有统一性。

（二）表现评价的案例

案例 1：

下面是一位数学老师在教学“找规律”一课时的教学片段：

师：同学们！你们能不能用自己最喜欢的方法来表示我们今天学习的“找规律”呢？

生 1：☆☆○　☆☆○　☆☆○　☆☆○

师：你的想象力很丰富，能用图形来表示规律。

生 2：112　112　112　112

师：真不错！能用数字简洁地表示规律。

生3：×× × | ×× × | ×× × |

师：很有节奏感，你一定能成为一个了不起的音乐家。

上述教学片段中，教师给予学生回答的反馈就是多元智能理论在课堂表现评价中的具体运用。很显然，教师从培养学生学习兴趣和增强学生自我认知的角度出发给予了积极而又客观的评价。对于生1，教师侧重的是对学生自我认知智能和博物学家智能的肯定；对于生2的评价，教师侧重的是对学生逻辑—数学智能的肯定；对于生3的评价侧重的是对学生音乐智能的肯定。看似非常自然的教师口头评价语言，却起到了传授知识、表达思想、唤醒学生潜能的重要作用。

案例2：

关于“圆的认识”的教学片段：

师：大家觉得，什么是圆？

生1：像太阳、呼啦圈、硬币等物体的形状都是圆形。

师：你非常善于观察。

生2：圆是表示在平面内到定点距离都相等的所有点的轨迹。

师：真了不起！你已经能够用科学的语言来描述圆了。

（此时生3高举着手积极要求发言，师请生3发言）

生3：音乐简谱中的休止符也是圆的。

生4：我不同意生3的观点，休止符相当于数字中的“0”，因此，它最多算一个椭圆。

师：你说得很有道理，生3同意他的观点吗？（生3表示同意）不过我们也可以看出你的音乐知识还是非常丰富的……

从上述学生的回答中我们可以看出，由于“人与人的差别，主要在于人与人所具有的不同智能组合”，“每个人都有自己的强项和特长，只不过是因为他们的才能在类型上有差异而已”，这就对教师的评价反馈提出了更高的要求。当生3的理解出现偏差的时候，教师不是直接加以否定或指责，而是通过先对其他同学意见的肯定，达到对知识的传授和总结的目的，再肯定其在音乐方面的优点，激发其学习的信心。因此，从多元智能的角度而言，课堂上教师通过对学生所展示出来的优势智能的肯定，进一步激发和引导，可以带动和唤醒其他智能相应的发展，从而有效地挖掘每个学生的潜能，提高学生的学习兴趣和自我认识。

案例 3：

以小学英语课为例，Lesson 30 Fun Time 讲的是一个英语小故事：老师给了三个小朋友 Andy、Joy、Bill 一盒巧克力，共 12 块。结果 Bill 用了"one for Andy and one for me，one for Joy and one for me……"的错误分配方法导致了自己拥有 6 块巧克力，而 Joy 和 Andy 每人只有 3 块巧克力的不公平结果。这个幽默的英语小故事，一波三折，却蕴含着丰富的知识和道理。

要评价学生对本课知识的理解和掌握程度，可以设计如下评价方式：

1. 复述故事，请学生重新组织语言，用自己掌握的简单的英语（不会说的地方可以有身体语言介入）给大家讲这个故事，并试着谈一谈自己的看法和体会（语言智能及身体—动觉智能）。

2. 以小品剧角色扮演的形式表现本课内容。（身体—动觉智能）

3. 以画画或连环画的形式展现课文内容，并根据适当的想象，编写合理的结局。从三个小朋友的动作、表情的角度来表示本课的故事情节。（空间智能）

4. 分小组用简单英文讨论 Bill 为什么分配的不均匀。用中文说一说自己有没有过类似的错误，有哪些需要学习和改进。组员间相互补充，理解人人应该遵守公平原则的道理。（人际智能和自我认知智能）

5. 根据课文中朗朗上口的长短句，自编出有节奏的英文小歌谣或小歌曲。教给其他同学，增强记忆。（音乐智能）

6. 在三人学习小组中，用简单的英语进行交谈和合作，重新分配 12 块巧克力，看自己是否能够分配均匀。（逻辑—数学智能）

这些评价方式把学习内容与表演、团体讨论、画图、个人感觉等联系在一起，使学生有了更多元、更弹性的选择，从而使学生有了更多的机会运用他们的多元智能来展现所学知识，使得每个学生都能以适合自己的方式接受评价，使得人人都能体会到成功的喜悦。

案例 4：

教师在"创编橡皮筋舞"的过程中，学生从收集整理原始素材到挖掘舞蹈素材，再根据舞蹈要求进行创编，完全处于“开放”和“自主”的学习状态，充分调动了学习和思维的积极性，培养了创造能力，还发展了语言智能和人际智能；在创编橡皮筋舞的过程中，学生们有的编新动作，有的寻找音乐磁带，有的画队形图，忙得不亦乐乎，学生的群体意识增强了，人际智能也提高了，特别是在设计编排舞蹈队形的同时，学生的空间智能也得到了充分的发展；学生非常喜欢跳橡皮筋，并且跳得轻松愉快。在课间休息时进行跳橡皮筋这样健康文明的游戏活动，不仅能愉悦身心，对身体—动觉智能的发展也大有益处；橡皮筋舞需要配上活泼动听的音乐，学生们在音乐声中不断练习，动作协调优美了，节奏感也增强了，同时又培养了学生的音乐智能。

我们所要做的是通过对学生课堂中所表现出来的优势智能的肯定，促进和发展学生的智能强项，弥补智能的弱项，以期进一步培养他们学习的积极性，促进他们的全面发展。所以，当教学过程中出现学生的回答不太理想甚至产生错误的时候，教师不要一味地否定或指责，而应该试着从其他智能的角度给予学生以积极而又客观的评价，尽量减少对学生学习情绪的伤害，以保护学生学习的积极性和自信心。评价学生要多考虑发展性指标，在评价中引导学生更好地发展才是至关重要的。开学初，班主任就要让学生知道这学期评定的内容和形式，要了解学生的智能优势，帮助学生确定奋斗的目标和方法，所有的科任老师都要参与进来，让学生的主体地位得以凸显。学生的评价过程可以分期举行，如可以每月举行一次，最后进行期末统计。当然，形式多种多样，内容也是灵活多变的，具体视学习内容、学习任务、班级活动、才艺展示等具体参与情况而定。主评人可以是老师，也可以是小组长，还可以是学生本人，评价对象可以是个人，也可以是小组，这样在评价过程中促进学生的发展，让评价真正起到鞭策的作用。

（三）表现评价的形式

表现评价需要记录学生在解决问题、创造产品、完成任务的过程中的表现。记录时可以通过创建检核表、观察记录表、轶事记录本等多种方式，也可以对学生表现进行实拍。表现评价应尽可能融合各类智能活动，让学生在多种自然情境中展现所学，各显其能。下面以“人际智能”为例谈谈检核表的设计。

人际智能检核表

日期		班级		教师		
等级	经常 +		有时 √		无 ○	
学生姓名	合作	交流	帮助	分享	领导技能	表扬
1						
2						
3						
4						
5						
6						
7						
8						
9						
10						
评注：________________						

当然，具体评价还要视学科特点、学习内容等情况而定。下面是一位美术教师在执教《福建土楼》（高中）时采用的评价形式。

学生多元智能进展报告

（教师填写）

________年________月________日

语言智能	• 用图形、录像等多媒介辅助讲述和评论土楼。 • 阅读与土楼相关的人文资料。 • 调查报告、创意写作。
逻辑—数学智能	• 借助图例、流程图、立体模型图等思考。 • 建筑立体模型的数据计算。
空间智能	• 虚拟建模、实物模型等。 • 网页的装饰发布、建虚拟美术馆等。

续表

音乐智能	·非言语的沟通、“通感”等。 ·闽南音乐的谱曲、作词、演唱。
身体—动觉智能	·角色扮演等身体语言发展。 ·再现土楼人家的生产、生活的舞蹈编导和演出。
自我认知智能	·创作反思。 ·自我评价。
人际智能	·合作、交流。
博物学家智能	·关注生活。

（注：用1～5分表示评价等级）

二、档案袋评价

（一）档案袋评价的定义

档案袋评价就是用档案进行评价的方式。档案袋评价中的“档案袋”主要指学习过程档案袋，它体现为学生随时间慢慢成长的过程，成长体现了诸多方面，诸如学业的进步、智能的发展及个性的完善等。它通过及时汇集一段时间内学生的作品和各种表现来评价学生，比如学习目标、学习提纲，小论文，艺术作品草稿、修订稿和正式稿，学习日志、照片，他评和自评材料等。在多元智能课堂上，一个结构完善的档案袋对学生来说是一个绝佳又便于使用的工具。一个优质的档案袋要以方便查询的方式进行组织，要求学生挑选出那些符合既定规程标准和成功指标的作品样本，强调多元智能的个别发展和内部动机的重要性，从而提高学生的洞察力。

档案袋不仅指学生作品的档案袋，它是对学生成就的一种考虑周详、明确的集合，它是系统而有组织的证明物的收集，教师和学生用它来记录学生的知识、技能以及对特定学科领域态度的发展过程。档案袋评价要求学生收集和反思他们自己学习的例子……如果仔细收集，档案袋就会变成教学和评价的一个交集。阿姆斯特朗认为，档案袋的运用有五个基本原则，也可以称之为制订档案袋的“5C原则”：

1. 庆祝：认可学生的作品与成绩。

2. 认知：帮助学生反映自己的工作。

3. 交流：让家长、教师了解学生的学习过程。

4. 合作：为多个小组的学生提供集体制作产品并评价自己作品的机会。

5. 能力：建立标准，从而可将某学生的学习与其他学生的学习进行比较，或与一种标准或基点相比较。

同时，他建议，档案袋所涵盖的内容应该尽量扩大，包括来自于八种智能的材料，通过定期查阅、反思和讨论这些档案，追踪学生的智能成长过程。

多元智能档案袋内容

语言智能	写作草稿、读写笔记、调查报告、优秀作文、演讲或朗读的录音、创编的诗歌或童谣等。
逻辑—数学智能	口算测试、计算或解题过程底稿、优秀数学小论文、科学实验记录、解决思考题的作业本等。
身体—动觉智能	活动及展示的照片、动手或操作的照片、辅助思维过程表现的录像或记录、手工艺作品等。
空间智能	绘画或拼图作品、辅助思维的图示（知识树、鱼骨图、维恩图、工具箱等）、相关活动照片等。
音乐智能	最喜欢的音乐、乐曲清单、演奏或创作的乐谱集等。
人际智能	来往信件、合作学习活动照片和任务分配清单、小组评价、参加社区服务和社会实践活动照片等。
自我认知智能	自我评价的文章、检核表和活动、兴趣问卷，对自己学习活动的总结反思日记、学习目标等。
博物学家智能	最喜欢的动植物的照片，照顾动物或植物的照片，自然采集的标本、自然活动照片等。

（二）档案袋评价案例

教师由口语交际《介绍我的家乡》的教学来引导学生进行“家乡的饮食文化”的项目活动，在搜集信息后，组与组之间进行角色扮演，同时互相给出反馈意见。表演的操作程序：先是本组内预演，由一个成员掌握时间，第二个成员鼓励小组中的每个人按照更接近于剧本的要求进行表演，第三个成员负责讨论的顺利进行。每个小组成员都有一个记录本，以记录不满意的地方和值得改进的地方等。然后是组间表演，反馈小组的成员迅速做好记录，并讲述他们认为角色扮演中令人满意的地方和优势所在，以及有待进一步明确的地方。每个小组通过这些反馈意见去修改其角色扮演。等角色扮演的脚本重新修改后，则要面对全班汇报演出。每个小组演练修改后的剧本，其他小组做好记录，各个小组再一次交换反馈意见。每个小组将根据反馈意见对其角色扮演的提纲做适当的调整。

活动后，学生可以思考下列问题：

1. 你能给出两个具体的事例或观点来说明健康的食谱可以避免慢性疾病吗？

2. 你如何将这些观点应用于生活？

3. 当你为角色扮演组织信息和塑造人物时，你做得较好的是什么？你学到了哪一种有利于未来发展的组织能力？

4. 当你通过阅读、写作、列表、计算、组织、角色扮演、唱歌等方式了解和呈现信息时，什么时候感觉最不舒服？你认为如何能提高你的舒适度？

在活动结束时，小组成员可以讨论以下问题，从而评价他们的小组表现及通过本活动所获得的知识：

1. 我们发现饮食中很有意思的现象有哪些？

2. 我们能认同的是哪些营养知识？

3. 我们在下次的小组合作中应做哪些改进？

教师和一些学生观众共同为角色扮演小组制作一张“感谢卡”，每个学生观众都可以在卡片上写上“谢谢”交给角色扮演小组。这个项目中的一些内容可以放入“多元智能档案袋”：饮食营养的信息、访谈或调查家乡饮食情况的资料、演出的剧本、带有小组评价意见的相关材料、活动的影像资料、感谢卡等。

后　记

这本书终于付梓出版了！要感谢的人真的很多很多！

早在2007年时，徐州市教育科学研究所的郑飞所长、李燕主任、郑少华主任、李宾主任就给了我许多的鼓励，并给予我经费方面的支持。郑所长多次帮我修改本书的提纲，后来，又抱病帮我审阅书稿，孟现平所长还把书纲作为范例在全市培训会上进行点评，这些都给了我无尽的自信和动力！

在课题研究过程中，徐州师范大学教科院的段作章院长、傅岩教授、魏本亚教授、黄晓学教授、穆凤英教授都给了我悉心的指导，他们多次到学校进行课堂诊断，帮助我们提炼“多元智能课堂”的精髓。尤其是徐州师范大学的杨帆老师，在解决课题的重难点问题方面，全力为我们提供技术支持，在大家的共同努力下，课题成果《小学生优势鉴别的调查与研究》发表在了《江苏教育研究》“多元智能：中国十年”专题版上。

江苏师范大学的段作章院长非常关心本书的进展，还帮忙修改书稿。在课题结题鉴定会上，江苏省教科院的张晓东博士对书稿提出了许多中肯的建议，给了课题以充分的认可。

江苏省中小学教研室的万伟博士、铜山区教科所的王勇所长，柳新镇小学中心校的崔伟堂校长作为我们的导师，经常与我们共同参与课题研讨，还有本区作为“教育科研手拉手”伙伴的刘集实验小学也给了我们大力的支持。

感谢北京凤凰师轩文化发展有限公司促成了本书的诞生，为本书提供了有效的策划和其他相关支持，为本书教育理念的推广和传播贡献了力量。

不得不提的是多年如一日陪我一起走来的课题组的秦艳、王海冰、朱丽丽、戚肖肖、孙玉洁、王奇几位老师，她们几乎一呼百应，经常加班加点，为了共同的专业追求而习惯了苦中作乐，几位老师在精神和行动上对我的支持，同样促成了这本书的诞生。直到现在，我们仍然是一个团队，共同开展着新的研究。我们始终亲如一家人，在此，我想向她们表达深深的谢意！

最后，特别要感谢我的家人，无论在我身体健康还是卧病在床时，他们都给予我无微不至的关怀，也特别支持我去完成这项工作。

再次感谢所有支持我的领导、同事和朋友们！

江苏凤凰教育出版社
《行知工程》系列丛书目录

系列	序号	书　　名	主编	定价
教育家核心思想系列	1	《多元智能理论的本土化应用》	刘治富	30.00
	2	《大教育家最具施教力的教学思想》	白刚勋	30.00
创新教学探索系列	3	《粘连作文教学：让习作成为有个性的自我建构》	黄瑞夷	30.00
	4	《备学式教学——在体验中建构数学思维》	单广红　范雪梅	30.00
	5	《向着自主进发——自主教育的创新实施智慧》	朱亚红	30.00
	6	《写中学——让学习更有效的学科写作教学》	钟传祎	30.00
	7	《小学科学实验总动员——大科学课堂有效提升学生创新力》	江美华	30.00
	8	《小学语文单元整体课程实施与评价》	李怀源	30.00
	9	《小学英语单元整体课程实施与评价》	李怀源	30.00
	10	《小学数学单元整体课程实施与评价》	李怀源	30.00
行思讲坛系列	11	《师爱无疆——润泽学生心灵的教育故事》	侯忠彦	30.00
	12	《怎样反思更有效——促进教师专业发展的反思策略》	诸贝贝	30.00
	13	《成为高度自觉的教育者——写给后课标时代的数学教师》	许卫兵	30.00
	14	《哲思数学课》	刘全祥	30.00
	15	《把学生教聪明》	严育洪	30.00
	16	《教师最应该规避的教育误区》	杨坤道	30.00
	17	《用语文的方式教语文——潘文彬教学主张与实践智慧》	潘文彬	30.00
	18	《跨越式实现高效课堂——信息技术与课程整合高效教学方案评析》	陈　玲　刘　禹	30.00
	19	《怎样让阅读教学更有效——提升教学能力的十种读诵模式》	汪秀梅	28.00
	20	《让生命在润泽中起舞——当代小学生最需要的主题班会》	吴联星　罗　琳　冯卫东	30.00
	21	《让生命欢快拔节——当代中学生最需要的主题班会》	冯卫东　吴联星	30.00
	22	《课堂因生成而精彩——高效教学的生成智慧》	张文质	30.00
	23	《回到每一个人的生命化教育——张文质二甲中学教育行动录》	张文质	30.00
	24	《智慧数学课——黄爱华教学思维的实践策略》	黄爱华	30.00
高效能教学系列	25	《让作文落地生根——提高写作实效的教学策略》	黄桂林	30.00
	26	《高效能作文教学 5 项修炼》	陈步华	30.00
	27	《高效能校长的 10 个好习惯》	张　勤	30.00
	28	《高效能教师的 10 个好习惯》	谢　英	30.00
	29	《高效能语文教学 5 项修炼》	王其华	30.00

系列	序号	书名	主编	定价
教育探索者系列	30	《让每个学生都幸福——最能润泽生命的学校文化建设》	谢建伟　张新喜	30.00
教师必读系列	31	《教师不可不知的教学心理效应》	叶勇军	30.00
	32	《班主任不可不知的管理效应》	奚一琴	30.00
	33	《教师不可不知的教育心理效应》	孙　媛	30.00
	34	《校长不可不知的管理效应》	谢申刚　张金豹	30.00
	35	《成为好教师的 7 项修炼》	王福强　李维华	30.00
	36	《如何让学生会学习》	龙　冰	30.00
	37	《如何让学生爱学习》	周震宇　许小燕	30.00
幼师成长系列	38	《幼儿行为背后——教师如何读懂幼儿的心思》	吴亚英	30.00
	39	《最具教育力的 22 种幼儿教育思想》	杨　达	30.00
	40	《幼儿教师必知的安全应急措施》	杨　达	30.00
	41	《幼儿教师必备的教育技能》	李　玲	30.00
	42	《卓越园长 21 条幼儿园管理策略》	周　丹　江东秋	30.00
核心教学主张系列	43	《新生代语文名师核心教学主张》	许友兰	30.00
教育求索系列	44	《思政教学的人文力量》	戴晓华	30.00
	45	《师道新说——给教育者的 30 条箴言》	徐　卫	30.00
中国教育变革之路丛书	46	《百年树人师何为——教师队伍建设困顿与出路》	将丽珠　李玉向	30.00
	47	《入园何时不再难——学前教育困惑与抉择》	曾晓东 范　昕　周　慧	30.00
	48	《三尺书桌何处寻——流动人口子女教育困难与破解》	范先佐	30.00
	49	《苦旅何以得纾解——高考改革困境与突破》	郑若玲	30.00
	50	《择校纠结何时了——择校问题困局与治理》	曾晓东　周文海 曾娅琴	30.00
教育漫笔系列	51	《课堂，诗意地栖居》	吴书华	30.00
创新教学思想系列	52	《“大问题”教学的形与神》	黄爱华　张文质	30.00
校长领导力系列	53	《高品质学校生长要素》	王益民	30.00
	54	《校长高校教学领导力提升策略》	徐世贵　郭文奇	30.00

系列	序号	书　　名	主编	定价
新思维系列	55	《教育中的“不一定”——打破教育的19种思维惯式》	严育洪	30.00
教学全手册系列	56	《小学习作教学全手册》	郭家海	30.00
	57	《中学写作教学全手册》	郭家海	30.00
	58	《情境教学操作全手册》	冯卫东	35.00
	59	《合作教学操作全手册》	李春华	35.00
	60	《探究教学操作全手册》	周新桂	35.00
	61	《自主教学操作全手册》	诸葛彪	35.00
	62	《创新教学操作全手册》	王　玮	35.00
	63	《班主任工作全手册》	刘沛华	35.00
	64	《新教师工作全手册》	周震宇	35.00
	65	《学生心里健康教育全手册》	刘海莉　刘春杰	35.00
	66	《高效教学操作全手册》	马友平	35.00
校本研修系列	67	《特色校本课程开发范例解读》	刘永平　李秀伟 张雪梅	30.00
	68	《高效校本研修模型构建艺术》	刘素雁	30.00
教学提升系列	69	《有思想地教阅读——让学生学会品读文字真意》	王学东	30.00
教育艺术提升系列	70	《藏在师生体态语言里的教学智慧》	张　宇　廖生波	30.00
创新人才培养系列	71	《创新人才培养校园科普精品课程开发与指导 ——人大附中创新人才培养》	罗　滨	30.00
	72	《创新人才培养特色校本课程开发与创新人才培养 ——清华附中“国际安全下的科学技术”课程构建与实施》	王殿军　方　研 赵宏雁	30.00
	73	《创新人才培养：学校实验室建设与管理》	刘克文 杨发丽　杨　平	30.00
	74	《创新人才培养：数学探究活动开发与指导》	马云朋　韩继伟	30.00
	75	《创新人才培养：化学研究活动开发与指导》	王　磊	30.00
	76	《创新人才培养：物理探究活动开发与指导》	廖伯琴	30.00
	77	《创新人才培养：地理探究活动开发与指导》	张建珍　陈　澄	30.00
	78	《创新人才培养：生物探究活动开发与指导》	张迎春	30.00
	79	《创新人才培养：理念探索与思维突破》	王晶莹	30.00
教育思想者系列	80	《教育，一切从孩子出发》	黄　俭	30.00

系列	序号	书　　名	主编	定价
名师感悟系列	81	《让心灵伴着歌声成长——22 位音乐名师的教育智慧》	陈　璞	30.00
	82	《超越自我的教师——32 位名师的成长感悟》	李卫东　李秀伟	35.00
	83	《心灵的守护者——19 位名班主任的教育智慧》	王晓松　曲文弘	30.00
	84	《名师感悟班主任有效工作艺术 90 例》	符礼科	30.00
	85	《名师感悟有效教学 90 例》	林高明　徐玉烟	30.00
新生代通派名师系列	86	《简约数学教学》	许卫兵	30.00
	87	《语文教学的本真——情意课堂展现母语之美》	吴建英	30.00
	88	《语文课堂的理想追求——欢快达成三维目标》	董一红	30.00
	89	《阅读教学的真髓——意象构建读出文学的真美》	祝　禧	30.00
	90	《美术教育的真谛——审美人生教育让生命绚丽成长》	陈铁梅	30.00
	91	《语文教学的理想境界——无痕教学润泽生命》	李　凤	30.00
	92	《儿童作文的本义——嬉乐作文让儿童乐并成长着》	王笑梅	30.00
	93	《名师是怎样炼成的》	王建明　王笑君	35.00